PERFORMANCE ...
OF PUBLIC PENS...
DITURE:A THEOR...
EMPIRICAL STUDY:

——Practical Exploration of
Public Pension Program for
Urban Employees in China

基本养老保险基金
支出绩效评价：
理论与实证研究
——基于中国城职保的探索实践

于宁 著

上海社会科学院出版社

编审委员会

主　　编　张道根　于信汇

副 主 编　王玉梅　谢京辉　王　振　何建华
　　　　　　张兆安　周　伟

委　　员（以姓氏笔画为序）
　　　　　　王　健　方松华　叶必丰　权　衡
　　　　　　朱建江　刘　杰　刘　鸣　孙福庆
　　　　　　杨　雄　沈开艳　周冯琦　荣跃明
　　　　　　姚勤华　晏可佳　黄凯锋　强　荧

执行编委　陶希东　王中美　李宏利

总　序

当代世界是飞速发展和变化的世界,全球性的新技术革命迅速而深刻地改变着人类的观念形态、行为模式和社会生活,同时推动着人类知识系统的高度互渗,新领域、新学科不断被开拓。面对新时代新情况,年轻人更具有特殊的优越性,他们的思想可能更解放、更勇于探索,他们的研究可能更具生命力、更富创造性。美国人类学家玛格丽特·米德在《文化与承诺——一项有关代沟问题的研究》一书中提出,向年轻人学习,将成为当代世界独特的文化传递方式。我们应当为年轻人建构更大的平台,倾听和学习他们的研究成果。

2018年,适逢上海社会科学院建院60周年,上海社会科学院向全院40岁以下青年科研人员征集高质量书稿,组织资助出版"上海社会科学院院庆60周年·青年学者丛书",把他们有价值的研究成果推向社会,希冀对我国学术的发展和青年学者的成长有所助益。本套丛书精选本院青年科研人员最新代表作,内容涵盖经济、社会、宗教、历史、法学、国际金融、城市治理等方面,反映了上海社会科学院新一代学人创新的能力和不俗的见地。年轻人是上海社会科学院最宝贵的财富之一,是上海社会科学院面向未来的根基。

上海社会科学院科研处
2018年7月

序

我国在2013年和2015年两次放宽生育政策后,生育率并未如预期的那样出现大幅反弹。2017年我国人口出生数和出生率双双下降,为我国学界关于生育率变动趋势的争论画上了一个句号。

由于自20世纪70年代以来我国生育率的不断下降,以及自90年代初以来生育率长期保持在更替水平(平均每位妇女生育约2.1个孩子)以下的很低水平,我国人口少子老龄化与人口低增长、负增长的惯性已经形成,并且在21世纪内难以逆转。人口变动的主要矛盾已经从过去的人口总量过大转向人口数量在21世纪内不断萎缩和年龄结构快速老化,这一趋势已经为包括联合国在内的多个机构对我国人口的预测所确认。

我国人口早已进入低增长阶段(近年增长率约为0.5%),在未来10年左右的时间内,将转向人口总量不断萎缩。我国65岁及以上老年人口占总人口的比例已从2000年的约7%快速上升至2017年的11.4%,21世纪中叶以后,我国65岁及以上老年人口占总人口的比例将达30%—40%,远高于今天"超级老龄化"的日本(26%左右)。

我国人口少子老龄化进程的加快和即将到来的人口负增长,将对我国未来的经济社会发展带来严峻挑战,如劳动力成本上升、储蓄率与投资率下降、社会保障和公共财政补贴的压力增大等。其中一个非常直接与重要的影响是对社会保障体制的影响。

首先,人口老龄化意味着老年人口相对于劳动年龄人口的比例,即"老年抚养比"的不断上升。老年抚养比的上升,反映在基本养老保险中,就是领取养老金的退休人员相对于缴纳养老保险费的参保职工的比例,即养老保险的体制抚养比上升,并将对实行现收现付的基础养老金带来直接冲击。

其次,在人口老龄化程度不断提高的背景下,我国现行基本养老保险体制中存在的一些问题将变得更加突出,如:目前我国基本养老保险仍然实行属地统筹,统筹层次较低;我国中青年劳动力由中西部地区向沿海地区,以及由农村地区向城镇地区的大规模流动,为流入地带来了劳动力与社保基金的缴费与结余,同时也使中西部与东北地区等人口流出地区面临严重的财务收不抵支的问题;我国基础养老金的可携带性较差,不能适应劳动力的跨地区流动性,对流动性较大的劳动力尤其是农民工的参保形成严重障碍;等等。

2011年实施的《社会保险法》,以及党的十八大报告与党的十九大报告,都明确提出要要实现基础养老金全国统筹。但是由于全国统筹涉及中央与地方之间、地方与地方之间的广泛利益再分配与博弈,迄今为止,全国统筹进展缓慢。最近,人保部提出对3%的养老金缴费实行全国统筹。虽然这是全国统筹从无到有迈出的可贵的第一步,但是离实现真正意义上的全国统筹仍然任重道远。

在我国人口态势发生重大转折,我国人口老龄化水平不断提高的背景下,于宁的专著《基本养老保险基金支出绩效评价:理论与实证研究——基于中国城职保的探索实践》(简称《研究》)正式出版,可谓正当其时。该书分三篇九章,对基本养老保险基金支出绩效评价问题进行了理论构建与实证研究。该书分析了我国人口老龄化对经济发展和社会保障体制带来的挑战,在此基础上构建了基本养老保险基金支出绩效的评价指标体系。该指标体系由基础性指标和评价性指标构成,其中评价性指标包括经济性、效率性、有效性三大类指标,由20个一级指标和10个二级指标所组成。

《研究》利用相关统计数据,对2003—2015年我国基本养老保险基金支出绩效进行了比较系统和全面的分析。据此,《研究》提出加大财政补助力度、延迟女性法定退休年龄、提升替代率水平、设置保值增值水平底线和建立多支柱养老体系五项核心对策。

《研究》构建的指标体系与相关分析为评价我国基本养老保险基金支出提供了一个有效的工具,对基本养老保险体制的未来发展与改革可提供有价值的决策参考。

从我国基本养老保险的全局来看,其制度构成不仅包含20世纪90年代建立的城镇职工基本养老保险,还包含2014年起合并实施的城乡居民基本养老保险,且其参保人数较前者大得多。因此,如何提升我国整个养老保险体制的公平性与效率,如何提升我国城乡居民基本养老保险的统筹层次,以及如何解决居民养老保险待遇不充分性的问题,显然值得进一步开展深入研究。目前我国大多数关于养老保险的研究重点关注城镇职工基本养老保险,但是对城乡居民基本养老保险却未能给予足够的关注。当然,这与该制度实施时间相对较短,可获取资料有限有关。

《研究》一书的实证部分由于数据可得性的原因同样聚焦于城镇职工基本养老保险,但在制度层面看到了城乡居民基本养老保险的重要意义。实际上,作者运用公共支出评价原理构建的指标体系可以服务于基本养老保险制度的全局,为今后展开城乡居民基本养老保险的研究奠定了基础。随着时间的推移与资料可得性的提升,通过对部分指标结合时代发展适当修正后便可对其进行实证研究,由此对我国基本养老保险制度的支出绩效形成更为全面的评价。

作为一个研究人口老龄化与社会保障问题多年的学人,我衷心祝贺本书的问世。相信该书能对我国基本养老保险体制支出绩效的评估和深化改革起到积极的促进作用。

左学金
2018年6月10日

目 录

背景篇

"后人口红利时代"中国的挑战与机遇：基于老龄化经济影响的视角

第一章　导论　3
　第一节　问题的提出与研究意义　3
　　一、关注公共支出绩效评价：社会保障领域的探索与尝试　4
　　二、聚焦人口老龄化：五位一体的全局性思考　6
　第二节　研究对象界定与现有研究成果述评　12
　　一、研究对象界定　12
　　二、现有研究成果述评　14
　第三节　研究框架与研究方法　20
　　一、研究框架　20
　　二、研究方法　22
　第四节　本书的创新与不足　23
　　一、本书创新之处　23
　　二、本书不足之处　25

第二章　中国人口老龄化及其长期经济影响研究　26
　第一节　人口老龄化：国际背景与中国特质　26

一、国际老龄化问题研究的时代背景与理论基础　　27
　　二、中国人口老龄化的基本特征　　28
　　三、中国人口老龄化加速的主要原因　　30
　第二节　超低生育率和中国老龄化前景："后人口红利时代"的迫近　31
　　一、超低生育率的演进轨迹与可能后果　　32
　　二、超低生育率与中国人口老龄化前景　　34
　　三、"后人口红利时代"：人口结构与经济成长的双向互动　37
　第三节　"后人口红利时代"的中国：老龄化的长期经济效应　39
　　一、人口老龄化对社会保障制度的挑战　　39
　　二、人口老龄化对劳动力市场的冲击　　42
　　三、人口老龄化对国际产业竞争力的影响　　45
　　四、人口老龄化对国内消费结构的改变　　46

理　论　篇

基本养老保险基金支出绩效评价：构建原理与指标体系

第三章　经济性指标的构成研究　　57
　第一节　经济性指标研究（一）：基本养老保险基金支出/GDP　　58
　　一、指标概要　　58
　　二、现实分析　　59
　　三、国际借鉴　　62
　第二节　经济性指标研究（二）：人均基本养老保险基金支出　　66
　　一、指标概要　　66
　　二、现实分析　　67
　　三、过程类指标"养老金按时足额发放率"的选取说明　　72

第三节 经济性指标研究（三）：养老保险财政补助支出/财政支出　73
　　一、指标概要　73
　　二、现实分析　74
　　三、国际借鉴　76

第四章　效率性指标的构成研究　80
第一节 效率性指标研究（一）：覆盖面　82
　　一、指标概要　82
　　二、现实分析　84
第二节 效率性指标研究（二）：缴费率　86
　　一、指标概要　86
　　二、现实分析　87
第三节 效率性指标研究（三）：退休年龄　89
　　一、指标概要　89
　　二、现实分析　90
　　三、国际借鉴　93
第四节 效率性指标研究（四）：统筹层次　99
　　一、指标概要　99
　　二、现实分析　100

第五章　有效性指标的构成研究　103
第一节 有效性指标研究（一）：替代率　105
　　一、指标概要　105
　　二、现实分析　108
　　三、国际借鉴　111
第二节 有效性指标研究（二）：财务可持续性　114

一、财务可持续性指标(1)：累计结余可支付时间　　114
　　二、财务可持续性指标(2)：隐性债务/GDP　　118
　　三、财务可持续性指标(3)：保值增值水平　　123
第三节　有效性指标研究(三)：基本养老金贡献率　　127
　　一、指标概要　　127
　　二、现实分析　　128

实 证 篇

基本养老保险基金支出绩效评价：
实证评分与对策研究

第六章　基本养老保险基金支出绩效的评价标准研究　　135
第一节　指标体系的完整构建与评价标准的总体设计　　135
　　一、基本养老保险基金支出绩效评价指标体系的完整构建　　136
　　二、基本养老保险基金支出绩效评价指标的评价标准
　　　　总体设计　　138
　　三、基本养老保险基金支出绩效评价指标的计分方法　　142
第二节　经济性指标评价标准设计研究　　144
　　一、评价标准设计研究：基本养老保险基金支出/GDP　　144
　　二、评价标准设计研究：人均基本养老保险基金支出　　145
　　三、评价标准设计研究：养老保险财政补助支出/财政支出　　147
第三节　效率性指标评价标准设计研究　　149
　　一、评价标准设计研究：覆盖面　　149
　　二、评价标准设计研究：缴费率　　150
　　三、评价标准设计研究：退休年龄　　151

四、评价标准设计研究：统筹层次　　　　　　　　　　　　*154*

第四节　有效性指标评价标准设计研究　　　　　　　　　　　*155*

一、评价标准设计研究：替代率　　　　　　　　　　　　　*156*

二、评价标准设计研究：财务可持续性　　　　　　　　　　*158*

三、评价标准设计研究：基本养老金贡献率　　　　　　　　*162*

第七章　我国基本养老保险基金支出绩效的实证评价：经济性、效率性与有效性　　　*165*

第一节　经济性指标得分情况实证评价　　　　　　　　　　*165*

一、经济性指标实证评价（一）：基本养老保险基金支出/GDP　*167*

二、经济性指标实证评价（二）：人均基本养老保险基金支出　*169*

三、经济性指标实证评价（三）：养老保险财政补助支出/
财政支出　　　　　　　　　　　　　　　　　　　　　*174*

第二节　效率性指标得分情况实证评价　　　　　　　　　　*175*

一、效率性指标实证评价（一）：覆盖面　　　　　　　　　*177*

二、效率性指标实证评价（二）：缴费率　　　　　　　　　*178*

三、效率性指标实证评价（三）：退休年龄　　　　　　　　*179*

四、效率性指标实证评价（四）：统筹层次　　　　　　　　*188*

第三节　有效性指标得分情况实证评价　　　　　　　　　　*190*

一、有效性指标实证评价（一）：替代率　　　　　　　　　*191*

二、有效性指标实证评价（二）：财务可持续性　　　　　　*193*

三、有效性指标实证评价（三）：基本养老金贡献率　　　　*201*

第八章　我国基本养老保险基金支出绩效：综合评价与对策研究　　　*203*

第一节　我国基本养老保险基金支出绩效综合评价研究：
2003—2015　　　　　　　　　　　　　　　　　　　　*203*

一、经济性指标综合得分与评价：2003—2015　　206
　　二、效率性指标综合得分与评价：1997—2015　　208
　　三、有效性指标综合得分与评价：2001—2015　　209
　　四、我国基本养老保险基金支出绩效综合得分与评价：
　　　　2003—2015　　211
第二节　提高我国基本养老保险基金支出绩效水平的对策研究　　214
　　一、对策模拟　　215
　　二、对策目标　　219

第九章　研究结论与研究展望　　238
第一节　本书的研究结论　　238
　　一、背景研究："后人口红利时代"的挑战与机遇并存　　238
　　二、理论研究：基本养老保险基金支出绩效评价指标体系的
　　　　完整构建　　239
　　三、实证研究：2003—2015年平均接近70分，综合得分
　　　　略有上升，"3E"指标变化明显　　241
　　四、对策研究：借助指标体系进行对策模拟，形成可量化
　　　　对策目标系统　　245
第二节　本书的研究展望　　247
　　一、延伸研究长度：全国数据长期追踪　　248
　　二、挖掘研究深度：地区推广实证评价　　248
　　三、拓展研究广度：构建养老系统工程　　249

参考文献　　250
后　　记　　265

背 景 篇

"后人口红利时代"中国的挑战与机遇：
基于老龄化经济影响的视角

背景篇作为本书的背景研究，全面分析老龄化的长期经济影响。第一章导论作为全书总起，对本书的研究意义、研究对象、研究基础、研究框架、研究方法等进行了详细阐述。第二章则从背景研究的角度着重分析"后人口红利时代"中国的挑战与机遇。中国人口老龄化由于其社会经济发展的特定轨迹而呈现出鲜明特征，超低生育率在中国部分地区的出现将对社会发展产生潜在的负面影响。人口老龄化前景及其对社会经济的长期影响必须引起高度重视，从"人口红利期"向"后人口红利时代"的转变是人口转型过程中不可回避的阶段，这也是中国未来发展的一项重大战略课题，可谓挑战与机遇并存。第一，老龄化对社会保障体系带来严峻挑战；第二，老龄化对劳动力市场产生冲击；第三，老龄化将削弱中国劳动密集型产业的国际竞争力，这同时也是促进经济转型的一次机遇；第四，老龄化进程蕴含着潜力无穷的消费市场。由此可见，应对老龄化经济挑战的主要策略之一就是深化社会保障体制改革，这也为本书重点进行基本养老保险基金支出绩效评价的研究提供了紧迫而又务实的现实背景。

第一章
导　论

随着人口老龄化程度加重,基本养老保险基金的支出规模和制度负担也在加大,其支出绩效的高低直接影响到老年人口的生活质量与社会的和谐稳定。

面对我国日益严峻的人口老龄化形势及其带来的挑战,党的十八大报告提出了"积极应对人口老龄化,大力发展老龄服务事业和产业"的全新表述,对如何把握老龄化的历史机遇以及如何应对其挑战都予以高度重视;党的十八届三中全会则在加快社会事业改革方面提出了"建立更加公平可持续的社会保障制度",这使得我们对"银色浪潮"冲击下的中国养老制度改革更多了一份期待。

党的十九大报告的相关论述与之一脉相承,同时又更为具体,在实施健康中国战略方面,要"积极应对人口老龄化,构建养老、孝老、敬老政策体系和社会环境,推进医养结合,加快老龄事业和产业发展";在加强社会保障体系建设方面,要"全面建成覆盖全民、城乡统筹、权责清晰、保障适度、可持续的多层次社会保障体系"。而这两个提法的结合,也体现出本书研究选题的意义所在。

第一节　问题的提出与研究意义

本书的研究实质是公共支出绩效评价,具体的研究领域则落实在社会保障领域内的基本养老保险制度范畴。随着我国人口老龄化进程的不断加速，与之相关的经济、社会问题也日益引起政府、学界与公众的高度关注，应对老龄化挑战的种种思考与探讨都是正面迎接老龄化高峰时期的积极准备。本书的研究亦从这一着眼点出发，试图从公共支出绩效评价的角度为我国基本养老保险制度的改革与完善提供决策参考，并从经济、政治、文化、社会、生态建设五位一体的全局性视角审视与思考人口老龄化所带来的挑战与应对之策。

一、关注公共支出绩效评价：社会保障领域的探索与尝试

公共支出绩效评价作为公共支出管理的核心内容之一，其重要作用已为学术界和政府公共部门所广泛认识。具体而言，公共支出评价绩效有两大功能：第一，可以向公共服务的提供者揭示公众的满足程度和公共预期目标的实现程度，即评价本期公共支出的效果；第二，可以指明公共支出决策的改进空间和行动方向，即为下期支出如何调整提供依据。在我国社会主义市场经济体制下，公共支出的外延界定在于体现国家职能和满足社会共同需要，因此社会保障支出也是公共支出的重要内容。

在社会保障诸项制度中，社会保险制度是其最重要的组成部分，而在社会保险制度的各项具体组成制度中，基本养老保险制度又因其涉及面最广而成为社会保险制度的核心内容。随着我国人口老龄化形势的日益严峻，基本养老保险制度也日益受到关注，其制度稳定性与合意性对于社会的稳定与和谐发展有至关重要的作用。

在人口老龄化进程加速的背景下，基本养老保险基金的支出规模和制度负担也在加大，其支出绩效的高低直接影响到老年人口的生活质量和社会的和谐稳定。作为公共支出管理的重要组成部分，基本养老保险基金支出的绩效评价研究实有必要，只有通过合理的支出绩效评价，才能评判本期支出水平的合适与否，进而为下一期支出规模和结构提供调整方向。

因此，本书选择基本养老保险基金支出绩效评价作为研究对象主要基于以下三方面的思考。

（1）必要性思考。公共支出评价的共性功能使基本养老保险基金支出绩效评价研究得以从评价本期效果和调整下期支出两个方面为我国政府职能在公共财政框架下的转变提供科学依据，因此，基本养老保险基金支出绩效评价是公共支出绩效评价的重要组成部分，对其进行理论与实证研究是政府职能转变的必然要求。

（2）紧迫性思考。在人口老龄化程度不断加剧的社会背景下，养老金水平对于社会、经济生活的影响力日益显著。从宏观层面看，老年人口数量和比例的提高使全社会养老金支出以及政府财政补贴额大幅增加，个人养老金水平的小幅变化就会引起养老金总量规模的明显变动。从微观层面看，养老金水平不仅会直接影响老年人口的生活水平，而且会间接影响其子女的生活质量，如果老人的养老金水平过低，无法"老有所养"，那么儿女就会产生后顾之忧，既为父母的退休生活焦虑，又为自己未来的老年保障担忧，这样就会影响其劳动积极性和整个社会的和谐发展。因此，通过支出绩效评价来判断和确定合理的养老保障水平，这是老龄化趋势下急需解决的紧迫任务。

（3）严峻性思考。在基本养老保险制度建设和改革、完善过程中发现的问题与矛盾主要体现在可持续性、公平性和割裂性几个方面。从制度可持续性考虑，现行制度的转轨成本如何消化，长周期平衡如何实现，未来几十年后的老龄化高峰期如何应对，都是必须思考并解决的现实问题。从公平性角度考虑，法定退休年龄的性别差异、退休人员与在职人员收入增长速度的差异等问题，都会制约基本养老保险制度的社会保障功能的发挥。从割裂性角度考虑，养老保险统筹层次不高的现状对于全国范围内的劳动力流动造成了严重的限制与阻碍。因此，对基本养老保险基金支出进行绩效评价研究将有助于探寻这些问题发生的原因和解决的方案，为社会保障制度的改进与完善提供决策调整的依据,使社会保障制度改革和完善进程中面临的严峻形势得以缓解。

因此,本书基于以上思考而进行的研究具有理论和实践两方面的价值和意义。

(1) 理论意义。本书的理论意义在于通过研究对基本养老保险基金支出绩效评价构建理论框架,并设计出一套可度量的指标体系,为公共支出绩效评价方法在社会保障领域的具体研究进行有益尝试。

(2) 实践意义。本书的实践意义在于将理论研究应用于社会改革与发展的实践,通过对我国基本养老保险基金支出绩效进行实证研究,形成了简明清晰的综合评价结论:2003—2015 年平均接近 70 分,综合得分略有上升,"3E"指标变化明显。① 在此基础上采用对策模拟的研究方法,为提高我国基本养老保险基金支出绩效水平、完善社会保障基金运行与管理制定出一组可调、可控、可量化的对策目标系统,为政府社会保障改革与完善决策提供参考依据。

二、聚焦人口老龄化:五位一体的全局性思考

党的十八大报告在以保障和改善民生为重点部署社会建设时,提出了"统筹推进城乡社会保障体系建设"的具体要求,其中强调要"积极应对人口老龄化,大力发展老龄服务事业和产业"。② 党的十九大报告在此基础上,进一步强调要"积极应对人口老龄化,构建养老、孝老、敬老政策体系和社会环境,推进医养结合,加快老龄事业和产业发展"。③ 作为党中央针对日益严峻

---

① "3E"指标是指公共支出绩效评价的经济性指标、效率性指标和有效性指标。由于这三类指标所对应的英语单词分别为 Economy(经济性)、Efficiency(效率性)和 Effectiveness(有效性),因此又被称为"3E"指标。详见本书第二篇的分析。
② 胡锦涛.坚定不移沿着中国特色社会主义道路前进 为全面建成小康社会而奋斗——在中国共产党第十八次全国代表大会上的报告[M].北京:人民出版社,2012.
③ 习近平.决胜全面建成小康社会 夺取新时代中国特色社会主义伟大胜利——在中国共产党第十九次全国代表大会上的报告[M].北京:人民出版社,2017.

的人口老龄化形势做出的重大战略部署,积极应对人口老龄化是我国在21世纪的一项全局性、基础性和长期性的战略任务[①];大力发展老龄服务事业和产业则是对积极应对人口老龄化态度和认识的具体落实。着眼于"五位一体"的总体布局,可以看出,积极应对人口老龄化与推进中国特色社会主义伟大事业的关系非常密切,经济建设、政治建设、文化建设、社会建设和生态文明建设的具体要求中都体现出积极应对人口老龄化的精神内涵。

就经济建设而言,党的十八大报告强调"以经济建设为中心是兴国之要,发展仍是解决我国所有问题的关键";党的十九大报告强调"必须坚定不移把发展作为党执政兴国的第一要务,坚持解放和发展社会生产力,坚持社会主义市场经济改革方向,推动经济持续健康发展"。只有经济发展了,才会有更多的财力物力投入到保障和改善民生的领域,才能推动老龄事业和产业进一步发展,才能提高包括广大老年人在内的人民生活水平。国际社会的实践经验证明,加快经济发展,增强综合国力,是应对与解决人口老龄化问题与挑战的根本途径。只有在经济发展的基础上,才能更有效地建立起不断满足日益庞大的老年群体需求的多支柱、多层次的社会保障体系,扩大以养老、医疗保险为重点的社会保险覆盖面,不断提高保障水平;才能为老年人提供更丰富、更人性化的老龄产品和服务,在满足其多元化生活需求的同时促进老年消费市场繁荣发展;才能扩大养老福利服务设施的供给,加强企业退休人员社会化管理服务;才能深入开展敬老爱老主题教育活动,广泛组织老年文化体育活动,持续发展老年教育事业;才能深化老年人权益保护和老年法律援助工作,促进老年人社会参与,从而推动老龄事业和老龄产业在发展广度和深度方面取得长足进展。[②] 老龄事业作为社会公共管理的政府行为活动,具有显著的公益性特征;老龄产业作为经济单位的市场交易

---

① 朱勇.积极应对人口老龄化的行动纲领[EB/OL].[2012-12-26].http://www.cncaprc.gov.cn/llbjg/20890.jhtml.
② 以上部分观点来源于历年《中国老龄事业发展统计公报》。

活动,则是旨在提升老年人生活质量的一个重要途径。就两者的性质而言,老龄事业和老龄产业分别指向政府和市场两条道路。党的十八大报告指出,"经济体制改革的核心问题是处理好政府和市场的关系,必须更加尊重市场规律,更好发挥政府作用";党的十九大报告强调,"使市场在资源配置中起决定性作用,更好发挥政府作用"。现代市场经济体系中,政府与市场是两个相互关联的重要组成部分。发展社会主义市场经济的关键在于寻求市场功能与政府行为之间的最佳结合点,使市场经济框架下的政府行为得以充分发挥,不仅起到调节经济、弥补市场功能失灵的作用,而且有效避免与克服自身的缺位、越位、错位,而这也为准确界定老龄事业和老龄产业的功能定位以及制定相应的政策措施指明了方向,使老龄服务事业和产业在政府与市场之间达到平衡,健康发展。

就政治建设而言,党的十八大报告指出,"人民民主是我们党始终高扬的光辉旗帜";党的十九大报告强调"坚持全面依法治国","加强人民当家作主制度保障"。首先,为了坚持走好中国特色社会主义政治发展道路和推进政治体制改革,必须完善基层民主制度。而在城乡社区治理、基层公共事务和公益事业中实行群众自我管理、自我服务、自我教育、自我监督,正是人民依法直接行使民主权利的重要方式,因此,大力培育发展老年社会组织,完善与老龄社会相适应的基层民主制度,保障老年人的社会主体地位,通过发挥包括老年社会组织在内的基层各类组织协同作用,实现政府管理和基层民主有机结合,对于我们实现最广泛的人民民主起着积极作用。其次,法治是治国理政的基本方式。为加快建设社会主义法治国家,发展社会主义政治文明,必须全面推进依法治国。党和政府高度重视老龄工作,先后颁布实施《中国老龄工作七年发展纲要(1994—2000年)》《中国老龄事业发展"十五"计划纲要(2001—2005年)》《中国老龄事业发展"十一五"规划》[1]和《中

---

[1] 柳华文.发展与人权:关于老龄化问题的思考[J].人权,2009(2).

国老龄事业发展"十二五"规划》,对我国老龄事业国家机制、养老保障体系、老年医疗保健、为老社会服务、老年文化教育、老年人参与社会发展、老年人合法权益保障等各方面提出了阶段性总体目标,成为我国老龄事业在不同时期的行动指南。为了与时俱进地推进我国老龄事业发展,并与国际人权公约等接轨,修订后的《老年人权益保障法》已于 2013 年 7 月 1 日正式实施,这将为进一步保障老年人合法权益、依法加强老龄工作和发展老龄事业发挥更为充分的作用。只有更加注重发挥法治在国家治理和社会管理中的重要作用,才能维护国家法制统一、尊严、权威,才能保证包括广大老年群体在内的人民依法享有广泛权利和自由。同时,不可忽视的是,老年人口也是维稳的重要力量。随着我国人口老龄化进程的加速,老年群体已由社会边缘群体转变成为重要的社会利益群体,老年人的利益诉求对社会政策将产生导向影响。[1] 由于老年人的政治取向相对稳定,因此,维护好老年人各项权益,提升老年人生活质量,客观上有利于国家和政局稳定。因此,要以扩大有序参与、推进信息公开、加强议事协商、强化权力监督为重点,调动起广大老年人的积极性,充分发挥老年人在基层社会管理与和谐社会构建中的正面作用。

就文化建设而言,党的十八大报告强调,"文化是民族的血脉,是人民的精神家园";党的十九大报告指出,"文化兴国运兴,文化强民族强"。伴随着不断加速的老龄化进程,至老龄化高峰时期,我国 60 岁及以上老年人口将逐步占到总人口的 1/3 左右,[2] 老年人的精神文化需求呈现出丰富化、多元化特征,其参与文化活动的热情也将日益高涨,因此,老年文化建设作为社会主义文化建设总体布局中不可或缺的组成部分,其地位与作用也将越来越重要。一方面,加强老年文化建设是积极应对人口老龄化的重要举措。老年文化建设的不断加强不仅有利于传承和弘扬中华民族敬老、爱老、助老

---

[1] 常红.中国将面临重度老龄化 速度是发达国家的 2 倍[EB/OL].[2012-10-23].http://society.people.com.cn/n/2012/1023/c1008-19353347-2.html.
[2] 参见本书第二章对我国人口老龄化前景的分析。

的传统美德与东方文化,而且有利于促进社会主义核心价值体系建设,为积极应对人口老龄化带来的社会经济挑战提供坚强思想保障和强大精神动力。另一方面,加强老年文化建设也是推动社会主义文化大发展大繁荣的必然要求,是丰富人民精神文化生活以及构建不分年龄、人人共享老龄社会和谐文化的重要任务,对于推进经济社会科学发展,实现家庭和睦与社会和谐,具有重要意义。[1] 只有积极开展内容广泛、形式多样、健康向上的老年文化活动,才能充分满足老年人文化需求,不断丰富老年人精神生活,持续增强老年人精神力量,从而推动社会主义文化大发展大繁荣。

就社会建设而言,党的十八大报告指出:"加强社会建设,是社会和谐稳定的重要保证。必须从维护最广大人民根本利益的高度,加快健全基本公共服务体系,加强和创新社会管理,推动社会主义和谐社会建设。"党的十九大报告强调:"增进民生福祉是发展的根本目的""完善公共服务体系,保障群众基本生活,不断满足人民日益增长的美好生活需要,不断促进社会公平正义,形成有效的社会治理、良好的社会秩序,使人民获得感、幸福感、安全感更加充实、更有保障、更可持续。"积极应对人口老龄化,面向的是当前占总人口超过 1/7[2] 的广大老年人口的根本利益和生活福祉,对社会主义社会建设任务的完成关系重大。党的十八大报告在全面建成小康社会宏伟目标的论述中提出了"人民生活水平全面提高"的新要求,数量日益庞大的老年群体的生活质量自然不可忽视,而且这种提高必须是全方位的综合提高。党的十九大报告对于加强社会建设在教育、就业、收入、社保、健康和社会治理等方面提出的具体要求都与老年群体生活水平的全面提高息息相关。[3] "加快建设学习型社会,大力提高国民素质",离不开完善终身教育体

---

[1] 关于进一步加强老年文化建设的意见[EB/OL].[2012-10-24].http://www.cncaprc.gov.cn/zhengce/19615.jhtml。
[2] 参见本书第二章我国人口老龄化特征的分析。
[3] 朱勇.积极应对人口老龄化的行动纲领[EB/OL].[2012-12-26].http://www.cncaprc.gov.cn/llbjg/20890.jhtml。

系、发展老年教育;"提高就业质量和人民收入水平",必然包括加强老年人力资源开发、扩大老年人社会参与,以及通过改革收入分配制度提高老年人劳动收入和财产性收入的要求;"加强社会保障体系建设",体现了老龄化社会中完善社会养老保障和养老服务、实现老有所养的重要部署;"实施健康中国战略"在应对人口老龄化过程中自然体现为全面提高医疗保障和卫生服务水平、实现老有所医;"打造共建共治共享的社会治理格局",则需要建立健全老年社会治理体制机制,充分调动老年人的主观能动性,发挥老年人的社会参与积极性,维护社会秩序、促进社会和谐、保障人民安居乐业,为国家发展营造良好社会环境。

就生态文明建设而言,党的十八大报告在我国社会主义建设五位一体总体布局中提出了"大力建设生态文明""努力建设美丽中国"的新任务;党的十九大报告强调"坚持人与自然和谐共生",这是关乎人民福祉、民族未来的长远大计。结合老龄事业发展实际,我们应当全力推动老年友好型城市和老年宜居社区建设工作,这两项工作是世界卫生组织倡导并在全球30多个国家推动开展的惠老创建活动,已经得到国际社会的广泛认同和积极响应。[①] 通过宜居环境体系建设工作的不断推进,城乡规划、住房建设、公共环境等各方面的前瞻性和预见性将得以增强,由此可以营造出更加安全、便捷和舒适的老年生活环境。通过科学合理地调整空间结构,促进生产空间集约高效、生活空间宜居适度、生态空间山清水秀,生态文明建设的任务也将在我国老龄事业发展过程中得到体现。开展好老年友好型城市和老年宜居社区这两项创建活动,对于我国而言,不仅是为了与国际接轨,也是为了满足我国老龄化快速发展要求和生态文明建设要求而进行的创造性实践,这正是实现中华民族永续发展的行动体现。

综上所述,党的十八大报告与党的十九大报告有关"积极应对人口老龄

[①] 阎青春.认真学习贯彻十八大精神 全力推动老龄服务事业和产业发展[EB/OL].[2012-12-10].http://www.cncaprc.gov.cn/llbjg/20497.jhtml.

化"的论述不仅源于对我国人口年龄结构转变的深刻研判,而且源于对社会主义伟大事业五位一体总体布局的全面认知,既有总结过去的深度,也有立足当前的广度,更有展望未来的高度,为我们在全面建成小康社会进程中加强老龄工作和推动老龄事业发展指明了方向。基于以上全局性思考,本书将立足基本养老保险制度这一退休生活的经济基础问题,着力进行基本养老保险基金支出绩效评价的研究探索,为提升退休生活保障水平与维护制度可持续运行提供决策参考。

第二节 研究对象界定与现有研究成果述评

一、研究对象界定

我国社会养老保险制度经过多年发展,至 2011 年已形成城镇职工基本养老保险(简称"城职保")、新型农村社会养老保险(简称"新农保")、城镇居民社会养老保险(简称"城居保")三大社会养老保险制度并举的广泛覆盖格局。[1] 在此基础上,2014 年 2 月 7 日召开的国务院常务会议指出:"建立统一的城乡居民基本养老保险制度,使全体人民公平地享有基本养老保障,是我国经济社会发展的必然要求和推进'新四化'建设的需要,这既有利于促进人口纵向流动、增强社会安全感,也有利于使群众对民生改善有稳定的预期,对于拉动消费、鼓励创新创业,具有重要意义。"随后,国务院发布《关于建立统一的城乡居民基本养老保险制度的意见》[2],决定在已基本实现新型

---

[1] 国务院办公厅.李克强主持召开国务院常务会议听取关于 2013 年全国人大代表建议和全国政协委员提案办理工作汇报,决定建立全国统一的城乡居民基本养老保险制度[EB/OL].[2014-02-07].http://www.gov.cn/ldhd/2014-02/07/content_2581226.htm.

[2] 国务院.关于建立统一的城乡居民基本养老保险制度的意见(全文)[EB/OL].[2014-02-27].http://legal.china.com.cn/2014-02/27/content_31617372.htm.

农村社会养老保险、城镇居民社会养老保险全覆盖的基础上,依法将这两项制度合并实施,在全国范围内建立统一的城乡居民基本养老保险制度,①并在制度模式、筹资方式、待遇支付等方面与合并前的新型农村社会养老保险和城镇居民社会养老保险保持基本一致。同时,人社部和财政部联合发布的《城乡养老保险制度衔接暂行办法》也规定了城乡居民和城镇职工养老保险之间的衔接。这两个文件是社保制度从碎片化走向统一制度的重要标志,是落实党的十八届三中全会精神的重要举措,对弥合城乡鸿沟、推进新型城镇化建设有着积极意义。②

在上述社会背景之下,探讨本书研究对象的界定显得尤为必要。就本书的研究实质与研究目的而言,是在公共支出绩效评价研究领域中,选择过去研究较少而又现实意义重大的支出领域进行绩效评价的研究探索。如前文所述,从社会保障领域来看,社会保险是其最主要的组成部分;在社会保险制度中,养老保险又是涉及面最广的一项制度;在养老保险制度中,就我国的现实情况而言,无论从制度的建立时间、覆盖范围还是保障水平,都可以看出,城镇职工基本养老保险仍是我国当前最具代表性和影响力的社会养老保险制度。

就建立时间而言,由于城职保在各项社会养老保险制度③之中建立时间最长,因此这意味着对其进行支出绩效评价在纵向比较方面意义较为显著;就覆盖范围而言,由于城职保覆盖了以城镇企业职工为主体的城镇主要就业人群,因此能够较为充分地体现社会保险制度的权利与义务对应的公平原则;就保障水平而言,城职保又是各项社会养老保险制度中保障水平最高的。因此可以将其作为参保人员老年生活的一项主要经济来源进行分析,以反映基本养老保险制度保障参保人员基本生活的制度特征。

---

① 简称"城乡保"。
② 邹雅婷.专家:城居保和城职保衔接面临更大困难[N].人民日报海外版,2014-03-05(3).
③ 相对于"新农保""城居保"以及合并后的"城乡保"而言。

综上所述,本书将研究对象界定为我国城镇职工基本养老保险基金[①]支出绩效评价,[②]由此可以较为充分地反映出我国社会养老保险制度的影响力和代表性,同时也能够取得相对较多的现实数据(从当前数据可得性角度来看,城职保的相关统计数据可从《中国统计年鉴》、人社部网站等多个官方口径获得,数据更具权威性与可靠性,对其进行分析评价也更具现实意义)。

随着时间的推移,有关制度实施情况的数据可得性将有所提升,当今后条件进一步成熟时,本书在理论研究中所构建的这套评价指标体系(经部分指标修正后)也可推广应用于城乡居民基本养老保险基金的支出绩效评价,从而形成更为全面的我国社会养老保险基金支出绩效评价体系,为社会保障制度改革与完善提供更多决策参考与依据。

二、现有研究成果述评

作为公共支出管理的重要组成部分,基本养老保险基金支出的绩效评价研究有其现实必要性,通过绩效评价可以判断出制度运行中亟待解决的问题所在,并据此制定相应的调整对策。从本书的研究选题出发,结合上文所界定的本书研究对象,对于基本养老保险基金支出绩效评价方面的现有研究成果可从以下几个角度进行归纳与述评,这也是本书得以进行深入研究的现实基础。

[①] 如无特别说明,本书中出现的"基本养老保险基金"均指"城镇职工基本养老保险基金"(其名称、口径均与《中国统计年鉴》保持一致)。下同。

[②] 需要说明的是,《城乡养老保险制度衔接暂行办法》的发布实施与本书研究对象的界定亦不矛盾。一方面,该办法于2014年7月1日起实施(由于数据可得性限制,制度实施初期若干年内难以获取评价指标体系中的全部指标数据,所以暂时无从进行实证评价),而本书实证研究的年份后端则为2015年,因此,就当前研究进程而言,两者在时间上并不冲突。另一方面,就今后研究方向而言,《城乡养老保险制度衔接暂行办法》打开了城职保与城乡保之间的制度通道,劳动者在这两项制度之间得以自由流动,作为未来社会养老保险制度的发展趋势,这样的自由流动并不违背本书所界定的城镇职工基本养老保险基金支出绩效的评价原则。因此,实证角度的追踪研究将随着由参保人员流动引起的制度覆盖面的动态变化而产生相应的变动,并由此带动其他相关指标同步变化,在此基础上同样可形成客观科学的基本养老保险基金支出绩效评价结论,并提供相应的决策参考。

由于本书研究的核心是基本养老保险基金支出绩效评价问题,其研究实质是公共支出绩效评价,研究领域为社会保障领域,具体的研究对象则是社会保障领域中的基本养老保险制度,因此,下文将从公共支出绩效评价、社会保障制度评价、基本养老保险制度(又可称为公共养老金计划)评价3个角度进行相应的现有研究成果述评。[①]

就本书的研究实质而言,在公共支出绩效评价研究方面,国内外现有研究成果具有以下几个主要特点。(1)在公共支出绩效评价理论框架上逐步趋同,评价内容均强调对公共支出进行事前、事中、事后各阶段综合评价(Behn. Robert,2003;朱志刚,2003);评价思路和体系构建较有代表性的是中间评价与最终评价相结合(Jack Diamond,1994;丛树海、周炜、于宁,2005)。(2)在评价指标体系的构建方面,常见的形式主要有以下三种:一是根据公共支出的全过程,即投入、过程(又称运作)、产出、效果四个阶段来设计指标体系(李春根、李建华,2009);二是基于绩效的内涵,根据公共支出的经济性、效率性、有效性构建指标体系;三是依据支出绩效内涵各因素的内在联系将上述两种形式综合起来设立指标体系(丛树海、周炜、于宁,2005)。(3)在评价指标的度量方面,达成共识的主要原则有以下几项:一是指标选取的合理性;二是指标度量的准确度;三是指标评价标准的客观性。(4)在公共支出绩效评价对象方面,既有对公共支出绩效的总体评价(郭亚军,2003),也有对具体支出领域的评价,目前涉及的主要领域包括公共教育(丛树海、周炜,2007;申玲,2009)、科技(于宁,2006[②])、卫生(丛树海、李永友,2008)、行政(张雷宝,2008)、农业(崔元锋、严立冬,2006)、社会保障(李春根、李建华,2009)支出绩效评价等。由此可见,公共支出绩效评价原

[①] 由于成果述评的特征要求,为避免脚注内容多次重复,因此,现有研究成果述评中所涉及的成果与文献均在参考文献中有所列示,特此说明。
[②] 公共科技支出绩效评价的研究成果来源于上海财经大学课题组.公共支出评价[M].北京:经济科学出版社,2006.

　　于宁为该书第三篇《公共科技支出评价》独立作者。参考文献部分将列出该著作相关信息,但不涉及作者个人姓名,特此说明。

理的广泛使用有助于政府公共职能的有效履行;而对其中的社会保障领域,也有学者开始进行绩效评价的探索研究。

就本书的研究领域而言,随着我国社会保障制度的逐步建立与成熟,对于社会保障绩效的相关评价在学术界也形成了一定的研究积累。其中,有的研究运用了公共支出绩效评价原理,有的则以其他不同的理论视角与评价方法展开研究。李春根、李建华(2009)基于公共支出绩效评价原理与系统理论基本观点,研究建立了社会保障支出评估模型,以公平与效率为核心,围绕社会保障系统的投入、过程、产出、结果四个方面选择适合我国现实国情的指标,构建起一套社会保障支出绩效评估指标体系,对公共支出绩效评价原理在社会保障领域的应用进行了理论探讨。林毓铭(2007)对社会保障绩效评估的主体内容、设计原则、难点问题进行了分析,并在此基础上建立起社会保障绩效评估指标体系,包括三方面内容,即:职能绩效指标体系、影响指标体系以及潜力指标体系。曹信邦(2006)研究认为,政府社会保障绩效可以通过绩效评估定量指标体系和定性指标体系来反映,因此设计了一套完整的政府社会保障绩效评估指标体系,其中包括总体概况、社会保险、社会救助、社会优抚和社会福利五组从属评估指标体系,并对今后实践运用中的注意点进行了分析。张平(2009、2010)沿用了上述评估指标体系的总体框架,并对部分指标进行修正后,采集了2006年与2008年的数据,对指标实际值与标准值进行比较,通过对指标的现实表现予以赋值和打分,计算出我国社会保障支出绩效的整体得分,进而指明我国社会保障支出存在的问题并提出对策建议。周长城、吴青鹏(2012)则对上述评价体系的完善进行了涉及面更广的理论探讨,研究认为,社会管理的主体应当包括政府与其他社会主体,如社会组织、私人和企业等,因此在绩效评估方面,不仅要对政府在社会保障方面的绩效进行评估,也应对社会主体在社会保障方面的行为进行相应评估,建立起客观与主观相结合的绩效评估指标体系。辛立秋、谢禹、朱晓(2012)立足我国社会保障实际水平和综合国情,运用主成分分析法,结合 TOPSIS 综合评价法,评价我国社会保障绩效,从定量分析的角度对我国内地 31 个省份的社会保障水平进行综合评价和排序,结论是我国社会保障绩效普遍偏低,各地区存在差异且发展不均衡,并在此基础上提出完善社会保障体系的建议。此外,张立光、邱长溶(2003)、舒晓慧(2006)、李斌宁(2007)等也从不同角度构建了我国社会保障绩效的综合评价指标,可在实践中加以应用。基于以上分析述评可以看出,公共支出评价的研究面已覆盖到社会保障领域,目前已有学者对社会保障支出的整体绩效构建起了完整的评价指标体系;而从进一步的细分来看,社会养老保险领域的公共支出绩效评价尚处于有待开拓的状态(不包括本书研究选题下已发表的阶段性成果)。但是,对于养老保险制度其他各角度的评估研究则已广泛展开。

就本书的具体研究对象而言,伴随着人口老龄化进程的加速,基本养老保险制度的运行绩效也受到国内外学者与研究机构的关注与重视,他们从不同的角度出发对这一问题进行了定性与定量的分析研究。

世界银行早在 1994 年就已对人口老龄化趋势及其对养老金体系收入和支出的影响进行过测算分析。Roseveare D.等(1996)[1]以 OECD 国家为研究对象,对其老龄化趋势、公共养老金及政府预算缺口等进行了模拟测算和分析。2005 年,世界银行通过更为深入的养老金制度改革的国际比较,提出了明确的养老金制度改革目标,该目标由首要目标与次要目标共同组成,这两类目标也相应构成了一套养老金制度评价体系。其中,首要目标包括充足性、可负担性、可持续性与稳健性四个方面;次要目标则关注养老金计划能否促进经济发展,包括养老金制度改革后负面影响的减少与正面影响的增加两个方面。David Blake 等(2006)采用收支预测方法,分析了英国公共养老金体系面对人口老龄化和生育率下降挑战的可持续发展情况,认

---

[1] 国外学者的研究成果为多人合作时,本书正文中仅列出第一作者姓名,其余作者姓名在参考文献中均有列示,特此说明。

为即使考虑可能的国外净移民以及推迟退休年龄等措施,制度在长期内仍然不具备偿付能力。María del Carmen Boado-Penas等(2008)采用资产负债比例衡量养老金体系的精算平衡状况,分析比较瑞典和西班牙公共养老金制度的资产负债比例,认为西班牙的养老金制度面临较严重的偿付能力不足问题。美国审计署2010年对养老金计划进行了为期一年多[①]的绩效审计,得出的结论是[②]:(1)从短期看,养老金计划有足够的备付能力,但其长期稳健性值得怀疑;(2)政府采取的低成本战略能有效提高养老金的可持续发展。在此基础上,审计署提出的对策建议主要包括巩固维护养老金计划的长期可持续性以及全力保证养老金计划取之于民、用之于民,确保广大民众退休的基本生活保障。Inmaculada Domínguez-Fabián(2011)采用养老金替代率和内涵回报率等指标衡量养老保险的偿付能力,通过比较发现大部分欧洲国家的养老保险处于偿付能力不足状态。

近年来,我国学者也对养老保险制度运行效果及可持续性方面予以广泛关注。[③] 路锦非(2012)根据世界银行设计的养老金制度评价体系标准,对我国养老金制度进行对比分析,结论是我国养老金制度在充足性、可负担性、可持续性和稳健性这几个国际通行的指标方面都不令人满意,并从制度设计和市场运行两个层面提出了相应的对策建议。许春淑(2012)从养老保险基金收支、养老保险基金管理、养老保险与经济社会三个方面,构建了我国社会养老保险制度综合评价指标体系,采用因子分析和模糊综合评价方法,实证分析了2009年我国29个省份(青海、西藏除外)的养老保险制度综合绩效,研究结论显示我国养老保险的地区发展水平不平衡,但差距在缩

---

① 该项绩效审计的时间为2010年12月—2012年3月。
② 根据以下文献内容整理而成:陈宋生,杨杰.老有所养——政府养老金计划的绩效审计[J].审计与理财,2013(2).
③ 本书研究过程中的阶段性成果《基本养老保险基金支出绩效评价指标体系研究》已于2012年6月发表于《社会科学》并为《新华文摘》、中国人民大学复印报刊资料《社会保障制度》两次全文转载,该成果作为本书研究过程中提炼形成的学术性论文,是本书研究选题的理论核心,其详尽研究内容将在本书全面展开、深入阐述,因此不在成果述评部分另行论述,特此说明。

小;部分地区内部的养老保险发展水平与经济发展水平不协调。高庆波、刘桂莲(2012)[①]按照"广覆盖、保基本、多层次、可持续"方针,设计了一个养老金发展指数体系("中国社科智讯·养老金指数"),该指数体系涵盖面较广,对基本养老保险、企业年金、商业保险的情况均有所涉及,研究中对全国31个省份养老金指数的2010年数据进行排名与比较分析,结论是我国养老金体系四个维度指数失衡,同时地区间养老金发展水平差距明显,养老金制度存在结构性问题。王增文(2013)运用DEA数据包络分析法对我国养老保险资源的效率问题进行综合评估,通过对2010年全国31个省份的养老保险制度的投入产出效率进行横向比较和分析,发现评估结果基本符合我国养老保险制度目前的发展状况,该研究旨在拓宽DEA方法的应用领域,为考察中国养老保险制度模式及其改进措施提供新的方法和思路。此外,陈讯、韩林和、杨守鸿(2005),于洪、钟和卿(2009),王晓军(2011),殷俊、黄蓉(2012)等通过测算和比较基础养老金的未来收支,对我国公共养老金的收支平衡状况和偿付能力进行过评估。李友平、吴湘玲(2009),温海红、亢平、肖子越(2011),贺强、杨长汉(2011),韩庆兰、刘沙(2011),甘卓霞(2012),闵晓莹、张庆君(2012),朱云飞、赵宁、赵志伟(2013)等则从区域基本养老保险协调发展程度评价体系建构、基于顾客满意度方法的评价指标运用、养老基金投资绩效评价、养老保险基金绩效审计评价体系以及地区发展评估(如:辽宁省、河北省)等不同角度对我国基本养老保险的制度效果进行研究。

  从养老保险制度评价的现有研究成果来看,主要可分为两大类。一类研究成果对养老保险制度的运行效果进行了理论探讨与现实分析,研究视线主要集中于定性分析层面,并未形成量化结论;另一类研究成果则通过构建各类指标评估体系,开始对养老保险制度的运行效果进行量化分析,但由

---

① 参见郑秉文主编.中国养老金发展报告2012[M].北京:经济管理出版社,2012.
  高庆波、刘桂莲为分报告八《中国社科智讯·养老金指数(发展指数2011)》的作者。参考文献部分将列出该著作相关信息,但不涉及作者个人姓名,特此说明。

于指标数据可得性的限制,目前多数研究基本局限于某个特定年份的数据评估。以上两种特征从一定程度上限制了现有研究成果对我国基本养老保险制度研究的现实价值的发挥,使制度发展的纵向评价与对策建议的量化制定受到局限。因此,本书的研究将与上述各项研究成果形成相互的补充,从不同的研究基点考量我国基本养老保险制度的发展情况。

综上所述,现有研究成果从不同角度为本书的研究奠定了扎实基础,也提供了深入研究的探索空间。本书将采用公共支出绩效评价领域中接受度广、共识度高的"3E"绩效评价指标体系框架作为研究的理论依据,将公共支出绩效评价原理延伸至基本养老保险制度领域的研究,同时将社会保障制度的功能特性与老龄化社会的现实需求相结合,把研究重点集中于基本养老保险基金支出绩效评价指标体系的完整构建,研究过程中还将注意到指标选取的可度量性与评价实证的可操作性。在此基础上,本书研究的另一个重点则是通过设计客观合理的指标评价标准,对我国基本养老保险基金支出绩效进行连续年份的百分制实证评价与具有现实意义的对策研究。本书对基本养老保险基金支出绩效评价的研究将理论构建与实证评价紧密结合,力求在现有研究成果基础上取得新的突破。

第三节 研究框架与研究方法

一、研究框架

为进行基本养老保险基金支出绩效评价的深入研究工作,本书内容主要由三部分构成。

第一部分作为本书选题的背景研究,基于老龄化长期经济影响的视角,全面分析"后人口红利时代"中国的挑战与机遇,主要包括人口老龄化对社会保障制度的挑战、对劳动力市场的冲击、对国际产业竞争力的影响以及对国内消费结构的改变。该部分的研究为后文进行基本养老保险基金支出绩效评价的理论构建与实证研究提供了充分的现实依据。

第二部分是对基本养老保险基金支出绩效评价进行指标体系的理论构建。通过对公共支出绩效评价基本原理的总结(见图1-3-1[①]),结合老龄化社会的现实特征,进行理论含义与现实功能兼备的指标设计,其研究目标是形成一套可度量的基本养老保险基金支出绩效评价指标体系。该指标体系由基础性指标和评价性指标共同构成,基础性指标包括投入类、过程类、产出类、效果类四大类指标;评价性指标包括经济性、效率性、有效性三大类指标。当所有评价性指标数值均可获得时,即可用以直接对某一时期内一个国家(或地区)的基本养老保险基金的支出绩效进行量化评分,综合评价其绩效高低。

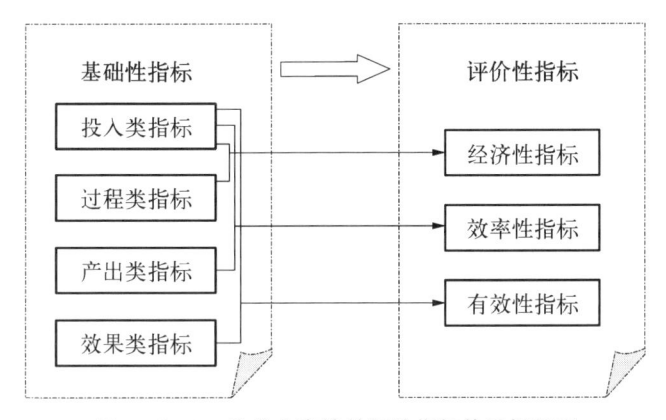

图1-3-1 公共支出绩效评价指标体系框架图

资料来源:作者编制。

第三部分对我国基本养老保险基金支出绩效进行实证评价与对策研究,在完成了基本养老保险基金支出绩效评价指标体系完整构建的基础上,通过进一步的评价标准设计确定,即可在广泛采集指标数据之后对基本养老保险基金支出绩效进行百分制的量化评价(根据"3E"指标评价年份的交

[①] 本图同理论篇图Ⅱ-1,出于本书研究框架的阐述需要在此列示,特此说明。

集,综合评价年份为 2003—2015 年)。根据综合评分形成的基本判断是,2003—2015 年平均接近 70 分,综合得分略有上升,"3E"指标变化明显。在此基础上,基于基本养老保险基金支出绩效评价体系的研究框架,本书对"3E"(经济性、效率性、有效性)绩效水平的全面提高形成了一组全方位、多角度、可量化的综合对策目标系统,以期为我国社会养老保险制度的改革与完善提供决策参考。

二、研究方法

本书的研究内容是理论与实践的高度结合,主要的研究方法如下。

(1)演绎推理方法。即从基本的事实、假设、公理等出发,通过一定的逻辑演绎推导出一系列结论,从而建立研究分析的理论基础。

(2)规范研究与实证研究相结合。本书在基本养老保险基金支出绩效评价指标体系的构建过程中,以公共支出绩效评价的基本原理作为理论依据,充分考虑老龄化社会的现实特征,构建起一套兼具系统性、层次性、可度量特性的评价指标体系。

(3)横向比较与纵向比较相结合。本书在评价指标体系构建以及评价标准设计过程中将国际经验数据的横向比较与国内历史数据的纵向比较充分结合,力求从理论构建到实证评价的全过程都保持客观、严谨,以形成科学、全面的研究结论。

(4)指标微调与对策模拟相结合。本书采用对策模拟的研究方法,借助前述理论研究的成果,即基本养老保险基金支出绩效评价指标体系,从中选取绩效水平亟待提高的几项指标,通过指标值微调的对策模拟研究,明确把握其合理调整方向,在将绩效提高的突破口重点置于有效性指标及其下属各项具体指标的同时,兼顾经济性与效率性指标,对我国基本养老保险基金支出"3E"绩效水平的全面提高形成了全方位、多角度、可量化的综合对策目标系统。

综上,本书的研究力求做到系统、规范和科学,并使其能为我国基本养老保险制度改革提供有实用价值的信息。

第四节 本书的创新与不足

一、本书创新之处

(一)理论创新:构建基本养老保险基金支出绩效评价指标体系

社会保障领域内涵丰富、影响要素复杂。公共支出绩效评价的重要意义与基本原理虽已成为学界共识,但之前鲜有学者将其实际应用于社会保障领域。本书依据公共支出绩效评价的基本原理,结合我国老龄化社会的现实需求,进行了基本养老保险基金支出绩效评价指标体系的理论构建,研究形成了一套具有学术原创性的可度量的评价指标体系,兼具系统性与层次性特征。完整的基本养老保险基金支出绩效评价指标体系由基础性指标和评价性指标共同构成,前者是后者形成的基本要素,后者则是对前者的充分反映。具体而言,基础性指标包括投入类、过程类、产出类、效果类四大类指标;评价性指标包括经济性、效率性、有效性三大类指标,整个指标体系由20个一级指标和10个二级指标组成。当其中所有评价性指标数值均可获得时,通过对各项指标值的计分,即可对某一时期内一个国家(或地区)的基本养老保险基金的支出绩效进行量化评分,通过对本期支出绩效的评价,可对下一期支出的改进与调整提供方向和依据,这对基本养老保险制度的改革与完善将起到积极作用。

由于该指标体系的构建是公共支出绩效评价原理在社会养老保险领域的首次探索性尝试,在老龄化进程加速的社会背景下具有较强的学术原创性与现实意义,因此,该指标体系研究的阶段性成果提炼成文后,在首发于CSSCI来源期刊《社会科学》后不久,即为《新华文摘》、中国人民大学复印报刊资料《社会保障制度》两次全文转载；并被收录于英文论文集 SASS PAPERS 11，向海内外公开发行；同时还获得了上海市老龄委颁发的上海市"老龄科研（调研）优秀论文和成果转化评选"优秀论文二等奖，受到学界与实务部门广泛关注，这也是本书理论贡献的主要表现。

（二）实证创新：设计评价标准，形成评价结论

本书实证研究的创新之处主要体现在以下两个方面。

（1）本书对各项指标评价标准进行了科学设计，采用通用标准、国际标准、理论标准相结合的方式，充分考虑评价标准的客观性与评价结论的可比性。这一创新也可视为理论创新的延续，其作用是使各项指标值得以形成实际的评价分值，使绩效评价的现实应用成为可能。

（2）实证研究过程的创新则体现在各项指标的实证计分过程中。首先，百分制的度量方式使指标得分同时具有纵向与横向的可比性，既可进行自身历史的纵向比较，也可对不同国家、地区进行横向比较，通过比较既能发现进步，也能找出差距。其次，经过作者研究过程中大量的数据采集后形成的连续年份指标评价（2003—2015年）使基本养老保险基金支出绩效的综合评价具备了时间上的连贯性以及现实的政策含义，有助于为决策部门和社会公众评判基本养老保险基金支出的绩效水平提供有说服力的科学依据。

实证评价的结论显示，我国基本养老保险基金支出的绩效水平在2003—2015年平均接近70分，综合得分略有上升，经济性、效率性、有效性"3E"指标得分的结构性变化明显（本书实证篇对此将展开详尽的分析与阐述）。这一量化评价结论也为本书的对策创新奠定了基础。

（三）对策创新：运用对策模拟手段，制定量化对策目标

基于上述理论成果，在基本养老保险基金支出绩效评价指标体系的框架下，本书对策研究的创新之处在于：借助上述指标体系，运用对策模拟手段寻求可实现的绩效提高目标。在绩效水平现实评价的基础上可以发现问

题,找出当前亟待突破的瓶颈及其对应的具体指标,通过对这几项指标值在现实可能范围内的适度调整,观察相应的指标得分变化情况,由此可明确把握各项指标的合理调整力度,在将绩效提高的突破口重点置于有效性指标及其下属各项具体指标的同时,兼顾经济性与效率性指标,制定出一组全方位、多角度、可量化的综合对策目标系统,旨在全面提高基本养老保险基金支出的"3E"绩效水平(即:经济性、效率性与有效性),为维护我国基本养老保险制度可持续运行、完善我国社会保障基金管理提供决策依据。

二、本书不足之处

合理的评价指标体系有助于客观评价基本养老保险基金支出的现实绩效水平,同时有助于为下一期基本养老保险基金支出决策提供调整方向和依据,也有助于研究公共政策的改进空间,从而有效应对人口老龄化带来的社会经济挑战。在完成基本养老保险基金支出绩效评价指标体系的理论构建后,当所有评价性指标数值均可获得时,即可通过量化评分对其绩效水平的高低进行综合评价,这也是本书研究的现实意义所在。

但是,由于数据可得性的限制,指标体系中的个别指标无法从官方的公开统计数据库中获取连续年份的数据,因此,是在目前可获取的精确的非连贯年份数据基础上,通过补充搜集相关资料进行合理推导而完成其连续年份的绩效评价。从这一点上说,个别指标绩效得分的精确性有待进一步提高,但这并不影响本书对我国基本养老保险基金支出综合绩效整体变动趋势的基本判断,因为上述推导数据也都是有依据、合逻辑地形成的,后文相关内容对此进行了详尽阐述。并且,这一局限性将会随着我国统计制度不断完善、权威统计数据库不断开发开放而得到改善,今后这方面的研究难度应当会逐步减小,作者也将沿着这一研究方向执着前行,不断开展更长期、更深入的追踪研究。

第二章
中国人口老龄化及其长期经济影响研究

中国在世纪之交步入老龄化社会，经济的迅速发展和计划生育政策的助推作用使人口年龄结构的快速转变呈现出鲜明的中国特征。人口再生产过程有其自身的规律和惯性，近年来，伴随着超低生育率现象在部分地区的出现，其对社会经济可能产生的负面影响以及未来中国老龄化前景都不得不引起我们的高度重视。从"人口红利期"向"后人口红利时代"的转变是人口转型过程中不可回避的阶段，未来数十年，日益严峻的老龄化形势将对社会经济的诸多方面产生长期影响，并带来前所未有的挑战与机遇，中国人口老龄化对社会保障制度的挑战、对劳动力市场的冲击、对国际产业竞争力的影响以及对国内消费结构的改变都值得深入思考与研究。

第一节　人口老龄化：国际背景与中国特质

人口老龄化作为当前全球人口发展的普遍趋势之一，其影响表现在政治、经济、社会、文化等诸多方面，国际社会对老龄化问题的研究具有相通的社会背景，中国人口老龄化进程又有其自身特质与加速原因。

一、国际老龄化问题研究的时代背景与理论基础

人口老龄化问题的研究关键不是如何防止老龄化,而是在挑战与机遇并存的情况下,如何以积极的态度和正确的措施协调老龄化与社会经济之间的关系。[1] 世界各国对于老龄化问题日益广泛的研究,有其相通的社会背景与理论基础。

1956 年,《人口老龄化及其社会经济含义》问世,这是联合国首次专门研究老龄问题的研究成果,人口老龄化问题由此逐渐引起国际社会的关注。1969 年,马耳他驻联合国代表向联合国秘书长提出了全球老年人口快速增长的可能性与复杂性以及谋求国际合作的必要性,得到了联合国的高度重视。1982 年,第一届世界老龄大会在维也纳召开,会议通过了《维也纳老龄问题国际行动计划》,这也是联合国系统老龄工作的第一个指导性文件。该《行动计划》旨在促进世界各国重视人口老龄化对社会和经济发展带来的影响,敦促各国政府创造条件,保障老年人的社会地位和经济地位。此后 20 多年,世界人口发生了深刻变化,人口迅速老龄化的影响已波及社会的几乎所有领域;同时,老龄问题也已成为发达国家和发展中国家共同面临的挑战。为此,联合国第二届世界老龄大会于 2002 年在马德里举行,大会通过了《2002 年老龄问题国际行动计划》和《政治宣言》,这两个文件是全球老龄行动理论和实践的高度概括与总结,成为 21 世纪初迎接与应对人口老龄化的行动纲领。[2]

快速的人口老龄化对经济社会发展产生着重大而深远的影响,由此引起的社会经济问题越来越为人口经济学家所关注,他们对于人口老龄化及其社会经济后果进行了广泛的探讨和研究。1976 年,詹姆斯·H.舒尔茨出版了《老龄化经济学》;1980 年,罗伯特·克拉克和约瑟夫·斯彭格勒合著

---

[1] 万美君.我国人口老龄化对社会经济的影响[J].辽宁社会主义学院学报,2010(4).
[2] 全国老龄工作办公室.老龄工作干部读本[M].北京:华龄出版社,2003.

了《个人与人口老龄化经济学》一书,作为人口经济学分支学科的老龄经济学逐步确立。[1] 20世纪80年代中期以来,发达国家的人口老龄化程度不断加重,由此对其社会保障制度、劳动力市场、公共财政政策等诸多方面带来巨大挑战。1997年西方七国峰会在议题中第一次谈到人口老龄化将会对发展带来的影响。1999—2001年,美国战略与国际研究中心(CSIS)邀请了来自美国、日本、欧洲85位权威人物共同研究全球老龄化的原因以及对财政、金融、经济与国际政治带来的挑战,并于2002年3月发表了题为《迎接全球老龄化的挑战》的战略研究报告,作为应对21世纪人口老龄化挑战的政策与改革建议。[2]

随着中国于世纪之交步入老龄化社会,人口老龄化及其对社会经济的长期影响也日益受到社会各界的关注。中国人口老龄化的基本特征和独特原因与其历史政策的实施推行关系密切,而老龄化与社会保障制度、劳动力市场、国际产业竞争力和国内消费结构的辩证互动则对未来经济社会发展产生着深远影响。

二、中国人口老龄化的基本特征

中国在经济水平尚不发达的情况下进入老龄化社会,呈现出"未富先老"和"未备先老"的典型特征,同时,在老年人口基数、老龄化速度、高龄化趋势、区域差异、性别差异等方面也具有鲜明特点。

中国当前的人口老龄化呈现出六个方面的基本特征:(1)老年人口基数大。第六次人口普查表明[3],2010年65岁及以上老年人口为1.188 3亿人,占人口总数的8.87%,60岁及以上老年人口已达1.776 5亿人,占人口

---

[1] 彭松建.当代西方人口老龄化经济学[J].经济科学,1987(2).
[2] 张恺悌,郭平主编.中国人口老龄化与老年人状况蓝皮书[M].北京:中国社会出版社,2010.
[3] 国务院人口普查办公室,国家统计局人口和就业统计司.中国2010年人口普查资料[M].北京:中国统计出版社,2012.

总数的13.26%,是世界上唯一一个老年人口超过1亿人的国家①。2013年底,全国60岁及以上老年人口数量已突破2亿人大关,达到2.02亿人,老龄化水平已达14.9%,60岁及以上老年人口占总人口的比重高达1/7以上。②(2)人口老龄化速度快。据联合国统计,20世纪50—90年代末,世界老年人口数量增长176%,同期我国老年人口增长217%。③ 我国人口年龄结构从20世纪80年代中期进入成年型至世纪之交达到老年型,短短15年便完成了许多国家需要50年甚至上百年才完成的转变。根据预测,老龄化水平从10%提高至30%,我国将仅用不到50年时间,而英、法、美等国要用100年甚至更长时间。④(3)人口高龄化趋势明显。80岁及以上高龄老年人口在60岁及以上人口中所占比重不断升高,2008年底已占11.3%,比1999年上升27%,净增686万人⑤;2012年底80岁及以上高龄老年人口已达2 273万人,在60岁及以上人口中占比增至11.72%⑥,随着人口期望寿命不断提高,高龄化趋势将会更加明显。(4)人口老龄化呈现出区域性差异。主要体现在城乡差异方面,即农村人口老龄化程度和速度均高于城镇。在我国大量的乡—城流动人口中,绝大多数是劳动年龄人口,因此,在降低城镇流入地老龄化水平的同时,也相应提高了农村流出地的老龄化水平。2000年,农村老龄化水平为10.92%,比城镇高1.24个百分点;2020年农村老龄化水平将提前突破20%,比城镇高5个百分点;2030年老龄化速度最快时,农村和城镇老龄化程度将分别达到29%和22%,差距也会拉到最大。⑦ 之后,农村将率先进入重度人口老龄化的平台期,可以说农村是我国

---

① 刘灵芝.我国人口老龄化与生育政策的关系探讨[J].中国商界,2009(4).
② 国际统计局.中华人民共和国2013年国民经济和社会发展统计公报[EB/OL].[2014-02-24].http://www.stats.gov.cn/tjsj/zxfb/201402/t20140224_514970.html.
③ 杨宜勇.人口老龄化背景下我国就业政策与人口政策的完善[J].中国金融,2008(7).
④ 原新.我国人口老龄化面临的形势与问题[J].理论视野,2007(9).
⑤ 数据来源:2000—2008年《国民经济和社会发展统计公报》,国家统计局,2001—2009.
⑥ 根据《中国老龄事业发展报告(2013)》提供的数据计算而得。
⑦ 张恺悌,郭平主编.中国人口老龄化与老年人状况蓝皮书[M].北京:中国社会出版社,2010.

经受人口老龄化大潮冲击最严重的地区。(5)人口老龄化呈现出性别差异。由于女性人口期望寿命长于男性,因此,女性人口老龄化程度高于男性,2010年,60岁及以上女性人口为905.10万人、男性为860.77万人,男性人数约为女性的95.10%。①(6)人口老龄化速度远远超前于经济社会发展水平,同时面临"未富先老"与"未备先老"的双重挑战。就经济领域而言,我国是典型的"未富先老",进入老龄化社会时人均国民生产总值仅800美元,而发达国家都是伴随城市化和工业化进入老龄化社会的,人均国民生产总值一般在1万美元以上;就社会领域而言,我国的养老服务体系明显滞后于日益增长的养老服务需求,应对老龄化的各类社会管理和社会政策体系都处于"未备先老"状态,这些对于经济发展、社会进步和政治稳定无疑都是严峻的考验。

三、中国人口老龄化加速的主要原因

中国社会之所以快速步入老龄化,不仅是社会经济发展的必然结果,而且与计划生育政策加速人口结构转变有着密不可分的关系。中国作为世界人口最多的国家,经过五六十年的时间已基本实现了传统型向现代型的人口转变。具体来说,中华人民共和国成立前,中国的人口再生产类型仍属于传统型,即"高出生率、高死亡率、低自然增长率";20世纪五六十年代经历了两次生育高峰,呈现"高出生率、低死亡率、高自然增长率"的特征,人口数量迅速增长;随着计划生育政策的实施,20世纪90年代以来,中国进入低生育率阶段,在发展中人口大国中率先完成从传统型向现代型的转变,进入现代人口类型的"三低"阶段,即"低出生率、低死亡率、低自然增长率"。

纵观人类社会发展态势,人口类型向"低生育率、低死亡率、低自然增

---

① 根据《中国2010年人口普查资料》整理计算而得。

长率"的动态转变是人口发展的必然规律,人口老龄化是社会经济进步的结果,目前世界各国都面临着这一趋势。值得注意的是,中国的特殊性在于,计划生育政策的客观助推作用使得人口老龄化提前到来。由于计划生育政策的成功实施,中国经历了一个出生率急剧下降的时期,1970—1979年的10年间,人口出生率从33.43‰降至17.82‰,少出生了近2亿人口,[①]也使得人口年龄结构改变日渐加快,2007年人口出生率降至12.10‰[②],2011年人口出生率进一步降至11.93‰[③],中国的人口老龄化正是在出生率急剧下降占主导地位的情况下加速实现的。"造成人口老龄化的原因是多方面的,而中国的人口老龄化主要是人口政策所致。"[④]"我国由于20世纪70年代以来卓有成效地实施人口政策,使人口出生率急剧下降,少儿人口比重迅速降低,出生率的下降是我国人口老龄化的决定因素。"[⑤]出生人口的大幅减少导致了老年人口相对大幅增长,由此可见,计划生育政策缩短了人口转变的时间,加速了中国人口老龄化的步伐。

第二节 超低生育率和中国老龄化前景:"后人口红利时代"的迫近

随着生育率转变的全球化,越来越多国家的生育率达到了低水平。超低生育率作为近20年来新出现的人口现象,值得我们警醒与重视。根据国际学术界对低生育水平的细分,当总和生育率降到更替水

[①] 张恺悌,郭平主编.中国人口老龄化与老年人状况蓝皮书[M].北京:中国社会出版社,2010.
[②] 刘灵芝.我国人口老龄化与生育政策的关系探讨[J].中国商界,2009(4).
[③] 数据来源为《中国统计年鉴2012》,表3-2.
[④] 姚静,李爽.中国人口老龄化的特点、成因及对策分析[J].人文地理,2000(5).
[⑤] 邬沧萍,王琳,苗瑞凤.中国特色的人口老龄化过程、前景和对策[J].人口研究,2004(1).

平以下时[1],称作低生育率(low fertility);降到 1.5 以下时,称作很低生育率(very low fertility);而降至 1.3 以下时,称作超低或极低生育率(lowest-low fertility)。[2] 超低生育率不仅仅是一个单纯的人口现象,其指标数值所承载的社会经济含义已远远大于人口学的基本内涵,作为多方面因素综合作用的结果,超低生育率已经并将对当今和未来家庭与社会的诸多方面产生作用。对于整个社会经济而言,过高或过低的生育率都将不利于长远的可持续发展,由人口增长模式转变带来的"人口红利"及其逐渐消失也将对经济增长模式转型和产业结构升级带来考验。

一、超低生育率的演进轨迹与可能后果

20 世纪 90 年代以来,西班牙和意大利成为世界上最早出现超低生育率的国家;进入 21 世纪,欧洲和东亚的部分国家和地区也加入了超低生育率国家和地区的行列,中国香港和澳门特别行政区的总和生育率更是仅在 1 左右徘徊。表 2-2-1 所列为 2005 年和 2010 年已达超低生育率及很低生育率的部分国家和地区,可以看出,包括我国港、澳、台地区在内的部分东亚国家和地区已成为全世界总和生育率最低的国家和地区。以韩国为例,自 2001 年以来持续处于超低生育率水平,最低时曾降至 2005 年的 1.08,政府经过连年政策推动才于 2012 年使之回升到超低生育率临界水平 1.297。[3] 由此可见,总和生育率的变化有其自身的规律和惯性,并不能完全为政策调控所左右,其下降至超低生育率以后的回升是相当困难和缓慢的。

---

[1] 总和生育率是指在一国或地区,假设妇女按照某一年的年龄别生育率度过整个育龄期,平均每个妇女在育龄期生育的孩子数。一般来说,如果总和生育率小于 2.1,那么新生人口数将不足以弥补生育妇女及其伴侣的数量,因此,总和生育率为 2.1 即达到生育更替水平。
[2] 《人口研究》编辑部.中国离极低生育率还有多远?[J].人口研究,2008(5).
[3] 世界银行.世界发展指标[R].华盛顿:世界银行,2013.

表 2-2-1　超低及很低生育率国家和地区

国家或地区	总和生育率 2005 年	总和生育率 2010 年	国家或地区	总和生育率 2005 年	总和生育率 2010 年
中国澳门特别行政区	0.8	0.91	斯洛文尼亚	1.26	1.29
中国香港特别行政区	0.97	1.04	拉脱维亚	1.31	1.31
新加坡	1.24	1.1	西班牙	1.34	1.32
中国台湾省	1.12	1.15	意大利	1.34	1.32
日本	1.26	1.2	斯洛伐克	1.25	1.36
韩国	1.08	1.22	匈牙利	1.31	1.36
立陶宛	1.27	1.24	希腊	1.28	1.37
白俄罗斯	1.2	1.25	奥地利	1.41（2008 年）	1.39
捷克	1.28	1.25	罗马尼亚	1.32	1.4
波黑	1.23	1.26	保加利亚	1.31	1.41
乌克兰	1.22	1.27	俄罗斯	1.33	1.41
摩尔多瓦	1.25	1.28	德国	1.34	1.42
波兰	1.24	1.29	瑞士	1.48（2008 年）	1.46

资料来源：(1) 2005 年数据来源于 Billari, Francesco C. Lowest-Low Fertility in Europe: Exploring the Causes and Finding Some Surprises[J]. *The Japanese Journal of Population*, 2008, 6(1); McDonald, Peter. Very Low Fertility: Consequences, Causes and Policy Approaches[J]. *The Japanese Journal of Population*, 2008, 6(1)。(2) 2008 年数据来源于陈玉华,蔡青龙.东南亚国家超低生育率的成因、困境与策略回应[J].人口学刊,2011,(6)。(3) 2010 年数据来源于 CIA. *The World Factbook*[EB/OL].[2011-07-03]. https://www.cia.gov/library/publications/the-world-factbook/rankorder/2127rank.html。

超低生育率的人口学后果值得我们高度关注。举例而言,[①]在稳定人口状态下,假设平均生育年龄为 30 岁,当总和生育率为 1.5 时,则未来人口增长率为-1.1%,意味着人口数量处于负增长状态,以每年 1.1%的速度下降,65 年后人口规模将降至原来的一半;当总和生育率为 1.3 时,则未来人口增长率将降至-1.5%,45 年后总人口规模便将下降一半;而当总和生育率降为 1.0 时,则未来人口增长率为-2.4%,该稳定人口数量将以每年

---

① 《人口研究》编辑部.中国离极低生育率还有多远？[J].人口研究,2008(5).

2.4%的速度迅速减少,仅需 30 年时间便可使总人口规模减少一半。一些持续处于超低生育率的欧洲国家已经出现人口负增长和严重的人口老龄化。

二、超低生育率与中国人口老龄化前景

在计划生育政策的助推作用下,中国的总和生育率早已下降至较低水平,1992 年总和生育率降至更替水平以下;1997 年则降至 1.5 以下的很低生育率;近 10 年来,中国的总和生育率一直在 1.3—1.5 波动,正在接近超低生育率。① 根据 2005 年全国 1‰ 人口抽样调查的数据显示,2005 年全国总和生育率为 1.33,其中有 14 个省(区)已低于 1.3,6 个省(区)则处于 1.3—1.5。2010 年第六次人口普查数据显示,全国总和生育率仅为 1.181 1,其中仅有 13 个省份的总和生育率高于 1.3,其中最高的广西壮族自治区也仅为 1.789 8,更有北京、上海、辽宁、黑龙江、吉林、天津 6 省市的总和生育率已降至 1 以下,最低的北京仅为 0.706 7。② 当然,这种生育率趋势和水平是调查的直接结果,被认为由于出生漏报和中高龄组育龄妇女重复统计(考虑到流动人口有 2 亿人左右)而低估了实际的生育率。但是统计学因素并不是唯一的原因,还有其他因素(如:生育推迟等)造成我国总和生育率确实已降至很低的水平,即使进行科学口径调整,实际的总和生育率也仅在 1.6 上下,仍大大低于国际公认的维持人口正常更替需要的总和生育率水平。③ 尽管从全国各地区差异来看,中国尚不能说已完全降至超低生育率,但部分地区已达到或处于超低生育率边缘已是客观事实。超低生育率最直接的后果是人口结构严重老龄化,因此,关注超低生育率应当与人口老龄化前景的研究结合起来。

作为世界上老年人口最多的国家,中国的人口老龄化不仅关系到本国社会经济的可持续发展,而且关系到全球老龄化的进程。因此,不同学者与

---

① 陈卫.中国的极低生育率[J].人口研究,2008(5).
② 数据来源于《中国 2010 年人口普查资料》,表 6-4。
③ 根据 CIA.The World Factbook(表 2-2-1 的数据来源)的研究计算,中国 2010 年的总和生育率为 1.56。

机构对中国人口老龄化的前景进行了多次定量预测与分析。杜鹏(2005)、任强等(2005)提出,从现在至2053年前后是中国人口老龄化增长最迅速的时期,21世纪后半叶则将在波动中缓慢增长;2041—2064年将是中国的"老年高峰",届时每年的老年人数都将高达4亿人以上[①]。全国老龄办(2007)将中国2001—2100年人口老龄化发展趋势划分为三个阶段:2001—2020年为快速老龄化阶段;2021—2050年为加速老龄化阶段;2051—2100年则是稳定的重度老龄化阶段[②]。虽然各项预测的总量结论非常相似,但是未来不同时期80岁及以上老年人口的数量则相差较大(见表2-2-2)。并且,从联合国的多次预测结论的对比中可以发现,近期预测的老年人口总量较之早前预测数据略微偏高。联合国1990年曾预测,到2025年中国60岁及以上老人将达2.7亿人;[③]2004年该预测数有所提高,到2025年中国60岁及以上老人将达2.87亿人,[④]2006年该预测数又提高至2.90亿人;[⑤]对2050年60岁及以上老人数量的预测也随着预测年份的推进(2004年、2006年、2012年)逐步提高,依次为4.36亿人、4.38亿人和4.54亿人。[⑥] 此外,联合国2012年的预测中还对2100年中国人口老龄化情况进行了测算与展望,随着中国人口总数的减少,尽管老龄化水平仍在上升,至2100年将达34.3%,但60岁及以上老年人口绝对数则较前有所下降,为3.72亿人;与此形成对比的是,80岁及以上高龄老人不仅所占比重仍有显著上升,而且绝对值也高于2050年的0.925亿人,高达1.19亿人。

---

① 杜鹏,翟振武,陈卫.中国人口老龄化百年发展趋势[J].人口研究,2005(6);任强,沃尔夫冈·卢茨,郑晓瑛.中国人口老龄化趋势:城市化和教育发展的影响[J].市场与人口分析,2006,(增刊Ⅱ).
② 国务院全国老龄工作办公室.中国人口老龄化发展趋势预测研究报告[J].中国妇运,2007(2).
③ United Nations. *World Population Prospects, 1950-2025* [EB/OL]. version 1990. http://www.un.org.
④ United Nations. *World Population Ageing 1950-2050* [EB/OL]. http://www.un.org.
⑤ United Nations. *World Population Prospects: The 2006 Revision* [R]. Washington: United Nations Population Division, 2007.
⑥ United Nations. *World Population Prospects: The 2012 Revision* [R]. Washington: United Nations Population Division, 2013.

表 2-2-2 2000 年以来不同机构和学者对中国人口老龄化趋势预测

预测机构或学者	2020年 60+(亿人)	2020年 60+(%)	2020年 80+(亿人)	2025年 60+(亿人)	2025年 60+(%)	2025年 80+(亿人)	2050年 60+(亿人)	2050年 60+(%)	2050年 80+(亿人)
联合国,2012	—	—	—	—	—	—	4.54	32.8	0.900 2
联合国,2006	2.43	17.1	0.285	2.90	20.1	0.328	4.38	31.1	1.030
联合国,2004	—	—	—	2.87	19.10	0.306 5	4.36	31.00	1.005 5
全国老龄办[①],2007	2.48	17.17	0.306 7	2.93	20.06	0.341	4.34	30.95	0.944 8
国家人口发展战略研究课题组[②],2007	2.34	16.3	0.252	2.83	19.4	0.286	4.35	30.7	0.925
杜鹏等,2005	2.33	17.00	0.252 3	2.82	19.40	0.286 2	4.35	30.70	0.925

数据来源：参见文中分析与相应脚注说明。

长期持续的超低生育率将对人口、经济与社会的可持续发展带来非常不利的影响，主要体现在以下几个方面[③]：(1) 老龄化进程不断加速，独生子女现象普遍，家庭养老功能急剧弱化；(2) 社会经济发展会因为劳动年龄人口的老化而逐渐失去活力；(3) 出生性别比有升高的迹象；(4) 男性婚姻挤压问题严重，引进新娘的数量不断增多；(5) 本地劳动力资源短缺，对迁移人口的依赖逐渐加大。综上所述，持续的超低生育率将会使一个国家或地区失去对不良人口后果进行自我调整的能力。

因此，基于对超低生育率严重后果的分析，有必要尽早进行理论研究和制度准备。在全国走向超低生育率的可能趋势与背景下，人口调控的方针、政策也与以往有所不同。2012 年 11 月，党的十八大报告指出"坚持计划生育的基本国策，提高出生人口素质，逐步完善政策，促进人口长期均衡发展"。在此基础上，2013 年 8 月 6 日，国家卫生计生委印发的《"服务百姓健

---

① 张恺悌,郭平主编.中国人口老龄化与老年人状况蓝皮书[M].北京：中国社会出版社,2010.
② 邬沧萍等.国家人口发展战略研究报告[M].北京：中国人口出版社,2007.
③ 陈友华.关于超低生育率的几个问题[J].市场与人口分析,2005(4).

康行动"实施计划》中明确提出要完善生育政策,适时出台调整的方案。2013年11月,《中共中央关于全面深化改革若干重大问题的决定》提出,"坚持计划生育的基本国策,启动实施一方是独生子女的夫妇可生育两个孩子的政策,逐步调整完善生育政策,促进人口长期均衡发展"。2015年10月,党的十八届五中全会提出,"促进人口均衡发展,坚持计划生育的基本国策,完善人口发展战略,全面实施一对夫妇可生育两个孩子政策,积极开展应对人口老龄化行动"。同年12月,十二届全国人大常委会第十八次会议审议通过了《中华人民共和国人口与计划生育法修正案(草案)》,"全面两孩"政策于2016年1月1日起正式实施。这是我国进入21世纪以来生育政策的重大调整完善,是国家人口发展的重要战略决策。如前所述,低生育率的不同程度将会导致未来人口发展的趋势差异。由于人口发展具有周期性、人口问题具有长期性,把握不好低生育率的"度",将会导致难以逆转的长期后果,[①]因此必须高度重视、全盘考虑、审慎决策。

三、"后人口红利时代":人口结构与经济成长的双向互动

"人口红利"概念首用于1997年,随后联合国人口基金在《世界人口现状(1998)》中正式使用。[②] 人口红利是指一国人口结构转变过程中形成的一段劳动力资源比较丰富、少儿与老年抚养负担均较轻的时期,经济由此获得额外增长源泉的现象。基于人口红利的概念理解,人口红利期则是指一国在从"高出生率、低死亡率、高自然增长率"到"低出生率、低死亡率、低自然增长率"的人口转变过程中,有一段时期,少年儿童抚养比下降而老年抚养比又没有上升,因此,劳动适龄人口在总人口中占有相当高的比重,人口年龄结构呈现"中间大、两头小"的特征,这一时期的特点是劳动力供给充裕、劳动成本低廉、储蓄率高,因此,人口红利期往往成为经济发展的黄金时期。

---

① 陈卫.中国的极低生育率[J].人口研究,2008(5).
② 周建军,王军.上海"人口红利"效应初探[J].经济研究导刊,2010(16).

人口红利与经济成长的双向互动主要体现在以下动态变化过程中,当人口红利充足丰裕时,经济将会得到持续增长;而当人口红利逐渐枯竭时,经济增长也将变得不可持续。由此可见,人口红利与经济成长之间往往存在着正相关关系。诺贝尔奖得主刘易斯基于其著名的二元经济论,深刻揭示了不发达国家经济成长与劳动力市场之间的关系[①]:这些国家的最初经济增长主要依靠农村剩余劳动力为工业化进程提供价格低廉、数量充足的劳动力资源,随着工业化进程的推进以及人口结构的转变,劳动力资源将从无限供给转变为短缺,经济增长方式由此被迫转变,逐步进入现代增长方式。劳动力资源从无限供给变为短缺的转折点,被称为"刘易斯拐点",也就是剩余劳动力被吸收殆尽的那个时点。与"刘易斯拐点"相对应的则是人口红利的变化,拐点的显现往往是人口红利渐失的前兆,而这种劳动力供求关系的变化也对一国经济增长模式的转变起到直接的推动作用。

对应于以上分析,"后人口红利时代"一般是指"刘易斯拐点"出现之后,劳动力等资源的价格开始上涨、社会负担逐渐加重、人口红利开始慢慢消失的时期。[②] 具体来说,人口红利期是指劳动年龄人口占总人口的比重等于或大于60%的阶段,它的曲线呈倒U形。根据劳动年龄人口占总人口比重的变化,可以划分为三个明显不同的阶段:第一阶段为人口红利窗口打开时期(比重不断上升);第二阶段为人口红利高峰期(比重达到顶峰);第三阶段为人口红利窗口开始关闭时期(比重不断下降)。对于中国而言,1980年劳动年龄人口达5.86亿人,占总人口的比重为59.8%,此后该比重不断上升,中国人口红利的窗口逐步打开。2000年后中国进入人口红利高峰期,根据胡鞍钢(2010)的研究预测,2010—2015年劳动年龄人口占总人口比重将达最高点(为71.9%—71.5%),随后开始下降,至2020年中国劳动年龄人口规模将达最高峰,为9.96亿人。2020年之后中国的人口红利窗口

[①] 熊惠平."后人口红利时代"的高职教育历史选择:瞄准新生代农民工[J].职教通讯,2010(6).
[②] 孟令国.后人口红利与经济增长后发优势研究[J].经济学动态,2011(5).

将逐渐关闭①,退出劳动力市场的人口数量将大大高于进入劳动力市场的人口数量。本书将人口红利窗口开始关闭的时期界定为"后人口红利时代",对于我国而言,这一即将到来的特定时期无论是对人口转型还是对经济发展都将带来巨大挑战,同时也蕴含着丰富的机遇。

第三节 "后人口红利时代"的中国：老龄化的长期经济效应

老龄化现象是一个十分复杂的人口问题,对社会经济产生着多方面影响,也是中国面向"后人口红利时代"的一项重大战略课题。下文将从人口老龄化对社会保障制度的挑战、对劳动力市场的冲击、对国际产业竞争力的影响以及对国内消费结构的改变等几个方面深入分析与思考"后人口红利时代"中国所面临的挑战与机遇。

一、人口老龄化对社会保障制度的挑战

人口老龄化对社会经济的影响中表现最直接的是对社会保障支出的影响,尤其从财务可持续性角度而言,将给中国社会保障体系（养老保险和医疗保险）带来严峻挑战。

(一) 老龄化进程的加速将导致养老金需求压力直线攀升

就基本养老保险基金支出规模而言,2002年支出总额为2 842.91亿元,2013年为18 470亿元,年均增长率为18.9%。② 我国人口年龄结构的快速转变导致老年抚养比的显著变化,养老保险缴费者比重相对减少的同时,

---

① 胡鞍钢.关于调整人口生育政策的看法[C]//曾毅等著.老年人口家庭、健康与照料需求成本研究.北京：科学出版社,2010.
② 以上数据根据《中国统计年鉴2012》表23-32整理计算而得。

基本养老金领取者却在持续增多,因此,随着基本养老保险基金支出总规模不断扩大,潜在的养老金供需矛盾也应引起高度重视。此外,我们还可以从考量"基本养老保险基金累计结余可支付时间"的角度来探讨人口老龄化对养老保障计划的影响。[①] 我国基本养老保险基金累计结余可支付时间从1989年的6.9个月增加到2013年的18.4个月[②],其间也经历过起伏波动,但总体呈稳步上升趋势,这反映出基本养老保险制度统筹账户的支付能力与备付能力在不断增强[③],但是,就现收现付角度而言,这种支付能力的增强只是代际转移的一种表现形式,是以透支未来的手段达成当前的平衡,隐性债务和个人账户"空账"仍是养老保障体制可持续发展不可回避的问题。

由于我国社会养老保险制度过去长期实行现收现付制,因此,在部分积累的基本养老保险制度实施前已退休的职工与已参加工作的在职职工此前都没有个人账户积累,而其退休后的养老费用又是必须支付的。由于这两类群体需领取的基本养老金在新制度下没有明确的筹资渠道,而是隐含在对未来福利的承诺中,因此被称为隐性债务。[④] 随着退休人员规模的加速扩大,社会统筹部分的基金难以满足对当期全体参保退休人员基本养老金的支付需求,为缓解隐性债务压力,计入"统账结合"模式下的个人账户基金便被挪用于支付当期退休人员的基本养老金,而个人账户则成为"空账"。由此可见,由于制度设计方面政府责任的缺位,统账结合的基本养老保险制度建立与运行后,财政没有明确要为制度改革引起的隐性债务提供坚实和足额的资金来源,导致了个人账户的"空账"运行。这样的做法一方面偏离了

---

① 根据《中国统计年鉴》的有关定义,基本养老保险基金累计结余是指截至报告期末基本养老保险基金收支相抵后的累计余额。根据以上定义可形成累计结余可支付时间的计算公式,即:累计结余可支付时间=累计结余额×365/当年基金支出额(该指标的单位可以"天"来计算,也可以换算成"月")。详见本书第五章第二节的分析。
② 数据来源于:人社部.2013年度人力资源和社会保障事业发展统计公报[EB/OL].[2014-05-28]. http://www.mohrss.gov.cn/SYrlzyhshbzb/dongtaixinwen/shizhengyaowen/201405/t20140528_131110.htm.
③ 铃青莲.基金平衡与统筹层次提升问题研究[J].学术论丛,2009(35).
④ 赵春玲,倪志良,刘辉.美国OASI支付额、覆盖面的Granger检验与我国养老保险的财政倾斜建议[J].宁夏大学学报(人文社会科学版),2007(4).

部分积累制的设计初衷,无法从根本上缓解老龄化加速进程中基本养老金的支付压力;另一方面,"空账"运行只是通过增加企业负担和代际转移来规避政府责任,既无法使企业减负,也不符合代际公平。[1]

(二) 老龄化的加速使现行医疗保障体系的负担日益沉重,医疗保障资金需求压力将急速膨胀

根据人类生命周期的自然规律,由于老年人生理机能衰退,其健康状况是逐渐下降的。2009年2月卫生部公布的《第四次国家卫生服务调查》结果表明,60岁及以上老年人慢性病患病率是全体人群的2.5—3倍[2]。随着患病率增高,老年人口对医疗服务的需要量也远高于其他人群,相应地,他们在医疗方面的支出也高很多。各国统计数据显示,退休人员的平均医疗费用达在职人员的3—5倍之多。例如,美国2004年65岁及以上老年人口花费的医药费用是劳动年龄人口的3.3倍[3];日本2006年65岁及以上老年人口的人均医疗费用为65.5万日元,是65岁以下国民的4.1倍。[4] 2000年我国老年人口医疗费用占GDP的0.48%,2005年为0.63%,2010年为1.11%;预计2020年将达3.06%,同期老年人口数量将增加1倍,医疗费用将增长5倍;2030年老年人口医疗费用将占GDP的8%—9%;[5]老年人口医疗费用的增长速度明显快于GDP的增长速度,与老龄化相关的医疗费用支出正在以加速度方式迅猛增长。

除了医药费用外,还有相当一部分高龄老人会逐渐丧失自理能力,需要长期照护服务和相应的资金支持。我国传统的老年人口护理模式主要是家庭护理,随着家庭结构逐渐小型化,家庭养老护理功能日益削弱。同时,随

---

[1] 杨胜利,李正龙.统账结合模式下养老金的替代率及多支柱模式研究[J].劳动保障世界,2009,(8).
[2] 李晓晖.老龄化对医疗保障制度建设的影响及对策[J].商业时代,2010(20).
[3] Hartman, Micah, Catlin, Aaron, Lassman, David, Cylus, Jonathan and Heffler, Stephen. U.S. health spending by age, selected years through 2004[J]. Health Affairs, 2008, 27 (1): w1-w12.
[4] 田香兰.日本人口结构变化对社会保障制度的影响[J].社科纵横,2010(6).
[5] 钟伟,郑英,张明.国家破产:主权债重组机制研究[M].上海:上海财经大学出版社,2013.

着老年人口的规模扩大,老年慢性病人以及老年空巢家庭的比例也在提高,患者的特殊护理需求明显增加,老年市场的医疗服务需求也因此呈现多样化趋势。其中,长期照护更是老龄化社会不可或缺的医疗保健服务之一。① 2006 年我国老年人口平均生活不能自理率为 8.81%,据此推算,全国生活不能自理老年人口数量 2020 年将超过 2 000 万人,2050 年将达到 3 800 万人。② 由此可见,巨额的照护成本和医疗费用无疑会对医保基金和公共财政造成巨大压力。

二、人口老龄化对劳动力市场的冲击

人口老龄化对劳动力市场的冲击和影响主要体现在两个方面:一方面是直接改变劳动力供给的总量和结构,进而影响劳动生产率;另一方面是通过消费结构的调整间接影响劳动力需求,同时养老保障负担的加重也推动了劳动力成本的提高。③

(一) 考察人口老龄化对劳动力供给和劳动生产率的影响

老龄化通过改变劳动力供给对劳动力市场产生冲击,主要体现为劳动力供给的数量、结构和就业方式发生变化。(1) 从数量上看,老龄化将带来劳动力供给的相对减少。由于人口年龄结构变化的影响具有一定的滞后性,因此,我国现阶段劳动力资源还较丰富,但是,随着老龄化进程的加速,未来劳动人口数量将不可避免地减少,进而导致劳动力供给相对不足甚至

---

① 一般来说,长期照护服务是指面向生活不能自理的老年人提供生活照料、康复护理、精神慰藉和临终关怀等综合服务。
② 原新.我国人口老龄化面临的形势与问题[J].理论视野,2007(9).
③ 本部分研究主要参考以下文献:杨宜勇.人口老龄化背景下我国就业政策与人口政策的完善[J].中国金融,2008(7);左学金,杨晓萍.人口老龄化对中国经济的长期影响[J].中国社会科学,2009(1);奉莹.我国人口老龄化趋势对劳动力供给的影响[J].西北人口,2005(4);熊必俊.人口老龄化和可持续发展[M].北京:中国大百科全书出版社,2002;刘华,屠梅曾,王建.人口老龄化对上海市劳动力市场的影响[J].上海经济,2002(7);黄莹根.人口老龄化对劳动力市场的影响[J].企业家天地(理论版),2010(7);Jianmin Tang, Carolyn MacLeod.Labour force ageing and productivity performance in Canada[J].*Canadian Journal of Economic*,2006,39(2);郭建华.人口老龄化对劳动力市场的影响分析[J].理论月刊,2011(4).

短缺。①（2）从结构上看,老龄化提高了劳动力平均年龄,造成劳动力老龄化②。由于劳动力市场上年轻劳动力的数量越来越少,必然造成劳动力平均年龄越来越大。③ 1999 年我国劳动适龄人口中 45 岁及以上者比重为 24%,2040 年将上升至 37% 左右。④（3）从就业方式看,老龄化将使灵活就业更为普遍。基于年龄、健康、工作与家庭的平衡等多方面因素考虑,重返劳动力市场的老年人口往往选择返聘、兼职、顾问等多种方式,根据自身条件提供相应的劳动服务。

人口老龄化对劳动生产率的影响并不是确定的,由于行业特征和职位特点的差异,人口老龄化对劳动生产率的具体影响机制较为复杂。一方面,老龄化将减弱技术进步的动力,导致劳动生产率增长乏力。由于年长劳动力的技能更新相对较慢,难以快速达到现代社会工作岗位的素质要求,因此,在一定程度上可能会制约劳动生产率的提高。另一方面,虽然老年劳动者在创新方面并不占据优势,但是他们丰富的经验也是推动年轻劳动者迅速进步的基础,⑤而这又有利于劳动生产率的提高。⑥ 同时,在人口老龄化背景下,劳动生产率的高低还会受到技术进步和资本密集度的影响,也就是说,在特定条件下,劳动力资源的稀缺不仅不会削弱技术进步的能力,反而会成为增强技术进步的动力;而劳动力增长速度的下降则有助于资本密度上升,从而促进劳动生产率提高。⑦ 综上所述,人口老龄化对劳动生产率的实际影响需要根据各国产业结构的不同特点以及劳动力资源的现实情况进

---

① 奉莹.我国人口老龄化趋势对劳动力供给的影响[J].西北人口,2005(4).
② 熊必俊.人口老龄化和可持续发展[M].北京：中国大百科全书出版社,2002.
③ 根据国际劳工组织的界定,劳动力人口年龄中 45 岁及以上劳动力为老年劳动力,随着我国在世纪之交进入老龄化社会,劳动力人口中老年劳动力的比重也在逐年上升,出现了劳动力老龄化现象。
④ 杨宜勇.人口老龄化背景下我国就业政策与人口政策的完善[J].中国金融,2008(7).
⑤ 刘华,屠梅曾,王建.人口老龄化对上海市劳动力市场的影响[J].上海经济,2002(7).
⑥ 黄莹根.人口老龄化对劳动力市场的影响[J].企业家天地(理论版),2010(7).
⑦ Jianmin Tang, Carolyn MacLeod. Labour force ageing and productivity performance in Canada[J]. *Canadian Journal of Economic*, 2006, 39(2).

行具体分析。

（二）从劳动力需求和劳动力成本角度考察人口老龄化对劳动力市场的影响

劳动力需求反映的是经济社会发展对劳动力资源的吸纳能力，老龄化通过社会总消费以及消费结构的变化来增加劳动力需求。一方面，老龄化促进了社会总消费的增加，由此导致全社会用人单位对劳动力需求的提高。通常来说，老年人口的边际消费倾向显著高于劳动适龄人口，[①]因此，老年人口的比重随着老龄化进程不断提高，这将使得社会整体的平均消费倾向得以提高，由此促进社会总消费的增长，在此基础上将引起劳动力需求总量的上升。另一方面，人口老龄化将会促进老龄产业的发展，并由此开辟劳动力需求的新领域。随着老年人口规模的不断扩大，他们对适应于自身年龄特征的各类特殊消费与服务的需求也会不断上升[②]，从劳动经济学观点来看，由于劳动需求是派生需求，因此，老年消费市场的繁荣将会推动老龄产业的快速发展，由此将派生出大量的劳动力需求，也将为社会创造大量就业机会。

人口老龄化改变了劳动力的供求总量与结构，从而推动劳动力成本上升。首先，老龄化减少了劳动力资源的供给，由此引起工资成本的上升。伴随着我国人口红利的逐渐消失，劳动力供求关系也已发生巨大变化，长期适用于中国国情的刘易斯模型，其假设条件也在从无限的劳动力供给向有限的剩余劳动力转变。[③] 近年来，沿海地区非技能型劳动力价格的迅速上涨已验证了这一现象。其次，老龄化提高了人口抚养比，也因此加重了劳动力的养老保障成本负担。[④] 尽管这些成本将由不同的责任主体承担，但是人口老龄化从根源上提高了养老保障成本的总规模，而且最终都将转化为劳动力成本。

---

① 杨宜勇.人口老龄化背景下我国就业政策与人口政策的完善[J].中国金融,2008(7).
② 郭建华.人口老龄化对劳动力市场的影响分析[J].理论月刊,2011(4).
③ 左学金,杨晓萍.人口老龄化对中国经济的长期影响[J].中国社会科学,2009(1).
④ 在不降低养老保障待遇标准的条件下，随着老龄化程度的加重，在职人员的人均养老保障负担必然增加。

三、人口老龄化对国际产业竞争力的影响

中国的劳动适龄人口占总人口的比重长期高达 70% 左右[①],因此,作为当前全球人口最多且人均收入较低的国家,中国在劳动密集型产业部门具有巨大的比较优势,并在过去数十年的国际经济竞争中因此而持续获益[②]。人口学将这种由充足的劳动力资源所带来的比较优势称为"人口红利"。值得注意的是,"人口红利"只是一种暂时现象,人口老龄化将会使我国劳动力资源在国际市场上的比较优势逐渐弱化。随着老龄化进程的加速,我国的劳动力供给将逐渐减少,劳动力成本将相应上升,由此将导致我国在劳动力价格方面的比较优势消失殆尽,那么国际社会对我国劳动密集型产业和产品的大量需求将会转移至其他劳动力成本更低的国家和地区。[③]

以印度为例,其现在年轻人口类似中国 20 世纪 70 年代的比重,根据联合国最新发布的《世界人口展望:2012 年修订版》报告预测[④],印度的人口总数预计将在 2028 年赶上并超过中国,从而成为人口第一大国,并在 2100 年达到 15 亿—16 亿人;中国的人口则将减少至 11 亿人,届时,我们在国际竞争中的人力资本优势将不复存在。加上印度这些年大力发展基础设施,在未来 5—10 年中,物流成本、政策法制环境以及产业集群等条件也可能不断改善,等印度的其他配置成本下降,劳动力成本继续保持很低水平的时候,就会对中国的劳动密集型产业带来真正意义上的挑战。[⑤] 面对"后人口红利时代"的到来,中国最多还有 10 年左右时间,到 2020 年前后如果制度创新、经济转型、城市化进程、老龄化应对还没有调整好,我们的产业竞争力

---

① 根据历年《中国统计年鉴》数据整理计算而得。
② 徐刚,王莎莎.我国人口老龄化对经济发展的影响[J].经营管理者,2009(10).
③ 左学金,杨晓萍.人口老龄化对中国经济的长期影响[J].中国社会科学,2009(1).
④ 联合国:世界人口预计将在 2050 年达到 96 亿[EB/OL].[2013 - 06 - 14]. http://www.ditan360.com/News/Info - 130948.html.
⑤ 汪仲启.科学把握人口变动的长期影响——中国养老制度三人谈[N].社会科学报,2012 - 07 - 26(1 转 4).(主要观点来源于左学金.人口结构变化对经济的影响要研究透[N];彭希哲.人口问题主要是结构问题[N])

在国际竞争中将面临严峻挑战。

正因为人口红利期向"后人口红利时代"的转变意味着出口导向型部门和其他相关部门劳动力需求的减少,因此,这种变化将促使中国的经济增长方式由粗放的数量扩张型增长向集约化的质量提升型增长转变,[①]这意味着国民经济从劳动密集型向资本密集型再到技术密集型发展模式的转型,而劳动密集型产品出口的减少需要通过城市化和服务业的发展来弥补和抵消。同时,经济增长方式又与产业结构密切相关,我国三次产业结构近年来虽已不断优化升级,但总体而言,第三产业发展水平仍相对偏低且内部结构失衡,新兴服务业比重较小。为提高我国第三产业的国际竞争力,也迫切需要继续深化产业结构优化升级工作。所以说,人口红利的逐渐消失未必是件坏事,因为这样将会促使我们充分认识到经济增长模式转变和产业结构升级的必要性,而只有实现人口结构与产业结构的协调发展才能有效促进产业结构调整与优化。[②]

四、人口老龄化对国内消费结构的改变

人口老龄化不断加速的进程也蕴含着潜力无穷的消费市场,随着老年人口的规模日益庞大,老年群体的消费需求也将越来越旺盛,这将为老龄产业的蓬勃兴起创造契机,使之成为老龄化社会中最具活力、最有发展前途的产业之一。[③] 就消费能力而言,在部分发达国家,65岁及以上老人的人均开支是年轻人的3倍;据联合国估算,老年型人口的消费比年轻型人口高18%左右;2000年,日本的老年市场占消费市场的比重高达24%,仅老年服务产

---

① 陆杰华,薛伟玲.老年人口健康照料需求市场政策导向分析[C]//曾毅等著.老年人口家庭、健康与照料需求成本研究.北京:科学出版社,2010.
② 吴春蓉,聂珊.人口结构对产业结构的影响研究综述[J].知识经济,2010(6).
③ 老龄产业不是传统意义上的一个独立的产业部门,它是由老年消费市场需求增长带动而形成的一个新兴产业,是为老年人的衣、食、住、行、用、医疗、娱乐、学习、保险、通信等各方面特殊需求提供产品和服务的多个行业、多个产业相互交叉的综合性产业,在老龄化社会中对经济增长起到支撑作用。

业产值就达 6 000 亿美元；美国、法国老年人的消费力也占本国总消费力的 20% 左右。① 在我国，老年人的多元化需求和整体购买力也将构成未来消费市场的重要组成部分。就生命周期理论而言，老年人口经过劳动年龄的长期工作与积累之后，进入了个人生命周期的末端，在卸下工作的压力与负担以后，老年人口将有更多时间享受生活并更多地关注其自我需要；同时，老年人又处于家庭生命周期的空巢期，子女已成家立业，家庭负担明显减少，因此，各项收入与储蓄基本可用于自我消费。面对我国日益严峻的人口老龄化形势及其带来的挑战，党的十八大报告明确提出了"积极应对人口老龄化，大力发展老龄服务事业和产业"②的新表述，对如何把握老龄化的历史机遇以及如何应对其挑战都予以高度重视，而顺应人口老龄化对国内消费结构的改变，大力推进老龄产业的发展正是迎接挑战、把握机遇的具体表现之一。

随着老龄化进程的加快，老年群体的消费需求逐渐为市场所重视并对产业结构调整产生影响。老年人口的消费需求和服务需求将会极大增加并呈现出多元化特征，随着生活水平的提高，在满足物质消费的前提下，非物质消费方面的需求也将不断增加。这些物质与非物质的消费共同作用于现有的消费结构，促使其发生改变，这种变化将吸引更多人员从事老龄产业研究，开发老年消费市场，尤其是以各类养老服务业为主的非物质型老龄产业的蓬勃兴起，将大大推动第三产业发展，促进产业结构协调转型，这也符合社会经济转型发展的基本趋势。在市场经济发达国家，伴随人口老龄化而来的"银色产业"已有显著发展，并形成了新的经济增长点。由计划生育政策助推加速的"中国式老龄化"进程，必然会形成"人多、钱紧、资源少"的"中国式养老"困境，而大力发展养老服务业，③在政府"保基本、兜底线"的基础

---

① 陈俊勇.中国老年消费市场研究[J].经济界，2005(4).
② 胡锦涛.坚定不移沿着中国特色社会主义道路前进 为全面建成小康社会而奋斗——在中国共产党第十八次全国代表大会上的报告[M].北京：人民出版社，2012.
③ 李金磊.人多、钱紧、资源少："中国式养老"多重困局待解[EB/OL].[2013 - 10 - 13].http://www.chinanews.com/gn/2013/10 - 13/5372751.shtml.

上,充分发挥市场活力,推动社会力量广泛参与正是走出这一困境的有效途径。2013年9月,国务院印发《关于加快发展养老服务业的若干意见》(国发〔2013〕35号,简称《意见》),对加快发展养老服务业做出系统安排和全面部署,提出了加快发展养老服务业的总体要求、主要任务和政策措施,这将为破解养老难题、拓展消费需求、稳定经济增长发挥重要作用。[①]

从长期看,老年人口的消费特征与消费结构必然要求产业结构和经济结构作出相应调整,通过合理配置资源和产业结构优化升级,建立和发展满足老年人需要的产业和社会服务设施。因此,加快发展养老服务业有利于我们更加积极地应对人口老龄化,满足老年群体多元化、多层次的养老服务需求,更有效地贯彻落实党的十八大精神,"以保障和改善民生为重点",大力"提高人民物质文化生活水平","多谋民生之利,多解民生之忧"。

我国当前正处于经济转型升级的关键阶段,拉动内需、扩大就业对于顺利实现经济转型升级十分重要。养老服务业蕴藏着巨大的消费需求和广阔的发展前景,正是调结构、惠民生、促升级的重要力量。对老年消费市场的开发属于创新型的经济形态,这体现了老龄化社会培育新的经济增长点的现实需要,有利于实现就业水平提高和产业结构升级,从而促进经济增长方式转变。一方面,由于老年消费市场以服务业为主,因此可以充分发挥服务业特有的"黏合剂"优势,通过广泛的关联领域,在产业内部形成很强的就业容纳能力[②],为促进就业提供有效途径。另一方面,作为依托于人口结构转变而形成的综合性新兴产业,老年消费市场的发展必然会促进社会资源的结构重组和配置方式的优化,通过资源利用效率的提高,有助于推进我国产业结构的优化升级。[③] 为此,《意见》提出,到2020年,养老服务业增加值在

---

① 国务院.国务院关于加快发展养老服务业的若干意见[EB/OL].[2013-09-13].http://www.gov.cn/zwgk/2013-09/13/content_2487704.htm.
② 不仅能够容纳具有较高专业技术背景的人员,而且也为不具备专业技能的一般人员提供了就业机会。
③ 陆杰华,薛伟玲.老年人口健康照料需求市场政策导向分析[C]//曾毅等著.老年人口家庭、健康与照料需求成本研究.北京:科学出版社,2010.

服务业中的比重显著提升,生活照料和护理服务提供约1 000万个就业岗位,涌现一批带动力强的龙头企业和大批富有创新活力的中小企业,形成一批养老服务产业集群。这对于我国进一步扩大内需、增加就业、推动形成新的经济增长点是非常有益的。[1]

综上所述,老年消费市场以及老龄产业的发展有助于增加商品种类,扩展服务领域,促进市场繁荣,增加社会财富,扩大就业渠道,推动经济增长,而且通过发展老龄产业所产生的关联效应和连锁效应,也可促进其他产业发展,乃至对整个国民经济的发展产生积极的促进作用。[2] 党的十八大报告对老龄化问题的新表述为我们在全面建成小康社会中加强老龄工作和推动老龄事业发展指明了方向,"大力发展老龄服务事业和产业",正是对"积极应对人口老龄化"态度和认识的具体落实。《意见》贯彻党的十八大这一重要精神,兼顾养老服务的事业属性和产业属性,既对建立健全社会养老服务体系、拓展养老服务内容提出了要求,也对开发老年产品用品、培育养老产业集群提出了要求。如果把握得好,养老服务业乃至整个老龄产业将会创造出许多新的工作机会,给经济发展带来强大动力,成为我国经济发展的一大支柱产业,形成经济转型和社会转型的良性互动,这无疑是有利于转型发展的机遇所在。

伴随着老龄化进程的不断加速,面向"后人口红利时代"的中国经济正面临着前所未有的挑战与机遇。(1)老龄化将对中国社会保障体系带来严峻挑战,一方面,隐性债务和个人账户空账仍是养老保障体制可持续发展面临的难题;另一方面,巨额的医疗费用和照护成本将对医保基金和公共财政造成巨大压力。(2)老龄化对劳动力市场的冲击主要体现在两个方面:一方面是直接改变劳动力供给的总量和结构,进而影响劳动生产率;另一方面

---
[1] 民政部有关负责人就《国务院关于加快发展养老服务业的若干意见》答记者问[EB/OL].[2013-09-20].http://www.mca.gov.cn/article/zwgk/mzyw/201309/20130900520872.shtml.
[2] 徐刚,王莎莎.我国人口老龄化对经济发展的影响[J].经营管理者,2009,(10).

是通过消费结构的调整间接影响劳动力需求,同时养老保障负担的加重也推动了劳动力成本的提高。(3)就产业国际竞争力而言,老龄化将导致若干年后中国"人口红利"窗口关闭,也意味着原先具有巨大比较优势的出口导向型部门和其他相关部门劳动力需求的减少,而这需要通过经济增长模式转变和产业结构调整升级来弥补和抵消,从某种程度上说正是促进经济转型的一次机遇。(4)老龄化进程也蕴含着潜力无穷的消费市场,这将为中国老龄产业的蓬勃兴起创造契机,通过建立和发展满足老年人需要的产业和社会服务设施,给经济发展带来强大动力,并形成新的经济增长点。

　　人口老龄化的长期经济影响已受到社会各方的高度关注,回顾近期的相关社会热点,包括养老服务业加快发展的意见下发,社会保险制度中养老金领取年龄设定与延长缴费年限、延迟退休年龄的讨论,养老金替代率水平高低的差异与变动分析,城乡居民基本养老保险制度的统一运行,以房养老保险的试点推行等,无论是政府部门的顶层设计、专家学者的建言献策,还是社会公众的热烈反响,无一不体现出老龄化问题对我国社会经济发展的深远影响,这一方面揭示了老龄化社会的严峻挑战,另一方面也体现了老龄化社会的无限机遇。对于即将进入"后人口红利时代"的中国经济而言,老龄化所带来的挑战与机遇并存,我们只有审时度势、未雨绸缪,从经济转型、制度创新等方面积极入手,完善社会保障制度、稳定和开拓劳动力市场、适时推动经济增长模式转变和产业结构调整升级、大力发展老龄产业,才能为"后人口红利时代"的经济发展探索新的模式和路径。

　　综上可知,应对老龄化经济挑战的主要策略之一就是深化社会保障体制改革,不断完善我国社会养老保险制度。鉴于此,基本养老保险基金支出绩效评价的意义尤显重要,这也为本书理论篇与实证篇的研究提供了紧迫而又务实的现实背景。

理 论 篇

基本养老保险基金支出绩效评价：构建原理与指标体系

公共支出绩效评价是市场经济和社会进步对政府公共支出管理提出的必然要求。公共支出作为政府向社会提供公共服务和调控经济社会运行的重要手段之一，其绩效评价是整个绩效管理的核心和重要方式。在我国社会主义市场经济体制下，公共支出的外延界定在于体现国家职能和满足社会共同需要，因此，社会保障支出也是公共支出的重要内容，对于政府履行公共职能与稳定职能发挥着重要作用。而在社会保障诸项制度中，社会保险制度是其最重要的组成部分，其中，基本养老保险制度又因其涉及面最广而成为社会保险制度的核心内容。随着我国人口老龄化进程的加速，基本养老保险基金的支出规模和制度负担也在不断加大，其支出绩效的高低直接影响到老年人口的生活质量，而占总人口1/7以上[1]的老年人口的生活质量又会直接影响到社会的和谐稳定。因此，只有通过合理的支出绩效评价，对本期支出水平的合适与否进行客观的评判与分析，才能为下一期支出规模和结构提供调整与改进的方向。

本书以公共支出绩效评价的基本原理为理论基础，结合老龄化社会的现实需求，研究构建起完整的基本养老保险基金支出绩效评价指标体系。绩效是经济性、效率性和有效性的统称，它包括行为过程和行为结果两个方面。就行为过程来说，它包括投入是否满足经济性要求、过程是否合规与合理；就行为结果而言，它又包括产出与投入相比是否有效率、行为的效果是否达到预期目标以及产生的影响。因此，公共支出绩效评价内涵就是运用科学的方法综合评价公共支出活动的"三性"，即经济性、效率性和有效性。[2]

---

[1] 参见本书第二章对我国人口老龄化特征的分析。
[2] 所谓经济性，是指恰当质量和数量的资金、人力和物力在恰当的时间使用，导致最低的相关成本。所谓效率性，是指一项计划提供的产品或服务（产出）与用于提供这些产品或服务的资源（投入）的关系。所谓有效性，是指计划实施达到预期目标或效果的程度。对于公共部门来说，有效性是对资金使用的价值进行衡量的最重要方面。因为即使资源的提供是有效率的，但如果不能达到预期的目标，不能使公共服务的对象满意，仍然会造成资源的大量浪费。

理论篇　基本养老保险基金支出绩效评价：构建原理与指标体系 | 53

公共支出绩效评价指标体系的构建是对公共支出活动进行绩效评价的前提，因此需要构建起经济性指标、效率性指标和有效性指标共同组成的指标体系来综合评价公共支出绩效的高低。但由于这三大类指标有的是相对概念，有的无法直接度量，因此，要评价公共支出活动的"三性"，必须要寻找其他中间指标①，以反映出公共支出活动从开始投入到活动结束后所产生的影响为止的整个过程。结合绩效内涵的分析，公共支出绩效评价的基础性指标可分为四大类，即投入类指标、过程类指标、产出类指标和效果类指标。同时，还需使用这四类指标相互间的关系来考察公共支出的经济性、效率性和有效性，这样才能最终对公共支出进行绩效水平的量化评价。因此，评价公共支出的绩效须在这四类指标的基础上确定三类最终指标②，即经济性指标、效率性指标和有效性指标③，用以最终计算和衡量公共支出活动的"三性"。④ 其中，基础性指标与评价性指标在公共支出绩效评价过程中是相互影响、相互作用的，基础性指标是形成评价性指标的基本要素，而评价性指标则是基础性指标的充分反映（见图Ⅱ-1⑤）。

在前文分析基础上，本书对基本养老保险基金支出绩效评价进行研究就具备了理论基础和现实需求。通过共性与个性的指标设计，可以构建起由基础性指标和评价性指标共同构成的评价指标体系，如表Ⅱ-1所示。其中，基础性指标包括投入类、过程类、产出类、效果类四大类指标；评价性指标包括经济性、效率性、有效性三大类指标。整个指标体系由 20 个一级指

---

① 下文将其统一界定为"基础性指标"。
② 下文将其统一界定为"评价性指标"。
③ 由于这三类指标所对应的英语单词分别为 Economy（经济性）、Efficiency（效率性）和 Effectiveness（有效性），因此又被称为"3E"指标。
④ 上海财经大学课题组.公共支出评价[M].北京：经济科学出版社，2006.
⑤ 本书对图、表的序号通常按"章—节"顺序排列，如第一章第一节中的第二张表为 1-1-2。由于上图位于本书理论篇的引言部分，不在特定的章与节范围内，因此本书对其以篇的顺序排列，根据本书"背景篇—理论篇—实证篇"依次为Ⅰ-Ⅱ-Ⅲ的顺序，该图序号为"图Ⅱ-1"，下文其他图、表以此类推，特此说明。

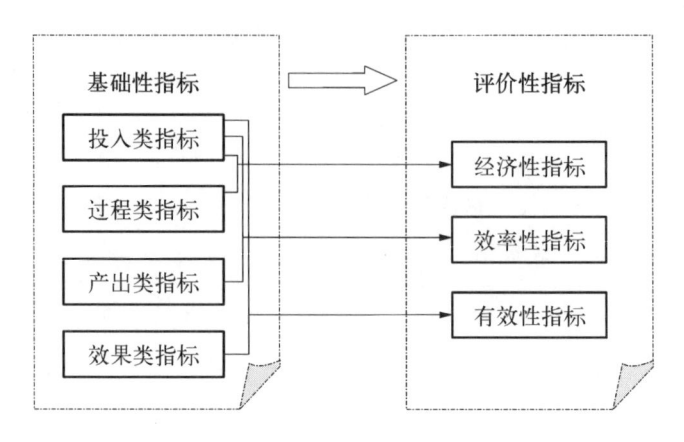

图Ⅱ-1 公共支出绩效评价指标体系框架图
资料来源：作者编制

标和10个二级指标组成。就基础性指标而言，投入类指标下设2个一级指标；过程类指标下设1个一级指标；产出类指标下设4个一级指标，其中的"赡养率"指标又分设2个二级指标；效果类指标下设3个一级指标，其中的"财务可持续性"指标又分设3个二级指标。就评价性指标而言，经济性指标下设3个一级指标；效率性指标下设4个一级指标，其中的"退休年龄"指标又分设2个二级指标；有效性指标下设3个一级指标，其中的"财务可持续性"指标又分设3个二级指标。

表Ⅱ-1 基本养老保险基金支出绩效评价指标体系

基础性指标			评价性指标		
指标类别	一级指标	二级指标	指标类别	一级指标	二级指标
投入类	基本养老保险基金支出		经济性(30%)	基本养老保险基金支出/GDP(％)(34％)	
	养老保险财政补助支出			人均基本养老保险基金支出(元)(33％)	
过程类	养老金按时足额发放率			养老保险财政补助支出/财政支出(％)(33％)	

续 表

基础性指标			评价性指标		
指标类别	一级指标	二级指标	指标类别	一级指标	二级指标
产出类	参保人数		效率性(30%)	覆盖面(%)(25%)	
	企业缴费负担			缴费率(%)(25%)	
	赡养率	制度赡养率		退休年龄(25%)	法定退休年龄(岁)(50%)
		自我赡养率			养老金受领时长(年)(50%)
	流动性			统筹层次(25%)	
效果类	保障水平		有效性①(40%)	替代率(%)(33%)	
	财务可持续性	基金结余		财务可持续性(34%)	累计结余可支付时间(月)(34%)
		隐性债务			隐性债务/GDP(%)(33%)
		抗风险能力			保值增值水平(%)(33%)
	多支柱程度			基本养老金贡献率(%)(33%)	

注：(1) 各类、各级指标后标明的百分比为该类、该级指标在上一类或上一级指标中所占的权重；
(2) "养老金受领时长"指标的计算公式为：养老金受领时长＝期望寿命－法定退休年龄。
资料来源：作者编制。

本书理论篇由此研究形成了一套可度量的基本养老保险基金支出绩效评价指标体系②（见表Ⅱ-1）。当其中所有评价性指标数值均可获得时，通过对各项指标值的计分，即可对某一时期内一个国家（或地区）的基本养老保险基金的支出绩效进行量化评分，通过对本期支出绩效的评价，可对下一期支出的改进与调整提供方向和依据，这对处于老龄化加速进程中的基本

---

① 根据前文分析，就公共支出行为而言，由于有效性是衡量资金使用价值的最重要方面，因此，在基本养老保险基金支出绩效评价指标体系中，对有效性指标赋予40%的权重，对经济性指标与效率性指标则分别赋予30%的权重。
② 关于各类、各级指标的权重赋予，本书的确定依据有一个基本原则，就是在不明确各类各级指标的重要性差别时尽量采取将指标权重平均化的办法，以避免人为拉大各指标分值之间的差距，造成综合得分的偏差。对于能够明确判断出重要程度差别的指标，则根据其重要程度的不同赋予相应权重。因此，下文如无特别说明，则各类、各级指标均采用平均化的方式赋予权重（为了计算的简便，在百分号计数方式下只保留整数，如：对同一级的三个指标赋予33%、33%、34%的权重时，意味着平均地赋予权重）。

养老保险制度的改革与完善将起到积极作用。

如前文所述，由于基础性指标与评价性指标之间关系密切、不可分割，因此，本篇第三、四、五章将结合基础性指标的特征，分别以评价性指标下的经济性、效率性、有效性三大类指标为主体展开详尽分析。

第三章
经济性指标的构成研究

经济性指标作为评价性指标的第一个大类,是由投入类指标和过程类指标这两类基础性指标分析、推演而来的。

本书对基本养老保险基金支出绩效评价研究工作选取的投入类指标包括"基本养老保险基金支出"和"养老保险财政补助支出"[①];选取的过程类指标为"养老金按时足额发放率";相应形成的经济性指标为"基本养老保险基金支出/GDP(%)"、"人均基本养老保险基金支出(元)"和"养老保险财政补助支出/财政支出(%)"。

表3-0-1 基本养老保险基金支出绩效评价指标研究(一)

基础性指标		评价性指标	
指标类别	一级指标	指标类别	一级指标
投入类指标	基本养老保险基金支出	经济性指标	基本养老保险基金支出/GDP(%)(34%)
^	^	^	人均基本养老保险基金支出(元)(33%)
^	养老保险财政补助支出	^	养老保险财政补助支出/财政支出(%)(33%)
过程类指标	养老金按时足额发放率		

注:各级指标后标明的百分比为该级指标在上一类或上一级指标中所占的权重。
资料来源:作者编制。

---

① 本书所指养老保险财政补助支出是财政对基本养老保险基金的补贴,本章第三节将对此进行具体阐述。

具体的经济性指标及其对应的基础性指标关系列表见表3-0-1。[①] 本章将结合投入类与过程类指标的特征,对基本养老保险基金支出绩效评价指标体系中的经济性指标的选取与构成进行详尽的阐述与分析。

第一节 经济性指标研究(一):基本养老保险基金支出/GDP

一、指标概要

我国城镇职工基本养老保险制度作为本书的核心研究对象主体,其基本养老保险基金支出的定义是指按照国家政策规定的开支范围和开支标准从养老保险基金中支付给参加基本养老保险的个人的养老金、丧葬抚恤补助,以及由于保险关系转移、上下级之间调剂资金等原因而发生的支出,包括离休金、退休金、退职金、各种补贴、医疗费、死亡丧葬补助费、抚恤救济费、社会保险经办机构管理费、补助下级支出、上解上级支出、转移支出、其他支出等。[②]

在基本养老保险基金支出绩效评价指标体系的构建过程中,本书首先选取"基本养老保险基金支出"作为投入类指标之一,该指标可直接反映该项支出的总量水平和规模。

基本养老保险制度作为一项重要的社会保障制度,主要有两方面的作用。就微观层面而言,可为劳动者退休后提供一定金额的收入来源,以保障其基本生活;就宏观层面而言,则可维护社会稳定,为劳动力的再生产提供

[①] 本书对图、表的序号通常按"章—节"顺序排列,如第一章第一节中的第二张表为1-1-2。由于上表位于第三章的引言部分,不在特定的"节"范围内,因此本书对其以"表3-0-1"制定序号,0代表第一节前的引言部分。下同。
[②] 《中国统计年鉴2010》,第二十二篇"主要统计指标解释"。

稳定的外部条件。基本养老保险基金应当保持合理的支出水平,衡量的标准一方面是看其支出规模和支出结构能否为退休劳动者提供适度的收入保障,另一方面则体现为制度运行的可持续性。尤其在人口老龄化进程加速的社会背景下,研究基本养老保险基金支出水平的合理性更具有现实意义。

由于投入类指标中的"基本养老保险基金支出"是一个绝对值指标,因此其数据变化不具有横向(国家间、地区间)可比性,本书据此推演出相应的经济性指标为"基本养老保险基金支出/GDP"(%)。该指标作为一个相对值指标,可以反映一个国家或地区的基本养老保险基金支出在本国或本地区的国内生产总值中所占的比重,这样一方面可以体现出基本养老保险基金的支出规模;另一方面也消除了国家间、地区间横向比较的单位差异,能够更有效地判断基本养老保险基金的支出水平情况。

二、现实分析

表 3-1-1 展示了我国 1989 年以来基本养老保险基金支出的变化情况。我国人口老龄化的快速发展,最直接的表现就是老年人口规模的迅速膨胀和出生人口的大幅度减少,导致抚养结构的根本性转变,造成养老金缴费者急剧减少和领取者急速增多,养老金供需矛盾日益尖锐,直接冲击社会养老保障制度。首先,从支出规模的绝对值来看,基本养老保险基金支出总量从 1989 年的 118.83 亿元迅速增加至 2015 年的 25 813 亿元,20 余年间平均每年增长率高达 23.73%,随着我国人口老龄化进程的加速,养老保险基金的支出规模还将不断扩大。

表 3-1-1 我国基本养老保险基金支出情况(一)

年 份	基本养老保险基金支出(亿元)	GDP(亿元)	参保离退休人员数(万人)
1989	118.83	17 090.30	893.40
1990	149.34	18 774.30	965.30

续 表

年 份	基本养老保险基金支出(亿元)	GDP(亿元)	参保离退休人员数(万人)
1991	173.07	21 895.50	1 086.58
1992	321.91	27 068.30	1 681.50
1993	470.63	35 524.30	1 839.40
1994	661.09	48 459.60	2 079.40
1995	847.61	61 129.80	2 241.20
1996	1 031.87	71 572.30	2 358.30
1997	1 251.33	79 429.50	2 533.00
1998	1 511.63	84 883.70	2 727.30
1999	1 924.85	90 187.70	2 983.60
2000	2 115.48	99 776.30	3 169.90
2001	2 321.26	110 270.40	3 380.64
2002	2 842.91	121 002.00	3 607.80
2003	3 122.10	136 564.60	3 860.20
2004	3 502.10	160 714.40	4 102.60
2005	4 040.30	185 895.80	4 367.50
2006	4 896.66	217 656.60	4 635.40
2007	5 964.90	268 019.40	4 953.70
2008	7 389.60	316 751.70	5 303.56
2009	8 894.43	345 629.20	5 806.86
2010	10 554.90	408 903.00	6 305.00
2011	12 764.90	484 123.50	6 826.20
2012	15 561.80	534 123.00	7 445.70
2013	18 470.40	588 018.80	8 041.00
2014	21 754.70	636 138.70	8 593.40
2015	25 813.00	676 708.00	9 142.00

数据来源：1991—2014 年数据来源于历年《中国统计年鉴》；2015 年数据来源于《2015 年度人力资源和社会保障事业发展统计公报》。

与此同时,以相对值体现的经济性指标"基本养老保险基金支出/GDP"的变化则远非如此明显,仅从1989年的0.7%增长至2015年的3.81%,其间1999年首次达到2%以上,为2.13%;2013年初次突破3%,为3.14%。1989—2015年年均增长率仅为7.22%,不仅每年的变化幅度波动较大,其中还有7年该指标比上年有所下降(见表3-1-2)。这说明,以相对指标来衡量,我国基本养老保险基金支出占GDP比重的增长较为缓慢。

表3-1-2 我国基本养老保险基金支出情况(二)

年 份	基本养老保险基金支出/GDP(%)	人均基本养老保险基金支出(元/年)	人均基本养老保险基金支出(元/月)
1989	0.70	1 330.07	110.84
1990	0.80	1 547.05	128.92
1991	0.79	1 592.81	132.73
1992	1.19	1 914.45	159.54
1993	1.32	2 558.61	213.22
1994	1.36	3 179.24	264.94
1995	1.39	3 781.94	315.16
1996	1.44	4 375.48	364.62
1997	1.58	4 940.10	411.68
1998	1.78	5 542.58	461.88
1999	2.13	6 451.45	537.62
2000	2.12	6 673.66	556.14
2001	2.11	6 866.34	572.20
2002	2.35	7 879.89	656.66
2003	2.29	8 087.92	673.99
2004	2.18	8 536.29	711.36
2005	2.17	9 250.83	770.90
2006	2.25	10 563.61	880.30
2007	2.23	12 041.30	1 003.44

续　表

年　份	基本养老保险基金支出/GDP(%)	人均基本养老保险基金支出(元/年)	人均基本养老保险基金支出(元/月)
2008	2.33	13 933.28	1 161.11
2009	2.57	15 317.11	1 276.43
2010	2.58	16 740.52	1 395.04
2011	2.64	18 699.86	1 558.32
2012	2.91	20 900.39	1 741.70
2013	3.14	22 970.28	1 914.19
2014	3.42	25 315.59	2 109.63
2015	3.81	28 235.62	2 352.97

数据来源：根据表 3-1-1 数据整理、计算而得。

三、国际借鉴

"基本养老保险基金支出/GDP"作为一个相对指标，便于进行国家间、地区间的横向比较。[①] 为了尽可能全面地覆盖全球主要国家类型，本书首先选取世界银行统计数据(见表 3-1-3)，对该指标进行定性的国际比较。需要说明的是，由于数据可得性的限制，目前仅能获取 20 世纪 90 年代各类主要国家公共养老金支出占 GDP 比重的数据，其中中国数据由于统计口径与数据来源略有不同，因此与表 3-1-2 中的数据有所差异，但在各国横向比较过程中仍具有可比性。

由表 3-1-3 可见，各国公共养老金支出占 GDP 比重中，意大利比重最高，为 17.6%；尼日利亚比重最低，为 0.1%；各国比重的平均水平为 6.25%。中国该项支出比重为 2.7%，远低于国际平均水平。各国该项比重的差异既与本国的人口老龄化程度有关，也与其各自的社会保障制度特征

[①] 国际社会所称"公共养老金"即相当于我国的基本养老保险基金提供的基本养老金，均为各国基本养老保险制度所承担的养老金部分，因此两者具有可比性。本书在研究过程中均采用原始数据来源所使用的术语名称，特此说明。

相关,高福利国家该项支出的比重通常明显高于其他国家。从近年来世界各国人口老龄化程度不断加重的趋势来看,公共养老金占各国GDP的比重总体来说也应随之提高,而不会有明显下降。因此,尽管目前限于资料可得性未能获取最近几年的全球各类主要国家的该指标数据,但是本表数据对于我国基本养老保险基金支出规模在国际社会所处水平仍有参考价值。

表 3-1-3　公共养老金支出水平的国际比较

国家和地区	年份	公共养老金支出占GDP比重(%)	年份	人均养老金支出占人均收入比重(%)	国家和地区	年份	公共养老金支出占GDP比重(%)	年份	人均养老金支出占人均收入比重(%)
中国①	1996	2.7	—	—	巴　西	1997	9.8	—	—
伊　朗	1994	1.5	—	—	委内瑞拉	2001	2.7	—	—
以色列	1996	5.9	1992	48.1	白俄罗斯	1997	7.7	1995	31.2
日　本	1997	6.9	1989	33.9	保加利亚	1996	7.3	1995	39.3
韩　国	1997	1.3	—	—	捷　克	1999	9.8	1996	37
马来西亚	1999	6.5	—	—	法　国	1997	13.4	—	—
巴基斯坦	1993	0.9	—	—	德　国	1997	12.1	1995	62.8
菲律宾	1993	1	—	—	意大利	1997	17.6	—	—
新加坡	1996	1.4	—	—	荷　兰	1997	11.1	1989	48.5
斯里兰卡	1996	2.4	—	—	波　兰	1997	15.5	1995	61.2
土耳其	1997	4.5	1993	56	罗马尼亚	1996	5.1	1994	34.1
越　南	1998	1.6	—	—	俄罗斯	1996	5.7	1995	18.3
埃　及	1994	2.5	1994	45	西班牙	1997	10.9	1995	54.1
尼日利亚	1991	0.1	1991	40.5	乌克兰	1996	8.6	1995	30.9
加拿大	1997	5.4	1994	54.3	英　国	1997	10.3	—	—
墨西哥	2000	0.3	—	—	澳大利亚	1997	5.9	1989	37.3
美　国	1997	7.5	1989	33	新西兰	1997	6.5	—	—
阿根廷	1994	6.2	—	—					

注:(1)由于数据可得性原因,各指标所能获取的数据年份不同,无数据处用"—"表示;(2)①为世界银行统计数据。

数据来源:国际统计数据 2006[EB/OL]. http://www.stats.gov.cn/tjsj/qtsj/gjsj/2006/t20071022_402439040.htm.

为了对基本养老保险基金支出/GDP这一指标进行与时俱进的进一步分析,并为下文进行指标体系百分制的量化评价创造条件,本书又通过OECD官方网站获取了OECD国家2000年以及2005—2009年的公共养老金支出占GDP比重的数据(见表3-1-4)。这组数据较表3-1-3来说更为接近各国当下发展情况,尽管从数据组覆盖的国家类型来说略少于前表,但其数据更新程度则有明显优势。同时由于OECD国家作为全球市场经济国家组成的政府间国际经济合作组织,其成员国以高收入国家为主,同时逐步吸收其他国家加入,既具有代表性又可体现全面性,因此该组数据也适合于后文进行指标定量评价时作为设定具体评价标准的参考。

根据表3-1-4数据显示,就具体国家而言,OECD国家中公共养老金支出占GDP比重最高的国家是意大利,2005—2009年连续5年的平均比重为14.3%;法国、奥地利、希腊紧随其后,该指标平均值均达12%以上,分别为12.8%、12.6%和12.2%。该指标值最低的国家为墨西哥,2005—2009年的平均比重为1.3%,与该指标值最高国意大利相差13个百分点;韩国与冰岛的公共养老金支出占GDP比重的平均值也都低于2%,分别为1.8%和1.9%。

表3-1-4 OECD国家公共养老金支出占GDP的比重　　单位:%

国　家	2000	2005	2006	2007	2008	2009
澳大利亚	3.8	3.3	3.3	3.4	3.6	3.5
奥地利	12.2	12.4	12.3	12.2	12.4	13.5
比利时	8.9	9.0	8.9	8.8	9.4	10.0
加拿大	4.3	4.1	4.1	4.1	4.2	4.5
智利	7.3	5.7	5.1	4.9	4.6	4.9
捷克	7.2	7.0	6.9	7.1	7.4	8.3
丹麦	5.3	5.4	5.5	5.5	5.6	6.1

续　表

国　家	2000	2005	2006	2007	2008	2009
爱沙尼亚	6.0	5.3	5.3	5.1	6.2	7.9
芬兰	7.6	8.4	8.5	8.3	8.4	9.9
法国	11.8	12.4	12.4	12.5	12.9	13.7
德国	11.1	11.4	11.0	10.6	10.5	11.3
希腊	10.8	11.8	11.8	12.1	12.4	13.0
匈牙利	7.6	8.5	8.8	9.3	9.7	9.9
冰岛	2.2	2.0	1.8	1.9	1.8	1.7
爱尔兰	3.1	3.4	3.4	3.6	4.1	5.1
以色列	4.9	5.1	5.0	5.0	4.8	5.0
意大利	**13.5**	**13.9**	**13.9**	**14.0**	**14.5**	**15.4**
日本	7.3	8.7	8.7	8.9	9.3	10.2
韩国	1.4	1.5	1.6	1.7	2.0	2.1
卢森堡	7.5	7.2	6.8	6.5	6.6	7.7
墨西哥	**0.9**	**1.2**	**1.2**	**1.4**	**1.5**	**1.3**
荷兰	5.0	5.0	4.8	4.7	4.7	5.1
新西兰	5.0	4.3	4.3	4.3	4.4	4.7
挪威	4.8	4.8	4.6	4.7	4.5	5.4
波兰	10.5	11.4	11.5	10.6	10.8	11.8
葡萄牙	7.9	10.3	10.6	10.7	11.3	12.3
斯洛伐克	6.3	6.2	6.0	5.9	5.7	7.0
斯洛文尼亚	10.5	9.9	10.0	9.6	9.5	10.9
西班牙	8.6	8.1	8.0	8.1	8.4	9.3
瑞典	7.2	7.6	7.3	7.2	7.4	8.2
瑞士	6.6	6.8	6.5	6.4	6.3	—
土耳其	—	5.9	5.8	6.1	5.5	6.8

续 表

国 家	2000	2005	2006	2007	2008	2009
英国	5.3	5.6	5.3	5.3	5.7	6.2
美国	5.9	6.0	5.9	6.0	6.2	6.8
OECD	**6.9**	**7.0**	**7.0**	**7.0**	**7.1**	**7.8**

注：由于可得性原因，无数据处用"—"表示。
数据来源：OECD网站，http://www.oecd.org/statistics/。

总体而言，OECD国家公共养老金支出占GDP的比重近年来呈稳定上升趋势，OECD国家平均值从2000年的6.9%逐步上升至2009年的7.8%，其间，2005—2008年增幅较小，比重维持在7.0%左右，2009年则有显著提高，这也是各国老龄化程度加剧、公共养老金负担加重的共同结果。

第二节　经济性指标研究（二）：人均基本养老保险基金支出

一、指标概要

在基本养老保险基金支出绩效评价指标体系构建过程中，由投入类指标"基本养老保险基金支出"推演而得的另一个经济性指标为"人均基本养老保险基金支出"，该指标是指在一定时期内一个国家或地区支付给每个离退休人员的基本养老金的平均水平[1]。根据《中国统计年鉴》的有关定义，城镇职工基本养老保险的参保离退休人员人数是指报告期末参加基本养老保险的离休、退休和退职人员的人数。将每年的基本养老保险基金支出总额

---

[1] 精确地说，该指标的实际计量单位应为（元/月）或（元/年）等，以体现一定时期内的人均金额。由于在研究过程中，根据不同的分析条件需要，对应时长（月或年）的设定会有所变动，因此，本书在基本养老保险基金支出绩效评价指标体系的构建过程中，仅以货币单位（元）作为指标单位列于指标体系表中，实际研究中将辅以相应的时长单位（如：月或年）计算出一定时期内的人均基本养老保险基金支出额，并进行具有现实意义的评价分析。特此说明。

除以同期的参保离退休人员人数,即可计算得人均基本养老保险基金支出水平(见表3-1-2)。

根据表3-1-2,我国人均基本养老保险基金支出水平逐年上升,由1989年的1 330元/年(即110.84元/月)增加至2015年的28 236元/年(即2 353元/月),年平均增长率为12.7%;就支出规模而言,2015年比1989年翻了四番还多。其中,2014年人均基本养老保险基金支出首次突破2 000元/月,2015年已达1989年的21倍之多。需要说明的是,表3-1-2数据是根据《中国统计年鉴》以及《2015年度人力资源和社会保障事业发展统计公报》资料整理计算而得,其中按照基本养老保险基金支出的定义,该支出还包括离、退休金以外的部分相关支出。因此,据此计算出的人均基本养老保险基金支出水平应当略高于同期的基本养老金人均水平,但是这并不影响本书对该项指标变动趋势和大体水平的基本判断。因此,下文如无特别说明,均将该指标视同人均基本养老金进行研究。

表3-1-3进行了有关国际比较,就人均基本养老保险基金支出这一指标而言,目前能获取的资料仅为各国人均养老金支出与人均收入的相对比值,该比值作为一个相对指标,在研究中便于进行国别间比较。

二、现实分析

本书在经济性指标类别中之所以仍选取"人均基本养老保险基金支出"这一绝对数指标作为衡量指标之一,其主要意义在于反映出该绝对数指标的历史变化,通过其历年数据变动可对我国基本养老保险基金支出的人均规模加以直观判断,同时,也可通过其增长率与通货膨胀率、工资增长率等数据的对比来衡量退休人员养老金的实际购买力变化情况。

表3-1-2展示了我国1989—2015年的人均基本养老保险基金支出水平,将该组数据2005年以来的变化情况与同时期我国企业退休职工基本养老金水平变化情况对比后可以发现,人均基本养老保险基金支出水平与

同期企业退休职工人均基本养老金水平相吻合,验证了上文对这两个概念的一致性假设与分析。

2004年,我国首次实现了全年企业离退休人员基本养老金全部按时足额发放。[①] 在此基础上,2005—2007年国家连续3年提高企业退休人员基本养老金标准,人均基本养老金从2005年的714元/月提高到2007年的963元/月。[②] 2008年,国务院常务会议进一步研究了调整企业退休人员基本养老金的有关政策,会议决定,为进一步缓解收入差距的矛盾,结合工资增长、物价水平、养老保险基金与财政承受能力等多方面因素,2008—2010年将连续3年继续提高企业退休人员基本养老金标准,且涨幅高于前3年的水平。[③] 2009年,人力资源和社会保障部与财政部联合发文对企业退休人员基本养老金调整水平进行统一指导,即按照2008年企业退休人员月人均基本养老金的10%左右确定。[④] 2009年底召开的国务院常务会议指出,"为保障企业退休人员生活水平在稳定中有所提高,从2010年1月1日起,再次提高企业退休人员基本养老金水平,提高幅度按2009年企业退休人员月人均基本养老金的10%左右确定,全国月人均增加120元左右"。"今后,还要根据经济发展、职工工资增长和物价水平等情况,综合考虑各方面承受能力,逐步形成企业退休人员基本养老金正常的调整机制"。[⑤]由于党中央、国务院高度重视企业退休人员的生活保障,经过连续6年的提高调整,2010年企业退休人员基本养老金的总体待遇水平较2005年已翻了一番。

[①] 2004年度劳动和社会保障事业发展统计公报[EB/OL].[2005-12-14].http://www.molss.gov.cn/gb/zwxx/2005-12/14/content_99533.htm.
[②] 企业退休人员养老金涨至963元/月 将再连涨三年[EB/OL].[2007-08-11].http://finance.sina.com.cn/roll/20070811/09121598313.shtml.
[③] 我国将连续3年提高企业退休人员养老金标准[EB/OL].[2007-08-03].http://finance.people.com.cn/GB/1037/6065509.html.
[④] 人力资源和社会保障部、财政部.人力资源和社会保障部 财政部关于2009年调整企业退休人员基本养老金的通知[EB/OL].[2008-11-19].https://wenku.baidu.com/view/5547ba0cbb68a98271fefac7.html.
[⑤] 国务院:2010年1月1日起提高企业退休人员基本养老金10%[EB/OL].[2009-12-22].http://finance.ifeng.com/news/20091222/1614835.shtml.

此后,为确保企业退休人员生活水平保持稳定并逐步提高,企业退休人员基本养老金继续上调,国务院常务会议决定自2011年1月1日起按2010年企业退休人员月人均基本养老金10%左右的幅度提高,全国月人均增加140元左右。[1]2011年调整后企业退休人员人均基本养老金达1531元/月[2];2012年调整后企业退休人员人均基本养老金增至1721元/月[3];2013年调整后企业退休人员人均基本养老金达到1893元,增幅为10%;2014年1月1日起,企业退休人员基本养老金水平再度提高10%,实现我国企业退休人员基本养老金"十连涨",基本养老金平均水平突破2000元/月;[4]2015年1月1日起,企业退休人员基本养老金再提高10%,近8000万退休人员受益[5],基本养老金平均水平已高于2200元/月。[6] 由此可见,从绝对数变化情况来看,我国人均基本养老金支出规模每年都有较大幅度的提升,作为社会保障制度的重要组成部分,基本养老保险制度在保障退休人员基本生活方面发挥了举足轻重的作用。

诚然,在关注人均支出绝对规模变化的同时,还应当注意到人均基本养老金每年实际购买力的变化,因为这将直接影响到退休人员的消费能力、消费行为及其生活质量,也可反映出退休人员参与分享社会经济发展成果的程度高低。

根据《中国统计年鉴》的有关定义,本书参考以下指数的计算公式,计算

---

[1] 国务院决定继续提高企业退休人员基本养老金[EB/OL].[2010-12-22].http://finance.qq.com/a/20101222/005614.htm?qq=0&ADUIN=370889436&ADSESSION=1292981925&ADTAG=CLIENT.QQ.2785_.0。
[2] 人社部:目前全国月人均养老金达到1531元[EB/OL].[2012-01-20].http://news.xinhuanet.com/society/2012-01/20/c_111454040.htm。
[3] 内地企业退休人员基本养老金提高10%[EB/OL].[2013-01-09].http://news.ifeng.com/mainland/detail_2013_01/09/21009919_0.shtml。
[4] 企业退休人员基本养老金再提高10%[EB/OL].[2014-01-09].http://news.163.com/14/0109/03/9I49989T00014Q4P.html。
[5] 2015年起企业退休人员基本养老金再提高10%[EB/OL].[2015-01-15].http://www.chinanews.com/sh/2015/01-15/6973559.shtml。
[6] 2016年全国企业退休人员养老金调整方案一览表[EB/OL].[2016-03-23].http://www.sohu.com/a/65192446_136268。

出"平均实际养老金指数",以反映离退休人员养老金实际购买力水平的变化(见表3-2-1)。

表3-2-1 养老金与工资指数对比(1990—2015)

年份	人均基本养老保险基金支出(元/月)	指数对比(上年=100)				
		平均养老金指数	城市居民消费价格指数	平均实际养老金指数(1)	平均实际工资指数(2)	(1)—(2)
1990	128.92	116.31	101.3	114.8	109.2	5.6
1991	132.73	102.96	105.1	98.0	104.0	−6.0
1992	159.54	120.19	108.6	110.7	106.7	4.0
1993	213.22	133.65	116.1	115.1	107.1	8.0
1994	264.94	124.26	125.0	99.4	107.7	−8.3
1995	315.16	118.96	116.8	101.8	101.8	0.1
1996	364.62	115.69	108.8	106.3	102.8	3.6
1997	411.68	112.90	103.1	109.5	104.5	5.0
1998	461.88	112.20	99.4	112.9	116.2	−3.4
1999	537.62	116.40	98.7	117.9	113.2	4.7
2000	556.14	103.44	100.8	102.6	111.3	−8.7
2001	572.20	102.89	100.7	102.2	115.3	−13.1
2002	656.66	114.76	99.0	115.9	115.4	0.6
2003	673.99	102.64	100.9	101.7	111.9	−10.2
2004	711.36	105.54	103.3	102.2	110.3	−8.2
2005	770.90	108.37	101.6	106.7	112.5	−5.9
2006	880.30	114.19	101.5	112.5	112.9	−0.4
2007	1 003.44	113.99	104.5	109.1	113.4	−4.3
2008	1 161.11	115.71	105.6	109.6	110.7	−1.1
2009	1 276.43	109.93	99.1	110.9	112.6	−1.7
2010	1 395.04	109.29	103.2	105.9	109.8	−3.9
2011	1 558.32	111.70	105.3	106.1	108.6	−2.5

续 表

年份	人均基本养老保险基金支出（元/月）	指数对比（上年＝100）				
		平均养老金指数	城市居民消费价格指数	平均实际养老金指数(1)	平均实际工资指数(2)	(1)—(2)
2012	1 741.70	111.77	102.7	108.8	109.0	—0.2
2013	1 914.19	109.90	102.6	107.1	107.3	—0.2
2014	2 109.63	110.21	103.5	106.5	107.20	—0.7
2015	2 352.97	111.53	101.5	109.9	108.5	1.4

数据来源：1990—2014 年数据根据历年《中国统计年鉴》资料整理而得；2015 年数据根据《2015 年度人力资源和社会保障事业发展统计公报》资料整理而得。

"平均工资指数"是指报告期就业人员平均工资与基期就业人员平均工资的比率，是反映不同时期就业人员货币工资水平变动情况的相对数。计算公式为：

$$平均工资指数 = \frac{报告期就业人员平均工资}{基期就业人员平均工资} \times 100\%$$

"平均实际工资指数"是指扣除物价变动因素后的就业人员平均工资指数。就业人员平均实际工资指数是反映实际工资变动情况的相对数，表明就业人员实际工资水平提高或降低的程度。计算公式为：

$$平均实际工资指数 = \frac{报告期就业人员平均工资指数}{报告期城镇居民消费价格指数} \times 100\%$$

由以上计算公式推演而得的"平均养老金指数"，是指报告期退休人员平均基本养老金与基期退休人员平均基本养老金的比率，是反映不同时期退休人员货币基本养老金水平变动情况的相对数。计算公式为：

$$平均养老金指数 = \frac{报告期退休人员平均基本养老金}{基期退休人员平均基本养老金} \times 100\%$$

"平均实际养老金指数"则是指扣除物价变动因素后的退休人员平均养

老金指数。退休人员平均实际养老金指数是反映实际养老金变动情况的相对数,表明退休人员实际养老金水平提高或降低的程度。计算公式为:

$$平均实际养老金指数 = \frac{报告期退休人员平均养老金指数}{报告期城镇居民消费价格指数} \times 100\%$$

由表 3-2-1 可知,我国人均基本养老保险基金支出水平由 1989 年的 110.84 元/月逐年增加到 2015 年的 2 352.97 元/月。以扣除物价变动因素影响后的平均实际养老金指数来看,尽管除 1991 年和 1994 年以外每年均较上年有所增加,说明人均养老金水平与通货膨胀率抵消后实际购买力仍有所提高。但是将平均实际养老金指数与平均实际工资指数相比来看,则退休人员平均实际基本养老金明显落后于在职人员实际平均工资的增长水平,尤其是 2000 年以来,除 2002 年、2015 年以外,其余各年均低于平均实际工资指数,其差额为年均低 3.7 个百分点。这意味着离退休人员尚未充分共享经济社会发展的成果,基本养老金保障水平在现有基础上还有待更进一步地提高。

三、过程类指标"养老金按时足额发放率"的选取说明

过程类指标"养老金按时足额发放率"反映的是参保离退休人员有多少能按时、足额领取到基本养老金,这关系到离退休人员的实际生活保障情况,养老金按时足额发放率越高,养老金领取者的退休生活越有保障,理论上说,该指标的满分标准应为 100%。根据我国历年《人力资源和社会保障事业发展统计公报》(2007 年及以前为《劳动和社会保障事业发展统计公报》)[1]提供的资料,我国于 2001 年起绝大多数离退休人员按时足额领到基本养老金,2003 年全年企业离退休人员养老金基本做到了按时足额发放,2004 年起每年企业离退休人员基本养老金全部按时足额发放,这意味着至

---

[1] 资料来源:中华人民共和国人力资源和社会保障部网站,http://www.mohrss.gov.cn/SYrlzyhshbzb/zwgk/szrs/ndtjsj/。

2015年"养老金按时足额发放率"指标已连续12年达到100％,有力地保障了参保离退休人员的基本生活需求。作为过程类指标,其绩效水平间接体现在各项经济性指标中,且由于该指标连年达到满分标准,因此,由各项经济性指标所体现的该指标绩效是相当充分的。

第三节　经济性指标研究(三)：
　　　　养老保险财政补助支出/财政支出

一、指标概要

经济性指标"养老保险财政补助支出/财政支出"可以衡量国家财政对基本养老保险制度的支持力度[①]。养老保险财政补助支出是国家财政支出的一个有机组成部分,根据《中国统计年鉴》统计指标定义,财政支出是指国家财政将筹集起来的资金进行分配使用,以满足经济建设和各项事业的需要,主要包括一般公共服务、外交、国防、公共安全、教育、科学技术、文化教育与传媒、社会保障和就业、医疗卫生、环境保护、城乡社区事务、农林水事务、交通运输、工业商业金融等事务。其中,养老保险财政补助支出从属于社会保障和就业支出,体现为财政对基本养老保险基金的补贴。

国家信用是一国基本养老金支付的重要保证,在人口老龄化程度加剧,基本养老保险基金收入小于支出时,应当由国家通过财政拨款予以弥补,因此,国家财政支持力度的大小也从一定程度上反映出一国社会养老保险基金支付能力的强弱。2012年,我国国家财政社会保障和就业支出总

---

① 这里的养老保险是指基本养老保险。因此,该指标是指一定时期内各级财政补贴基本养老保险基金的金额占财政总支出的比重。由于本书研究的核心内容均围绕基本养老保险制度展开,同时出于指标名称适当简化的考虑,因此,本书在基本养老保险基金支出绩效评价指标体系的构建过程中,将该指标命名为"养老保险财政补助支出/财政支出"。特此说明。

额为 12 585.52 亿元,占财政支出总额的比重为 9.992%[1],而 1998 年该比重为 9.08%[2],15 年仅上升了 0.912 个百分点。由此可见,我国社会保障和就业支出在财政总支出中所占比重的增长速度非常缓慢,难以满足中国快速发展的社会保障事业的需要。由于养老保险财政补助支出属于财政社会保障和就业支出的一部分,因此,通过以上数据分析也能大致反映出养老保险财政补助支出的发展状态。

二、现实分析

表 3-3-1 对我国养老保险财政补助支出情况进行了整理计算,各级财政对基本养老保险基金的补贴从 2003 年的 530 亿元逐年增加到 2015 年的 4 716 亿元,13 年间共计补贴 25 163 亿元,年均增长率为 20.4%。同时,国家财政总支出的年均增长率为 17.9%,两者年均增幅相近,因此,养老保险财政补助支出占财政总支出的比重也始终徘徊在大约 2% 的平均水平上,并没有显著提高。[3]

表 3-3-1　我国养老保险财政补助支出情况(2002—2015)

单位:亿元,%

年　份	各级财政补贴基本养老保险基金	中央财政补贴	地方财政补贴	国家财政支出
2002	—	408.2	—	22 053
2003	530	474.3	55.7	24 650
2004	614	522	92	28 487
2005	651	544	107	33 930

---

[1] 2012 年数据根据《中国统计年鉴 2013》计算而得。
[2] 杨勇刚,姜泽许.中国城镇基本养老保险支出水平测量模型分析——以城镇基本养老保险的可持续发展为视角[J].河北大学学报(哲学社会科学版),2010,(4).
[3] 2014 年根据预算数计算而得的养老保险财政补助支出占国家财政支出比重仅为 1.99%,较上年决算数所得比重有所下降,但由于这只是预算数据的计算结果,本书对此仅作列举,不作为研究结论的判断依据。

续 表

年 份	各级财政补贴基本养老保险基金			国家财政支出
		中央财政补贴	地方财政补贴	
2006	971	774	197	40 423
2007	1 157	—	—	49 781
2008	1 437	—	—	62 593
2009	1 646	—	—	76 300
2010	1 954	—	—	89 874
2011	2 272	—	—	109 248
2012	2 648	—	—	125 953
2013	3 019	—	—	140 212
2014	3 548	—	—	151 786
2015	4 716	—	—	175 878

年 份	养老保险财政补助支出/财政支出	财政补助支出增长率	国家财政支出增长率
2003	2.15	—	—
2004	2.16	15.85	15.57
2005	1.92	6.03	19.11
2006	2.40	49.16	19.13
2007	2.32	19.16	23.15
2008	2.30	24.20	25.74
2009	2.16	14.54	21.90
2010	2.17	18.71	17.79
2011	2.08	16.27	21.56
2012	2.10	16.55	15.29
2013	2.15	14.01	11.32
2014	2.34	17.52	8.25
2015	2.68	32.92	15.87

数据来源：(1) 养老保险财政补助支出情况根据我国历年《人力资源和社会保障事业发展统计公报》(2007年及以前为《劳动和社会保障事业发展统计公报》)资料整理计算而得；(2) 国家财政支出数据来源于《中国统计年鉴2010》《中国统计年鉴2013》《中国统计年鉴2015》。

根据我国现有研究成果[①],王利军在《中国养老金缺口财政支付能力研究》一书中认为,在满足政府支出的自然效率条件下,中国养老保险财政支出占财政总支出的最大比例应是 10.97%[②];武萍(2004)博士论文《财政社会保障支出适度水平研究》认为,养老保险财政支出的适度水平为 11.4%[③]。对照上述研究成果来看,我国养老保险财政补助支出的水平还有很大提升空间。

三、国际借鉴

随着全球社会经济的不断发展,大部分国家已建立起现代社会保障制度,其中的公共养老金支出也成为整个社会支出的重要组成部分。表 3-3-2、表 3-3-3 选取部分发达国家公共养老支出情况进行分析,并与中国情况进行对比。

表 3-3-2　部分国家公共养老支出情况　　　　单位:%

公共养老支出占 GDP 的比重(%)

年份 国家	2000	2005	2006	2007	2008	2009
日本	7.3	8.7	8.7	8.9	9.3	10.2
德国	11.1	11.4	11.0	10.6	10.5	11.3
英国	5.3	5.6	5.3	5.3	5.7	6.2
瑞典	7.2	7.6	7.3	7.2	7.4	8.2

财政支出占 GDP 的比重(%)

年份 国家	2000	2005	2006	2007	2008	2009
日本	—	16.0	15.7	14.8	16.2	19.1
德国	31.8	31.3	30.0	28.7	28.9	31.9
英国	35.8	40.4	39.6	39.3	42.4	45.7
瑞典	35.9	34.5	33.4	31.7	31.4	33.7

---

① 穆怀中,邹丽丽.养老金统筹层次提高中的计发基数研究——以辽宁省为例[J].社会保障研究,2010,(1).
② 王利军.中国养老金缺口财政支付能力研究[M].北京:经济科学出版社,2008 年.
③ 武萍.财政社会保障支出适度水平研究[D].辽宁:辽宁大学,2004.

续 表

公共养老支出占财政支出的比重(%)

年份 国家	2000	2005	2006	2007	2008	2009
日本	—	54.1	55.4	59.9	57.5	53.2
德国	35.0	36.4	36.7	36.9	36.5	35.3
英国	14.9	13.8	13.3	13.6	13.6	13.5
瑞典	20.2	22.0	21.9	22.6	23.6	24.4
中国	—	11.91	12.11	11.98	11.81	11.66

注：由于可得性原因，无数据处用"—"表示。
资料来源：(1)发达国家公共养老支出占GDP的比重数据来源于OECD网站，http://www.oecd.org/statistics/。(2)发达国家财政支出占GDP的比重数据来源于世界银行数据库，http://data.worldbank.org.cn/indicator/GC.XPN.TOTL.GD.ZS?page=1。(3)发达国家公共养老支出占财政支出的比重数据根据以上两组数据计算而得。(4)中国数据根据历年《中国统计年鉴》整理而得。

就公共养老支出占GDP的比重而言，各国2000—2009年总体来说都有所上升。其中上升幅度最大国家的为日本，从2000年的7.3%增至2009年的10.2%，增幅为2.9%，这与日本老龄化程度的加速有着密切关系；变化最小的国家为德国，各年份比重均保持在11%左右，其间有增有减，小幅波动，2009年比2000年仅增加了0.2%，但其各年份平均值11%也为表中各国最高，远高于前文所分析的OECD国家的平均水平[1]；英国和瑞典该比重则均上升了1%左右。

就公共养老支出占财政支出的比重而言，日本为表中各国最高，历年比重均达50%以上，最高年份2007年已近60%；德国该比重也处于较高水平，历年均达35%以上；瑞典为20%以上；英国则接近15%。对比而言，中国基本养老保险基金支出与财政支出的比率为12%左右，与发达国家相比还有较大提升空间。

---

[1] 根据表3-1-4数据计算，OECD国家2005—2009年公共养老支出占GDP的比重平均为7.2%。

由于国家财政对公共养老金体系的持续发展起着补助与托底的关键性作用,因此,社会保障制度发展较成熟的发达国家在这方面多数都有较大力度的财政投入(见表3-3-3)。日本《国民年金法》规定,国民养老保险的保费由国家和国民共同承担,凡是加入保险者必须缴纳保费的2/3,余下1/3由政府承担;并且从2010年7月中旬开始,日本政府负担部分由1/3提高到1/2,以减轻国民的保费负担。[1] 德国作为世界上最早颁布《养老保险法》的国家,实行的是个人、企业和国家共同负担公共养老保险缴费的制度。1997年时其法定养老保险可获得的国家财政补贴约占当年养老保险总支出的1/5,随着德国社会人口老龄化进程的推进以及老年抚养比的不断提高,为了维持公共养老金制度的持续运行,政府对公共养老金支出的财政补贴也在不断增加,其占养老金总支出的比重逐渐上升到1/4,随后又上升到1/3,国家财政不堪重负。[2] 英国强调养老保险的出发点是保障居民有一个最基本的生存和生活条件,因此,国家财政对社会保障制度的财政补贴相较于其他发达国家来说不是很高,国民保险资金中的11.5%为政府补贴[3]。瑞典作为北欧高福利国家的代表,1976年前社会福利和保险的经费主要来自各级政府;1976年后,虽然政府补助部分已大为减少,但中央和地方政府财政补贴仍分别占到24%和28%,国家财政对养老金的财政补贴合计达52%。[4]

根据以上文献对各国财政补贴占公共养老支出比例的推算,表3-3-3列示了部分发达国家财政补贴公共养老支出占财政总支出的比重。其中,日本2005年与1980年相比,过去10多年来该比重上升非常快,1980年仅为4.0%,2005年以来则高达18%左右,财政总支出的近1/5都用于补贴公

---

[1] 许飞琼、俞贺楠、李志明.各国养老金制度调查[EB/OL].[2013-11-18].http://www.cssn.cn/shx/shx_shflybz/201311/t20131118_836105.shtml.
[2] 纵览世界各国的养老保险制度[EB/OL].[2012-04-19].http://www.xiangrikui.com/shehuibaoxian/yanglaobaoxian/20120419/209933_2.html.
[3] 董溯战.英国社会保障制度中的国家、市场与社会作用之比较分析[J].宁夏社会科学,2003(6).
[4] 佟爱琴.养老保险国际比较及其借鉴[J].财贸研究,2003(1).

共养老支出,政府负担在各国之中是最重的;德国与瑞典该比重的变化情况较为接近,都是稳步上升状态,1980年为6%左右,2000年以来逐步上升达12%左右,2009年较1980年翻了一番,政府承担的公共养老支出占其财政总支出的1/10以上;英国由于其社会保障制度理念强调保障社会成员的基本生存条件,因此国家财政对公共养老的补助支出仅占其财政总支出的1.6%左右,且长年稳定保持在这一水平,该比重在主要发达国家中为最低。对比而言,我国该指标水平与多数发达国家相比总体偏低,10余年来都维持在2%左右,财政支出结构调整应有较大空间。

表3-3-3 部分国家财政补贴公共养老支出占财政总支出的比重

单位:%

年份 国家	1980	2000	2005	2006	2007	2008	2009
日本	4.0	—	18.0	18.5	20.0	19.2	17.7
德国	5.7	8.7	12.1	12.2	12.3	12.2	11.8
英国	1.5	1.7	1.6	1.5	1.6	1.6	1.6
瑞典	6.9	10.5	11.4	11.4	11.8	12.3	12.7
中国	—	—	1.92	2.40	2.32	2.30	2.16

注:由于可得性原因,无数据处用"—"表示。
资料来源:(1)部分发达国家2000—2009年数据为作者在表3-3-2的基础上结合相关文献资料进行计算而得,详见前文阐述;(2)部分发达国家1980年数据推算依据来源于杨黎源.老龄化成本的国际比较与中国应对策略——基于养老支出视角的分析[J].浙江社会科学,2013(3);(3)中国数据来源于表3-3-1。

当然,就基本养老保险基金制度的长周期平衡与可持续运行角度而言,应对人口老龄化挑战、抵御养老金支付危机的核心手段不是依靠国家财政的力量支持,而是采用多种方式不断充实基本养老保险基金,使之具备较长时期、较大规模的持续支付能力;而在解决养老金历史债务问题、承担养老保险制度改革转制成本的过程中,国家财政则必须加大支持力度。

第四章
效率性指标的构成研究

效率性指标作为评价性指标的第二个大类,是由投入类指标和产出类指标这两类基础性指标分析、推演而来的。本书对基本养老保险基金支出绩效评价研究工作选取的产出类指标包括基本养老保险制度的"参保人数""企业缴费负担""赡养率"和"流动性";相应形成的效率性指标为"覆盖面(%)""缴费率(%)""退休年龄"和"统筹层次"。其中,产出类指标中的"赡养率"及其对应的效率性指标中的"退休年龄"分别设有二级指标,以全面评价该指标的绩效水平。

具体的效率性指标及其对应的基础性指标关系列表见表 4-0-1。

表 4-0-1 基本养老保险基金支出绩效评价指标研究(二)

基础性指标			评价性指标		
指标类别	一级指标	二级指标	指标类别	一级指标	二级指标
产出类指标	参保人数		效率性指标	覆盖面(%)(25%)	
	企业缴费负担			缴费率(%)(25%)	
	赡养率	制度赡养率		退休年龄(25%)	法定退休年龄(岁)(50%)
		自我赡养率			养老金受领时长(年)(50%)
	流动性			统筹层次(25%)	

注:(1)各级指标后标明的百分比为该级指标在上一类或上一级指标中所占的权重;(2)"养老金受领时长"指标的计算公式为:养老金受领时长=期望寿命-法定退休年龄。
资料来源:作者编制。

效率性指标反映的是投入类指标与产出类指标之间的相互作用。在基本养老保险基金支出绩效评价指标体系框架下,投入类指标对应的是基本养老保险制度的资金投入情况,从更深层次来说,体现的是基本养老保险制度收支运行的基本状态。因此,投入类指标与产出类指标之间存在复杂的互动机制。

其中,参保人数与赡养率指标和投入类的基金支出指标之间的关系是直接的双向互动。对于基本养老保险制度而言,由于参保者既包括缴费者又包括养老金领取者,因此,参保人数的多少一方面影响到基金的收入(即基本养老保险基金的筹集);另一方面则影响到基金的支出(即基本养老金的给付);同理而论,赡养率指标由于对应于缴费年限与养老金受领时间的长短,因此同样会对基本养老保险基金产生直接的收支双向影响。

企业缴费负担指标则通过与基金收入方面的互动间接影响基金的支出。缴费越多,基金收入越多,基金支出能力也越强,但企业负担也会越重,因此从长期来看,过重的缴费负担不具有可持续性。同时,缴费水平也不能过低,否则会造成基金给付能力大大削弱,因此,企业缴费负担应定位于一个适度水平。

流动性指标则与基金的支出方面(即给付能力)关系密切,当基本养老保险制度在一定范围内动员资金的伸缩能力较强、给付能力较高时,劳动力资源的流动性就较大。通常来说,资金可调集的范围越大、统筹层次越高,则给付能力越强,流动性越大。

通过对上述基础性指标的关系分析,本书对效率性指标的设计也建立了客观依据,下文将结合产出类指标的特征,对基本养老保险基金支出绩效评价指标体系的各项效率性指标进行全面研究。

第一节　效率性指标研究(一)：覆盖面

一、指标概要

城镇职工基本养老保险覆盖面是指参加城镇职工基本养老保险的人数与应该参加该养老保险人数的比例，即覆盖面＝(参保人数/应保人数)×100％。① 根据《中国统计年鉴》有关城镇职工基本养老保险的定义，(参保)职工人数是指报告期末按照国家法律、法规和有关政策规定参加基本养老保险并在社保经办机构已建立缴费记录档案的职工人数，包括中断缴费但未终止养老保险关系的职工人数，不包括只登记未建立缴费记录档案的人数。

覆盖面指标反映的是基本养老保险制度所保障的人数的多少，由于基础性指标中的产出类指标中，"参保人数"指标作为一个绝对值指标，不便于直观反映基本养老保险制度的保障范围和进行国际比较，因此在与产出类指标相对应的效率性指标中，以"覆盖面"指标与"参保人数"指标对应，以期有效判断和评价制度保障的覆盖范围。

对于基本养老保险覆盖面的具体测量，学术界有多种方法。② 中国保监会采用参保职工占城镇就业人口的比例来计算城镇基本养老保险的覆盖面，得出 2003 年参保职工占城镇就业人员的 45.4％。世界银行采用广义的覆盖面，即所有参加养老保险的劳动者与全体劳动者的比例，其中养老保险制度包括城镇基本养老保险、农村养老金保险、国家事业单位养老保险、国家公务员养老保险四种制度(Robert Palacio,2006)。国际劳工组织将参

---

① 《中国统计年鉴 2010》，第二十二篇"主要统计指标解释"。
② 柳清瑞,刘波,张晓蒙.城镇基本养老保险扩大覆盖面问题研究——以辽宁为例[J].辽宁大学学报(哲学社会科学版),2009,(4).

保职工人数与城镇从业人口的比例作为城镇基本养老保险的覆盖面,得出中国2000年的城镇养老保险制度的覆盖面为49%(Drouin & Thompson,2006)。综合以上几种方法,本书采用两种口径来计算城镇职工基本养老保险的覆盖面。第一种方法是计算城镇职工基本养老保险在城镇劳动力中的覆盖面,即覆盖面=参保职工人数/城镇就业人员人数×100%。第二种方法是计算城镇职工基本养老保险在全体城乡就业者中的覆盖面,即覆盖面=参保职工人数/城乡就业人员合计×100%。利用上述两种计算公式,选取《中国统计年鉴》各项有关数据进行计算,可以计算出城镇职工基本养老保险在不同劳动者群体范围内的覆盖面变化情况(见表4-1-1)。

表4-1-1 我国城镇职工基本养老保险制度覆盖面情况(1990—2015)

年份	参保职工（万人）	城镇就业人员（万人）	城乡就业人员合计（万人）	覆盖面（城镇）(%)	覆盖面（城乡合计）(%)
1990	5 200.7	17 041	64 749	30.52	8.03
1991	5 653.7	17 465	65 491	32.37	8.63
1992	7 774.7	17 861	66 152	43.53	11.75
1993	8 008.2	18 262	66 808	43.85	11.99
1994	8 494.1	18 653	67 455	45.54	12.59
1995	8 737.8	19 040	68 065	45.89	12.84
1996	8 758.4	19 922	68 950	43.96	12.70
1997	8 670.9	20 781	69 820	41.73	12.42
1998	8 475.8	21 616	70 637	39.21	12.00
1999	9 501.8	22 412	71 394	42.40	13.31
2000	10 447.5	23 151	72 085	45.13	14.49
2001	10 801.9	23 940	73 025	45.12	14.79
2002	11 128.8	24 780	73 740	44.91	15.09
2003	11 646.5	25 639	74 432	45.42	15.65
2004	12 250.3	26 476	75 200	46.27	16.29

续表

年 份	参保职工（万人）	城镇就业人员（万人）	城乡就业人员合计（万人）	覆盖面（城镇）(%)	覆盖面（城乡合计）(%)
2005	13 120.4	27 331	75 825	48.01	17.30
2006	14 130.9	28 310	76 400	49.91	18.50
2007	15 183.2	29 350	76 990	51.73	19.72
2008	16 587.5	32 103	75 564	51.67	21.95
2009	17 743.0	33 322	75 828	53.25	23.40
2010	19 402.3	34 687	76 105	55.94	25.49
2011	21 565.0	35 914	76 420	60.05	28.22
2012	22 981.1	37 102	76 704	61.94	29.96
2013	24 177.3	38 240	76 977	63.23	31.41
2014	25 531.0	39 310	77 253	64.95	33.05
2015	26 219.0	40 410	77 451	64.88	33.85

数据来源：1991—2014年数据根据历年《中国统计年鉴》资料整理而得；2015年数据根据《2015年度人力资源和社会保障事业发展统计公报》《2015年国民经济和社会发展统计公报》资料整理而得。

二、现实分析

表4-1-1对我国城镇职工基本养老保险制度覆盖面变化情况进行了整理计算，以城镇就业人员计算的制度覆盖面从1990年的30.52%扩大至2015年的64.88%；以城乡就业人员计算的覆盖面从1990年的8.03%扩大至2015年的33.85%。[1] 从基本养老保险基金支出绩效评价的角度考量，由于本书的核心研究对象是城镇职工基本养老保险，因此，制度覆盖面指标的

---

[1] 2014年2月7日，国务院常务会议决定，在已基本实现新型农村社会养老保险（简称"新农保"）、城镇居民社会养老保险（简称"城居保"）全覆盖的基础上，依法将这两项制度合并实施，在全国范围内建立统一的城乡居民基本养老保险制度。统一的城乡居保制度，在制度模式、筹资方式、待遇支付等方面与合并前的新农保和城居保保持基本一致。从这个意义上说，就广义的社会养老保险制度覆盖面而言，我国农村居民与城镇居民均已基本纳入城乡居民基本养老保险制度，因此该项制度覆盖面已相当高，但保障水平还有待于不断提高。而表4-1-1中以城乡就业人员口径计算的数据仅作为一个对比参考，并不体现实质性的经济意义。特此说明。

口径应以城镇就业人员为计算范围,后文的指标计分评价均将采用以城镇就业人员计算的覆盖面数据进行。

国际劳工组织[1]对覆盖面制定的最低标准是养老保险平均覆盖面占总劳动人口的20%[2],以这一标准衡量,以我国城镇职工基本养老保险制度参保职工人数对比相应的城镇就业人员数(可视为制度应保人员数),可以看出,我国城镇职工基本养老保险制度覆盖面在过去20余年中有了显著提高,覆盖面扩大了1倍多,这也从一个侧面体现了我国社会养老保险制度改革不断推进与完善的进程。

具体分析覆盖面数据的历年变化可以看出,我国城镇职工基本养老保险制度覆盖面的扩大也不是连续20余年单向变化的,其间也经历过数次小幅波动,1996年、1997年、1998年、2001年、2002年、2008年、2015年的制度覆盖面都较上年略有下降。但就参保职工与城镇就业人员的总量规模而言,则是自1990年以来逐年提高的,因此,覆盖面的几次小幅下降主要是由于新增参保人员的发展速度低于同期城镇就业人员的增幅而引起的。随着制度建设的日趋完善与改革的不断推进,最近5年来覆盖面持续快速扩大的特征十分明显,越来越多符合条件的城镇就业人员已被纳入城镇职工基本养老保险制度的保障体系之中。

此外,值得注意的是,随着我国社会保障制度广泛、全面覆盖目标的不断推进,原有的五类主要社会保险制度(即:公务员、事业单位工作人员、城镇企业职工、城镇居民、农村居民)将在条件成熟时逐步合并统一,这是基本养老保险制度发展的基本方向。各项制度的合并与衔接也有利于社会养老保险制度覆盖面的扩大。其中,城居保与新农保已于2014年初决定合并,建立起全国统一的城乡居民基本养老保险制度。2014年5月颁布的《事业

---

[1] 国际劳工组织(International Labour Organization,ILO),是一个以国际劳工标准处理有关劳工问题的联合国专门机构。
[2] 卡梅罗·梅萨-拉戈.拉美国家社会保障(养老及健康保险)劳动力市场及覆盖面研究[J].社会保障研究,2008,(2).

单位人事管理条例》第 35 条规定,事业单位及其工作人员依法参加社会保险,工作人员依法享受社会保险待遇。[1] 据国务院法制办、中央组织部、人力资源和社会保障部 2014 年 5 月 15 日提供的数据,目前我国现有事业单位 111 万个,事业编制 3 153 万人。[2] 2015 年 1 月,国务院印发《关于机关事业单位工作人员养老保险制度改革的决定》,决定对机关事业单位工作人员养老保险制度进行改革,机关事业单位实行社会统筹与个人账户相结合的基本养老保险制度,由单位和个人共同缴费。随着全国大部分省份陆续出台机关事业单位养老保险并轨方案,该项改革进入启动实施阶段。2018 年 3 月,李克强总理在《2018 年政府工作报告》中回顾过去 5 年的主要工作时,也对"实现机关事业单位和企业养老保险制度并轨"进行了总结。[3] 由此可见,随着事业单位工作人员以及公务员养老制度逐步向城镇职工基本养老保险制度并轨,制度的统一性与覆盖面都将得到更大改善。

第二节 效率性指标研究(二):缴费率

一、指标概要

在基本养老保险基金支出绩效评价指标体系的构建过程中,基础性指标中的产出类指标需要考量基本养老保险制度下的"企业缴费负担",该项指标转化为相应的评价性指标后即为效率性指标下的"缴费率"指标。

缴费率是指缴费者所缴纳的养老保险缴费与缴费工资总额的比率。养老保险缴费率是养老保险制度的重要参数之一,对养老保险基金平衡的收

---

[1] 事业单位人事管理条例[EB/OL].[2014 - 05 - 15].http://news.xinhuanet.com/2014 - 05/15/c_1110699209.htm.
[2] 养老金并轨最新消息 2017 公务员养老金并轨细则[EB/OL].[2017 - 11 - 23].http://www.prcfe.com/finance/2017/1123/210467.html.
[3] 2018 年政府工作报告[EB/OL].[2018 - 03 - 05].http://www.gov.cn/zhuanti/2018lh/2018zfgzbg/zfgzbg.htm.

入方面产生直接的影响,缴费率水平的合理与否将直接关系到养老保险制度的运行质量。

对于缴费率指标的考量,结合我国采取的部分积累制的基本养老保险制度,以"统账结合"的模式运行来看,企业缴纳的基本养老保险费全部计入社会统筹账户;职工个人缴纳的基本养老保险费则全部计入个人账户。从长期来看,职工个人缴纳的基本养老保险费在其退休后将用于发放其自身的养老金,存在着多缴多得的明确的权利—义务对应关系;而企业缴纳的基本养老保险费则用于社会统筹账户,起到调节收入再分配的社会保障功能。对比于这两类缴费主体及其行为结果,本书将"缴费率"指标的研究口径集中于企业缴费率,着重考察我国企业缴费率的现实状态及其在国际社会所处的水平,通过其绩效评价来探讨未来的调整方向。

社会保障制度的持续、稳定、健康发展必须坚持公平与效率的统一,[①]因此,对于缴费率水平的设定也应当坚持公平与效率相统一的原则。理论上说,缴费率越高,缴费收入就越多,养老保险基金收支平衡就容易实现,甚至出现部分结余;缴费率越低,缴费收入就越少,则不利于养老保险基金收支平衡的实现,甚至出现部分赤字。[②] 同时,缴费率高低的确定必须考虑缴费者的承受能力。当缴费率较低时,缴费者承受的负担轻,这有利于企业自身的积累;当缴费率较高时,缴费者承受的负担较重,不利于企业的积累和发展。如果缴费率过高,缴费者就会承受过重的负担,那么就会阻碍企业自身的积累和发展,由此影响国民经济的整体发展水平,未来的社会保障水平也将难以提高。因此说,由于缴费率过高而影响企业和经济的发展是得不偿失的。

二、现实分析

参考现有资料,目前对于缴费率的国际情况和通用标准大致有以下几

---

① 韩伟.中国统筹养老金缴费率优化研究[J].经济问题,2010(5).
② 王鉴岗.社会养老保险平衡测算[M].北京:经济管理出版社,1999.

种口径。根据陆满平(2009)的研究,目前发达国家企业缴纳的基本养老保险费率一般为10%,国际警戒线为20%;[①]韩伟(2010)的研究表明,在统筹养老金计划中,企业缴费率的世界平均水平为15%,世界养老保险缴费率的最高警戒线为24%;[②]丛春霞(2009)指出,美国、德国和日本的企业缴费率分别为7.65%、6.2%和6.2%,在开放的经济中,提高企业缴费率将影响国家的国际竞争力,因此,缴费率的提高又受到国际竞争力的制约,经国外学者统计证明,根据平均值计算,雇主缴费率每增加10%,就会使国家的竞争力得分减少2.5%。[③]

基于税制优化理论,对缴费率水平的适度与否,应当从企业投资、劳动力市场配置、私人储蓄和消费等因素的变化角度进行判断。如果现行缴费率已造成企业投资积累能力受阻,或者导致私人储蓄与消费的过度下降,又或者已引发较为严重的失业,那么就说明当前缴费率水平过高,有必要适度下调。根据1997年《国务院关于建立统一的企业职工基本养老保险制度的决定》,企业缴纳基本养老保险费一般不得超过企业工资总额的20%。[④] 这一上限水平不仅远远超过了上述美国、德国和日本等国家的企业缴费率水平,而且以前文所介绍的较高口径来看,也已高于15%的世界平均水平,接近世界养老保险缴费率的最高警戒线24%。

进一步分析,仅就基本养老保险制度而言,20%的缴费率尚处于国际警戒线的临界水平,理论上应该是企业所能够承担的,但是,我们还应意识到,除基本养老保险外,我国企业还需承担医疗保险、失业保险、工伤保险、生育保险以及住房公积金的缴费,这些缴费累积在一起后,对企业来说,无疑是一个极大的负担。陆满平(2009)的研究甚至显示,就基本养老保险而言,目

[①] 陆满平.降低社保缴费率只是权宜之计[J].新财经,2009(3).
[②] 韩伟.中国统筹养老金缴费率优化研究[J].经济问题,2010(5).
[③] 丛春霞.延长退休年龄对养老保险基金缺口的影响分析[J].中国发展观察,2009(11,12).
[④] 郑雄飞.破解社会保险缴费率的"身世之谜"[J].学术研究,2013(6).

前我国企业平均缴费率为23%[1]，这已经高出了前文所介绍的较低口径的国际警戒线(20%)，由此造成中国企业的社会保险负担大大高于发达国家和地区的企业。尽管上述23%的缴费率水平只是学术探讨的研究结论，但根据上述1997年《决定》的实施情况来看，我国基本养老保险社会统筹缴费率(企业负担部分)长期处于20%左右已是不争的事实。从这个意义上来说，适度降低企业缴费率既有必要也有可能。这样既有利于减轻企业负担，增强企业的国际国内市场竞争力，而且也有利于提高企业参保的积极性和主动性，促进基本养老保险覆盖面的不断扩大。[2] 从长期来看，由于企业运转的活力充沛，对于国民经济整体发展都将起到促进作用，进而将有助于提高我国未来的社会保障水平。

第三节　效率性指标研究(三)：退休年龄

一、指标概要

在基本养老保险基金支出绩效评价指标体系的构建过程中，基础性指标下属的产出类指标中包含对"赡养率"负担的考量。伴随着全球社会、经济发展与人口期望寿命延长，老龄化进程的加速已成为各国普遍现象，由此引起养老金需求的急剧上升，并使养老保险制度的持续运行面临严峻挑战。养老金支付压力的上升同时表现在制度赡养率和自我赡养率两个方面。[3] 就制度赡养率而言，老年人口比例上升必然引起养老金需求的提高，并对养老保险制度的支付能力提出挑战。就自我赡养率而言，期望寿命的

---

[1]　陆满平.降低社保缴费率只是权宜之计[J].新财经，2009(3).
[2]　柳清瑞，刘波，张晓蒙.城镇基本养老保险扩大覆盖面问题研究——以辽宁为例[J].辽宁大学学报(哲学社会科学版)，2009(4).
[3]　金刚.中国退休年龄的现状、问题及实施延迟退休的必要性分析[J].社会保障研究，2010(2).

提高延长了劳动者退休后的生命余年,意味着同样的工作时间要负担的退休后生活时间延长,这也会造成基本养老保险基金的给付压力。

由此可见,在评价性指标下属的效率性指标中,与上述"赡养率"负担相对应的可度量指标为"退休年龄"。由于赡养率包括制度赡养率和自我赡养率两个方面,因此这两个方面又分别对应于退休年龄指标下属的两个二级指标,一个是法定退休年龄(单位为岁);另一个是养老金受领时长(单位为年)[①]。

二、现实分析

我国目前对退休年龄的一般性规定,基本沿用了1951年《劳动保险条例》及1955年《关于国家机关工作人员退休暂行办法》中的规定,即法定退休年龄为:"男年满60周岁,女工人年满50周岁,女干部年满55周岁。从事井下、高温、高空、特别繁重体力劳动或其他有害身体健康工作的,退休年龄男年满55周岁,女年满45周岁,因病或非因工致残,由医院证明并经劳动鉴定委员会确认完全丧失劳动能力的,退休年龄为男年满50周岁,女年满45周岁。"[②]这一规定从制定实施至今已有半个多世纪,随着社会经济的不断发展,已呈现出与时代需求不相符合的特征。

具体来说,我国法定退休年龄主要存在年龄标准偏低、性别差异显著等特点。

(一) 年龄标准偏低

我国目前的法定退休年龄标准总体偏低,这主要体现在现行法定退休年龄与我国人口期望寿命、受教育年限以及老龄化进程3个方面的发展变化不相适应。首先,就人口期望寿命延长而言,1950年中国人口的期望寿

[①] "养老金受领时长"指标的计算公式为:养老金受领时长=期望寿命-法定退休年龄。
[②] 考虑到我国占比绝大多数的是普通劳动者,因此尽管上述退休规定对不同类型劳动者的退休年龄有所细分,本书对我国法定退休年龄的水平统一简化为"男性60岁,女性50岁",这样不仅可以提升下文实证分析的可操作性,而且由于其他类型劳动者所占比重较小,因此,对研究结论的总体判断没有影响,特此说明。

命男性仅为 40 岁,女性仅为 42.3 岁;2000 年第五次人口普查数据显示中国人口期望寿命提高至男性 69.6 岁,女性 73.3 岁;2010 年第六次人口普查数据显示人口期望寿命则已达 74.83 岁,比中华人民共和国成立初期延长了近 35 年,其中男性为 72.38 岁,女性为 77.37 岁。[①] 因此,继续沿用 60 年前制定的退休年龄规定显然不符合人类社会发展进步的规律和人口素质提高的自然特征。其次,就受教育年限延长而言。随着经济社会快速发展,我国人口受教育年限普遍提高,劳动力开始就业的年龄也明显推迟。根据投入产出理论分析,国民受教育时间可视为国家、家庭和本人投入的经济成本,劳动者的就业时间则可视为国家、家庭和本人的投资收益。维持过低的退休年龄规定意味着人力资本投资回报期的缩短,由于就业时间和受教育时间成反比,因此会导致教育产出收益率的降低,造成劳动力在人力资本高峰期退休,使得高技能、高素质人才资源得不到充分的发挥。这不仅是对现有人力资本的浪费,而且也会由此抑制以后进行人力资本投资的积极性,从存量和增量两个角度都将阻碍人力资本总量的提高。最后,就人口老龄化进程而言。1964 年第二次全国人口普查数据显示 60 岁及以上人口占总人口比重为 5.5%;而 2010 年第六次全国人口普查数据显示 60 岁及以上人口已达 13.26%,其中 65 岁及以上人口也已高达 8.87%[②];2013 年底我国 60 岁及以上老年人口已突破 2 亿人大关,占总人口的比重达 14.9%[③];2016 年底我国 60 岁及以上老年人口已超过 2.3 亿人,占总人口的比重达 16.7%[④]。人口老龄化进程的加速对我国经济社会发展的挑战是多方面的,突出表现在劳动人口比重下降、人力资本存量减少、社会保障压力提高等方面,面对这样的挑战,如果继续长期维持现行的较低退休年龄规定,将对经济社会的

[①②] 数据来源为《中国 2010 年人口普查资料》。
[③] 国家统计局.中华人民共和国 2013 年国民经济和社会发展统计公报[EB/OL].[2014-02-24].http://www.stats.gov.cn/tjsj/zxfb/201402/t20140224_514970.html。
[④] 国家统计局.中华人民共和国 2016 年国民经济和社会发展统计公报[EB/OL].[2017-02-28].http://www.stats.gov.cn/tjsj/zxfb/201702/t20170228_1467424.html。

可持续发展造成巨大压力。

(二) 性别差异显著

目前我国男女退休年龄存在较大差距,男女干部之间退休年龄差距为5岁,男女工人之间退休年龄差距为10岁。这一政策在20世纪50年代制定时有其历史的原因和考虑。① 一方面是由于当时受到前苏联相关政策的影响;另一方面也是考虑到当时男女社会分工的实际情况。当时女性受教育机会相对较少,孩子多,家中老人需要照顾,在这样的历史条件下制定这样的政策,是为了使女性早日从繁忙的劳动中解脱出来,从某种意义上说是对女性的照顾和保护。随着经济社会的发展,男女在受教育水平等方面的差距日益缩小,女性承担的家务负担也大大减轻;随着社会物质文明的进步,生活水平和医疗卫生水平都在提高,因此我国人口的身体素质也在不断提高,期望寿命不断延长,女性的期望寿命更是高于男性。2010年第六次人口普查数据显示男女期望寿命之差与10年前相比,由3.70岁扩大到4.99岁,因此,逐步缩小男女退休年龄之间的差异直至实行男女同龄退休,既符合自然规律,又充分体现社会的文明进步。男女退休年龄差距过大,造成女性工作年限相对缩短,不利于女性特别是高学历女性人力资本的充分利用,在一定程度上降低了女性人力资本投资积极性,并且进一步增加了养老保险制度的支付压力。② 这一点对于女性脑力劳动者而言,影响尤为突出。一般而言,女性脑力劳动者在工作年限方面的基本特征是:接受教育年限较长,学历较高,这样才能胜任需要更多知识和技能的脑力劳动岗位的工作,但是也因此,这部分女性在完成高等教育(包括研究生教育)后开始工作的年龄偏晚,相应地,其工作年限就偏短。对于她们而言,过早退休一方面限制了其将所学的知识充分回报于社会,为社会可作的潜在贡献得不到充分发挥;另一方面,也会导致其工作年限短,退休后养老金待遇低,对个人

---

① 徐巍.法定退休年龄之平等性思考[J].长沙大学学报,2010(3).
② 金刚.中国退休年龄的现状、问题及实施延迟退休的必要性分析[J].社会保障研究,2010(2).

生活水平的保障也不利。这不仅影响到其退休后的生活，而且可能会影响其在职时期的工作积极性，由于对退休后的生活水平存在后顾之忧，所以可能会出现无法安心本职工作的情况。因此，笔者认为，对女性脑力劳动者来说，适当提高退休年龄是有必要的，根据笔者的前期研究成果，提高部分女性脑力劳动者的退休年龄也是有执行空间的。[①]

实行男女平等是我国的基本国策之一，因此，逐步消除退休年龄的性别差异将有助于保障女性更充分地实现其经济权利、政治权利、社会权利及文化教育权利等多方面的权利，并由此产生较大的社会经济效益。

三、国际借鉴

（一）法定退休年龄与期望寿命的国际比较

我国男、女性目前的法定退休年龄普遍低于发达国家水平。男性退休年龄为60岁，这与多数发展中国家的规定水平比较接近；而女性退休年龄为50岁，这在发展中国家亦属于较低的退休年龄水平（见表4-3-1）[②]。

表4-3-1 部分国家退休年龄与期望寿命比较

国家	性别	退休年龄（岁）	期望寿命（岁）	国家	性别	退休年龄（岁）	期望寿命（岁）
丹麦	男	65	78.2	中国	男	60	74.83
	女	65			女	50	
英国	男	65	79.3	印度	男	55	63.4
	女	60			女	55	
美国	男	66	79.1	乌干达	男	60	51.9
	女	66			女	55	

---

① 于宁.基本养老保障替代率水平研究——基于上海的实证分析[M].上海：上海人民出版社，2007.
② 本部分着重进行退休年龄的国际比较，由于资料来源的不同，所以不同列表中的部分国家退休年龄与期望寿命数据会略有差异，但不影响同一列表内的比较结论，特此说明。

续 表

国家	性别	退休年龄（岁）	期望寿命（岁）	国家	性别	退休年龄（岁）	期望寿命（岁）
加拿大	男	65	80.6	卢旺达	男	55	44.5
	女	65			女	53	
瑞典	男	65	80.8	赞比亚	男	50	49.7
	女	65			女	50	
德国	男	65	79.8	俄罗斯	男	60	66.2
	女	65			女	55	

资料来源：(1) 吴鹏森.现代社会保障概论[M].上海：上海人民出版社,2004；(2) 徐攀亚编辑.新闻综合：世界各国退休年龄一览[EB/OL].[2009-05-09].http://news.hunantv.com/x/g/20090509/220004_2.html；(3) 国际人口期望寿命数据来源于刘民权等著，联合国开发计划署编.2009年人类发展报告[M].北京：中国财政经济出版社,2009年；(4) 中国人口期望寿命数据来源于《中国2010年人口普查资料》。

再结合不同国家退休年龄与期望寿命的关系比较，可以看出，发展中国家法定退休年龄相对偏低与其期望寿命较低有直接关系，因此，其期望寿命减去法定退休年龄的差额（以年为单位）较小，即养老金受领时长较短[①]，这意味着社会养老保险制度的自我赡养率负担较轻，而我国在发展中国家里的期望寿命是相对较高的，退休年龄如不相应提高的话，就会加重社会基本养老保险的制度赡养率和自我赡养率负担。

（二）各国法定退休年龄的性别差异

根据美国社会保障署发布的《全球社会保障》（*Social Security Programs Throughout the World*），[②]从性别比较的角度来看（见表4-3-2），全球共有106个国家和地区实行男女同龄退休制度，占比62%；另有66个国家和地区的男女退休年龄不同，占38%，其中亚太地区21个（包括中国），欧洲26个，非洲8个，美洲11个。

---

① 下文将对全球不同地区的养老金受领时长进行具体分析。
② 范围.退休年龄比较研究[J].人口与经济,2011,(5).

表 4-3-2 全球男女退休年龄差异情况

区域	男女相同 数量(个)	男女相同 占比(%)	男女不同 数量(个)	男女不同 占比(%)	数量合计(个)
亚太	27	56.25	21	43.75	48
欧洲	18	40.91	26	59.09	44
非洲	36	81.82	8	18.18	44
美洲	25	69.44	11	30.56	36
合计	**106**	**62**	**66**	**38**	**172**

资料来源：US Social Security Administration：(1) *Social Security Programs Throughout the World: Asia and Pacific*，2008；(2) *Social Security Programs Throughout the World: Europe*，2008；(3) *Social Security Programs Throughout the World: Africa*，2009；(4) *Social Security Programs Throughout the World: The Americas*，2009.

表 4-3-3 数据显示了期望寿命、退休年龄与养老金受领时长之间的关系，即"期望寿命－退休年龄＝养老金受领时长"。就退休年龄而言，全球男性平均退休年龄为 61.08 岁，女性则为 59.48 岁，总体而言，男性比女性平均晚 1.6 年退休。同时，结合不同地区、不同性别的期望寿命与退休年龄要素分析，可以看出全球养老保障水平存在较显著的地区差异与性别差异，具体则体现在养老金受领时长的区别上。就地区差异而言，欧洲国家和地区的养老金受领时间最长，男女性平均受领时长为 14.475 年；其次为美洲的 13.42 年；亚太地区则为 12.94 年；非洲国家和地区的养老金受领时长最短，男女性平均受领时长仅为－0.065 年。就性别差异而言，男性的养老金受领时长低于女性，全球男性的平均养老金受领时长为 6.90 年，女性为 13.49 年，因此男性比女性短 6.59 年，这一方面是由于男性平均退休年龄高于女性；另一方面也是因为女性期望寿命高于男性。

从退休年龄的性别差异来看，在所有 66 个男女退休年龄不同的国家和地区中，男性的退休年龄均高于女性（见表 4-3-4），平均退休年龄差为 4.41 岁，中国男女工人 10 岁的退休年龄差距居于第一位，男性干部与女性干部的退休年龄差距为5岁,也高于世界平均水平。从退休年龄的总体水平来看,世界男性和女性的平均退休年龄分别为61.08岁和59.48岁,而我国的退休年龄男性为60岁,女干部为55岁,女职工则为50岁,差异是显而易见的,特别是占比居大多数的广大女性职工的退休年龄更是远远低于世界平均水平。

表4-3-3 全球人口期望寿命、退休年龄与养老金受领时长比较

区域	国家和地区数(个)	期望寿命(岁) 男性	期望寿命(岁) 女性	法定退休年龄(岁) 男性	法定退休年龄(岁) 女性	养老金平均受领时长(年) 男性	养老金平均受领时长(年) 女性	允许提前退休(个)
亚太	48	68.79	73.66	59.25	57.32	9.54	16.34	13
欧洲	44	73.84	80.61	63.90	61.60	9.94	19.01	21
美洲	44	72.10	77.50	62.01	60.67	10.01	16.83	16
非洲	36	57.27	60.09	59.16	58.33	−1.89	1.76	10
平均值	—	68	72.97	61.08	59.48	6.90	13.49	—

资料来源:US Social Security Administration:(1) *Social Security Programs Throughout the World: Asia and Pacific*, 2008. (2) *Social Security Programs Throughout the World: Europe*, 2008. (3) *Social Security Programs Throughout the World: Africa*, 2009. (4) *Social Security Programs Throughout the World: The Americas*, 2009.

表4-3-4 男女退休年龄不同的国家和地区的平均退休年龄对比

区域	男女退休年龄不同的国家数(个)	退休年龄不同国家的男女平均退休年龄(岁) 男性	退休年龄不同国家的男女平均退休年龄(岁) 女性	男女平均退休年龄差(年)
亚太	21	61.24	56.71	4.53
欧洲	26	63.18	59.28	3.9
非洲	8	62.25	57.75	4.5
美洲	11	62.4	57.7	4.7
平均值	—	62.27	57.86	4.41

注:本表平均退休年龄是以男女退休年龄不同的国家和地区为考查对象计算而得,该数据不同于表4-3-3的法定退休年龄。

资料来源:US Social Security Administration:(1) *Social Security Programs Throughout the World: Asia and Pacific*, 2008. (2) *Social Security Programs Throughout the World: Europe*, 2008. (3) *Social Security Programs Throughout the World: Africa*, 2009. (4) *Social Security Programs Throughout the World: The Americas*, 2009.

同时结合期望寿命和退休年龄来看,我国养老金的受领时长远远高于世界平均水平。我国男性养老金的平均受领时长为 12.38 年,女干部为 22.37 年,女职工则长达 27.37 年。与表 4-3-3 数据相比,我国男性养老金平均受领时长比世界平均水平长 5.48 年;而我国女干部以及女职工的养老金平均受领时长则比世界平均水平分别长 8.88 年和 13.88 年。

近年来,全球许多国家都致力于提高女性退休年龄,使之与男性退休年龄一致。从 OECD 各国的情况来看(见表 4-3-5),呈现出期望寿命较长、法定退休年龄较高、男女同龄退休相对普遍的基本特征。2009 年 OECD 国家男性期望寿命为 81.4 岁,最高为冰岛 84.2 岁;女性期望寿命为 85.0 岁,最高为日本,高达 89.1 岁。平均退休年龄男性为 63.1 岁,女性为 61.7 岁,男女差距仅为 1.4 岁。养老金平均受领时长男性为 18.3 年,女性为 23.3 年。同时,34 个国家中有 20 个国家均实行男女同龄退休政策。从公平和效率的角度分析,缩小退休年龄性别差异进而统一男女退休年龄不仅有利于维护男女权益平等,而且有利于改善基本养老保险制度的收支平衡与财务可持续性。

表 4-3-5 OECD 国家人口期望寿命、退休年龄与养老金受领时长比较

国　家	期望寿命(岁)		退休年龄(岁)		养老金受领时长(年)	
	男性	女性	男性	女性	男性	女性
挪威	83.2	86.3	67.0	67.0	16.2	19.3
墨西哥	82.2	84.4	65.0	65.0	17.2	19.4
冰岛	**84.2**	86.6	67.0	67.0	17.2	19.6
丹麦	81.4	84.8	65.0	65.0	16.4	19.8
美国	83.1	86.1	66.0	66.0	17.1	20.1
葡萄牙	81.3	85.2	65.0	65.0	16.3	20.2
荷兰	82.3	85.4	65.0	65.0	17.3	20.4

续 表

国　家	期望寿命(岁)		退休年龄(岁)		养老金受领时长(年)	
	男性	女性	男性	女性	男性	女性
爱尔兰	81.9	85.6	65.0	65.0	16.9	20.6
德国	82.0	85.7	65.0	65.0	17.0	20.7
新西兰	83.1	85.9	65.0	65.0	18.1	20.9
芬兰	81.8	86.0	65.0	65.0	16.8	21.0
瑞典	82.9	86.1	65.0	65.0	17.9	21.1
加拿大	83.3	86.4	65.0	65.0	18.3	21.4
爱沙尼亚	77.9	82.8	**63.0**	**61.0**	14.9	21.8
西班牙	82.9	86.8	65.0	65.0	17.9	21.8
匈牙利	76.5	81.4	**60.0**	**59.0**	16.5	22.4
波兰	79.4	83.1	**65.0**	**60.0**	14.4	23.1
以色列	83.9	85.4	**67.0**	**62.0**	16.9	23.4
捷克	78.3	82.4	**61.0**	**58.7**	17.3	23.7
瑞士	83.9	86.9	**65.0**	**63.0**	18.9	23.9
日本	83.8	**89.1**	65.0	65.0	18.8	24.1
澳大利亚	83.6	86.5	**65.0**	**62.0**	18.6	24.5
英国	81.9	84.5	**65.0**	**60.0**	16.9	24.5
斯洛伐克	77.6	81.6	**62.0**	**57.0**	15.6	24.6
卢森堡	80.8	84.9	60.0	60.0	20.8	24.9
智利	82.3	85.0	**65.0**	**60.0**	17.3	25.0
奥地利	82.5	85.1	**65.0**	**60.0**	17.5	25.1
韩国	80.2	85.2	60.0	60.0	20.2	25.2
比利时	81.1	85.8	60.0	60.0	21.1	25.8
法国	82.3	87.0	60.5	60.5	21.8	26.5
希腊	80.6	83.9	57.0	57.0	23.6	26.9

续　表

国　家	期望寿命(岁) 男性	期望寿命(岁) 女性	退休年龄(岁) 男性	退休年龄(岁) 女性	养老金受领时长(年) 男性	养老金受领时长(年) 女性
斯洛文尼亚	79.0	84.4	60.0	57.3	19.0	27.2
意大利	81.7	86.3	59.0	59.0	22.7	27.3
土耳其	74.3	77.8	44.9	41.0	29.4	36.8
OECD	81.4	85.0	63.1	61.7	18.3	23.3

资料来源：OECD. *Pensions at a Glance 2009：Retirement-Income Systems in OECD Countries*[EB/OL]. www.oecd.org/els/social/pensions/PAG。

国际社会的基本经验值得借鉴，同时我们也要根据现实国情寻求与之相适应的退休年龄调整方案。2013年11月，党的十八届三中全会《中共中央关于全面深化改革若干重大问题的决定》提出"研究制定渐进式延迟退休年龄政策"；2016年11月人社部部长尹蔚民出席国际社会保障协会第32届全球大会世界社会保障峰会时明确提到，将适时出台渐进式延迟退休年龄政策；2017年中央经济工作会议也强调"要推动养老保险制度改革，加快出台养老保险制度改革方案"。下文实证篇的研究将为此提供更为细化的对策参考。

第四节　效率性指标研究（四）：统筹层次

一、指标概要

养老保险的统筹层次问题，关系到养老保险的跨地区转移和可持续发展，关系到职工养老保障权益的实现和养老基金的安全，关系到全国统一的劳动力市场和各地区经济公平竞争环境的形成。[1]因此，统筹层次是基本养

---

[1] 张利军.中国养老保险统筹层次的改革路径与发展方向探讨[J].中国劳动关系学院学报，2009,(4).

老保险基金支出绩效评价指标体系中不可或缺的一项指标。统筹,是指在一定范围内对养老保险基金的征缴、管理和使用进行统一筹划。统筹层次从低到高主要包括四个层次,即:县级统筹、市级统筹、省级统筹与全国统筹。统筹层次越高,基本养老保险基金的运行越安全,养老保险的跨地区转移接续越便利,人力资源的流动越自由。

从国际社会的实践来看,建立现代社会保障制度的国家,基本都是在制度建立之初便采取国家统筹的方式管理其社会养老保险基金,主要包括养老保险费收缴与基本养老金计发的全国统筹,基金调度使用的全国统筹,以及统一编制和实施基本养老保险基金收支预算并明确各级政府的责任、业务规程等。

提高基本养老保险统筹层次,能更好地建设和发展我国现代社会保障体系,让更多人公平地享受到社会发展的成果,这已成为社会各界的共识。国际社会的经验已向我们证明全国统筹的现实意义与普遍价值,无论是德国、美国、日本等由国家、企业、个人三方共同负担型的养老保障模式,还是瑞典等国的国家主要负担型养老保障模式,亦或新加坡等国的企业、个人负担型养老保障模式,以及智利等国的个人负担型养老保障模式,都是由中央政府或其授权管理的机构来统一、集中管理和运营,因此,这些国家的养老保障模式中都不存在统筹层次的问题困扰。不论养老保险由私营机构还是公立机构来进行管理,实行全国统筹都是养老保险的最终选择。因此,从借鉴国外先进经验的角度来看,我们也应当明确,提高养老保险统筹层次的必然方向是实行全国统筹。

二、现实分析

我国由于现实国情的特殊性,自中华人民共和国成立以来养老保险制度变迁经历的 60 余年中,就统筹层次而言,也先后经历了全国统筹、企业统筹、县市统筹、省级统筹的不同发展阶段。①

我国城镇职工基本养老保险制度的实践证明,统筹层次过低是其主要问题之一,这导致基本养老保险制度的区域分割,限制了劳动力资源的合理流动和共济功能的有效发挥②,致使我国各区域之间的基本养老保险制度难以协调发展,也不利于全国养老保险制度自身的健康、持续发展。

国务院1991年颁发的《关于企业职工养老保险制度改革的决定》③,要求各地应积极创造条件,在适当的时间和条件成熟时,将社会养老保险由市、县统筹逐步过渡到省级统筹。从省级统筹推进的过程来看,2005年,全国已有12个省份实现和基本实现④养老保险省级统筹⑤;2008年底,全国有17个省级单位实现了养老保险省级统筹,同时,其他省份也在制定相关的政策措施⑥;2009年,全国已有25个省份实现了省级统筹⑦;2011年,经过人力资源和社会保障部等相关部门的评估,全国有27个省级单位已落实了养老保险省级统筹,还有几个地区要进一步完善⑧;2012年,全国31个省份和新疆生产建设兵团均已建立养老保险省级统筹制度⑨。

对于统筹层次问题而言,城镇职工基本养老保险制度的统筹层次目标

---

① 白维军,童星.稳定省级统筹,促进全国调剂:我国养老保险统筹层次及模式的现实选择[J].社会科学,2011(5).
② 穆怀中,邹丽丽.养老金统筹层次提高中的计发基数研究——以辽宁省为例[J].社会保障研究,2010(1).
③ 朱金楠.关于基本养老保险统筹层次的研究述评[J].劳动保障世界(理论版),2011(11).
④ 由于资料可得性约束,难以区分这12个省份中有几个为"实现"、几个为"基本实现"。因此,在进行统筹层次指标绩效评价时,本书将这12个省份均视为"实现"基本养老保险省级统筹。特此说明。
⑤ 刘羊旸.全国有12个省份基本实现养老保险省级统筹[EB/OL].[2006-01-13].http://news.xinhuanet.com/employment/2006-01/13/content_4048736.htm.
⑥ 张利军.中国养老保险统筹层次的改革路径与发展方向探讨[J].中国劳动关系学院学报,2009(4).
⑦ 全国25省实行养老保险省级统筹 养老金月增110[EB/OL].[2009-08-04].http://news.ifeng.com/mainland/200908/0804_17_1283879.shtml.
⑧ 养老保险省级统筹已基本实现[N].京江晚报,2012-03-08(A2).
⑨ 中华人民共和国人力资源和社会保障部.2012年度人力资源和社会保障事业发展统计公报[EB/OL].[2013-06-03].http://www.mohrss.gov.cn/SYrlzyhshbzb/zwgk/szrs/tjgb/201306/t20130603_104411.html.

是实行基础养老金的全国统筹,这一点是有明确规定的。目前的主要问题在于各省级单位之间的地区差异过大,如何适当、稳妥地衔接地区间的利益关系,使不同发展水平的各个地区都能在一个统一的制度中认同并找到自己合适的位置,还有待于深入的研究。①

在全国各地养老保险已经基本实现省级统筹的基础上,人社部等正加快研究推进养老保险全国统筹工作,准备建立企业职工基本养老保险基金中央调剂制度,这一点已在2018年政府工作报告中有所明确②,由此进一步在全国范围内发挥养老保险互助共济作用,促进养老保险制度的可持续发展。

---

① 人社部:全国各地养老保险已经基本实现了省级统筹,人社部等正加快研究推进养老保险全国统筹工作[EB/OL].[2017-11-01].http://finance.sina.com.cn/7x24/2017-11-01/doc-ifynmnae0964000.shtml.
② 2018年政府工作报告[EB/OL].[2018-03-05].http://www.gov.cn/zhuanti/2018lh/2018zfgzbg/zfgzbg.htm.

第五章
有效性指标的构成研究

有效性指标作为评价性指标的第三个大类,是由投入类指标和效果类指标这两类基础性指标分析、推演而来的。本书对基本养老保险基金支出绩效评价研究工作选取的效果类指标包括"基本养老保险制度的保障水平""财务可持续性"和"多支柱程度";相应形成的有效性指标为"替代率(%)""财务可持续性"和"基本养老金贡献率(%)"。其中,效果类指标及其对应的有效性指标中的"财务可持续性"一级指标分别设有3个二级指标,即:"累计结余可支付时间(月)""隐性债务 GDP(%)"和"保值增值水平(%)",用以全面评价该指标的绩效水平。

具体的有效性指标及其对应的基础性指标关系列表见表5-0-1。

表5-0-1 基本养老保险基金支出绩效评价指标研究(三)

基础性指标			评价性指标		
指标类别	一级指标	二级指标	指标类别	一级指标	二级指标
效果类指标	保障水平		有效性指标		替代率(%)(33%)
	财务可持续性	基金结余		财务可持续性(34%)	累计结余可支付时间(月)(34%)
		隐性债务			隐性债务/GDP(%)(33%)
		抗风险能力			保值增值水平(%)(33%)
	多支柱程度				基本养老金贡献率(%)(33%)

注:各级指标后标明的百分比为该级指标在上一类或上一级指标中所占的权重。
资料来源:作者编制。

对投入类指标与效果类指标之间的相互作用进行分析,可以明确形成有效性指标的构建依据。

为参保人员提供退休生活的保障是基本养老保险制度的根本目的,投入类的基金支出指标与效果类的保障水平之间有着直接的因果关系,基金给付的人均基本养老金越高则基本养老保险制度所提供的保障水平也越高。

财务可持续性指标则从基金收支结余的角度体现投入类指标与效果类指标之间的互动关系;同时还需考虑制度改革产生的部分转制成本的承担与化解,因此,本书将隐性债务也纳入财务可持续性的考量之中;而抗风险能力同样是评价制度可持续性不可忽视的一个要素,通过安全投资、保值增值[1],才能有效抵御各种风险,维持并提高养老金的实际购买力。

基本养老保险制度是现代社会不可缺少的养老支柱,但同时,养老体系的多支柱、多层次状态才能有效分散风险,提升退休生活水平,满足老年人多元化的生活需求,对构建和谐社会产生积极影响。因此,养老保障的多支柱程度也是广义的社会养老保障体系必须考量的一个要素,而以人均基本养老保险基金支出[2]占老年人总收入比重计算而得的基本养老金贡献率指标可以有效地反映养老保障的多支柱程度。

此外,值得注意的是,上述指标体系中,就狭义的基本养老保险制度而言,抗风险能力指标与多支柱程度指标从一定程度上说相当于制度外评价因素;但是,就广义而言,现代社会成熟完善的社会养老保障体系是未来发展的必然方向,也是国际社会普遍认同的基本架构,其中既包括基本养老金,也包括补充性质的企业(职业)年金,还包括应对人口老龄化高峰时期支付压力的国家战略储备金,由此方能共同构成对老年人口退休生活的全面

---

[1] 本书所指保值增值水平的主体是作为长期战略储备的全国社会保障基金,对该项指标的说明详见第五章第二节的分析。
[2] 相当于人均基本养老金,详见本书第三章第二节的分析。

保障。因此,本书立足于完整性、客观性、前瞻性的研究视角,选取上述各项指标,构建起一套可度量的基本养老保险基金支出绩效评价指标体系,下文将结合效果类指标的特征,对各项有效性指标展开全面研究。

第一节 有效性指标研究(一):替代率[①]

一、指标概要

基本养老保险基金支出绩效评价研究中,考量基本养老保险制度保障水平的效果类指标是非常重要的,只有当保障水平达到制度设计的效果,既满足退休人员基本生活需求又能保持基金收支平衡与财务可持续性时,这样的保障水平才能体现出基金支出的较高绩效。

对于衡量养老保障水平的指标,学术界常用的是养老保障替代率,其基本含义是退休人员养老金收入水平与在职人员工资收入水平之比。具体来说,常用的养老保障替代率指标又可分为目标替代率、总额替代率和平均替代率,这三个指标的具体含义和特点是有区别的。

(一) 目标替代率

目标替代率是指职工退休后可以领取到的养老金收入与退休前一年(或若干年)工资收入的比例。目标替代率以个人为定位基础,设定合理的目标替代率水平并通过一定的手段对其进行有效调节,有助于将退休人员的养老金收入保持在其退休前收入的合适比例之内。目标替代率的设定应当有一个适度水平,既不能过高,也不能过低。如果定得过高,不仅会加重

[①] 由于本书作者此前曾对基本养老保障替代率水平问题进行过集中而深入的研究,并由此形成学术专著一部。因此,本书在构建基本养老保险基金支出绩效评价指标体系过程中,本节对于替代率指标的指标概要、现实分析以及国际规范与比较研究主要参考了上述著作中的相关内容,并进行了部分数据与资料的更新补充,特此说明。(资料来源:于宁.基本养老保障替代率水平研究——基于上海的实证分析[M].上海:上海人民出版社,2007.)

缴费者的负担,而且会诱发提前退休;如果定得过低,则劳动者退休后的基本生活会难以保障。对于单个的退休人员而言,其养老保障目标替代率现实水平的定量研究并不困难,只需要获得该退休人员退休后领取的养老金水平与其退休前一年(或若干年)的工资收入水平的数据就可以计算出其个人的养老保障目标替代率水平。但是,就一个国家或者一个地区的范围而言,每个退休人员都有其不同的养老保障目标替代率水平,要对这个国家或地区的养老保障水平进行全面研究和评判,那么从目标替代率水平的考察出发,就需要掌握这个国家或地区的全部退休人员各自的养老保障目标替代率水平的资料,然后才能进行分析研究。而这样大规模调查或者普查的做法在实际操作上具有一定的难度,这也造成了目标替代率现实水平的定量研究工作对于一般研究人员而言不易展开,这一点从某种程度上可以视为目标替代率现实水平定量研究的局限之处。

(二) 总额替代率

总额替代率是指养老金总额与当年在职职工工资总额之间的比例。由于构成该指标的分子和分母均为总额水平,即分子为养老金总额,分母为工资总额,因此,这一指标能够反映社会总体的老年赡养负担程度,但并不反映单个退休者的老年生活保障水平。在社会保障制度尤其是养老保险制度覆盖面比较广的情况下,养老保障的总额替代率水平可以反映出一个国家或地区的养老保障水平和老龄化程度。由此也可以反映出社会对老年赡养的负担程度,而该负担程度的高低却可能是由截然不同的社会、经济原因引起的。一方面,当一个国家或地区的养老保障水平比较高时,那么,该国家或地区的养老保障的总额替代率水平就比较高,这是因为支付给每个退休人员的养老金水平较高,因此导致其总额与职工工资总额的比率较高。另一方面,当一个国家或地区的老龄化程度比较严重时,那么,该国家或地区的养老保障的总额替代率水平也会比较高,这是因为领取养老金的总人数较多的缘故,这样,全社会退休人员的养老金加总的数额与职工工资总额的比率也就比较高。由此可见，当一国或地区总额替代率水平较高时，可以肯定的是，该国或地区的总体老年赡养负担程度较高，但是至于这种较高程度的老年赡养负担是由于老龄人口比重过高引起的，还是由于社会保障制度提供给退休人员较高养老保障水平引起的，则无法从总额替代率指标的水平上直接作出判断。换言之，一个国家或地区养老保障的总额替代率水平较高，其原因既可能是该国家或地区的养老保障水平高、社会福利程度高，也可能是因为该国家或地区的老龄化程度严重，老年人口比重过大。而这两个原因在既定的社会经济发展水平下又是互为消长、反向发展的。因此，单纯从养老保障的总额替代率水平的高低分析，只能得出整个社会老年赡养负担轻重程度的基本判断。而其他与社会、个人养老保障水平、社会老龄化程度等方面相关的情况则无从由养老保障的总额替代率水平中作出判断。

(三) 平均替代率

平均替代率是指社会平均养老金与社会平均工资的比例。这一指标将退休人员和在职人员作为两个群体进行同一时期的收入对比，用来反映社会整体的养老金水平和在职者收入的相互关系。尽管平均替代率并没有针对单个退休人员的养老金水平与单个在职职工的工资进行高低的比较，但也从很大程度上反映出单个社会成员的养老保障水平高低的普遍情况。

研究平均替代率的目的，是为了使退休人员养老金收入保持在相同时期在职者工资收入的合适比例范围之内。如果平均替代率过高，一方面会造成缴费者负担加重；另一方面退休人员收入水平接近或超过同一时期在职人员的收入水平也于理不符。反之，如果平均替代率过低，则一方面会造成退休人员收入与在职人员收入过于悬殊，有违社会公平；另一方面也会使退休人员的基本生活需求得不到可靠保障。

平均替代率水平是养老保障水平的重要影响参数，因此其反映的实质是社会整体养老保障的水平高低。当养老保障水平处于适度状态时，相应地，替代率水平也是适度的。适度的替代率水平应当同时具有两方面特征：一是能够为当前退休人员的基本生活需求提供有效保障；二是能够实现基本养老保险基金收支的长周期平衡。通过有效调控平均替代率，可将社会养老保险制度提供的养老保障水平控制在合理范围，在实现制度基本保障功能的同时维护其长期的可持续运行。

根据以上指标概要分析可知，在目标替代率、总额替代率与平均替代率三个指标之中，从基本养老保险基金支出绩效评价的角度出发，平均替代率可以反映出基本养老保险制度所提供的保障水平，在计算与评价实践中又有较强的数据可得性与可操作性。因此，本书选取平均替代率作为基本养老保险基金支出绩效评价指标体系中设计的"替代率"指标，下文实证篇的"替代率"指标评价标准设计与实证评价研究都将围绕"平均替代率"指标展开。

二、现实分析

由于替代率指标可以反映出基本养老保险制度的保障水平高低，因此有必要对该指标的历年变化进行现实分析。在前文所介绍的目标替代率、总额替代率和平均替代率三者中，后两种替代率的水平变化情况可以通过公开统计资料进行计算，下文将对此展开研究。

通过纵向比较一个国家或地区总额替代率水平的历史变化或者横向比较不同国家和地区总额替代率水平的同期差异，可以对该国家或地区的养老保障负担程度有所了解。平均替代率则反映出制度的现实养老保障程度，一般而言，平均替代率水平越高，说明这个国家或地区养老保障的程度越高，退休人员的生活需求满足得越充分。对于同一国家或地区的养老保障平均替代率水平而言，其不同历史时期的现实水平会有差别，这种差别正反映了养老保障水平随经济、社会发展而产生的变化。

表 5-1-1 对全国和上海①部分年份基本养老金的总额替代率以及平均替代率水平进行了比较分析。

表 5-1-1　全国和上海基本养老保险的替代率水平比较

年份	基本养老保险基金支出（亿元）	参保离休、退休、退职人员数（万人）	参保离休、退休、退职人员人均基本养老金（元）	职工工资总额（亿元）	职工平均工资（元）	总额替代率（%）	平均替代率（%）
全国							
1997	1 251.3	2 533.0	4 940	9 602.4	6 444	13.03	76.66
1998	1 511.6	2 727.3	5 543	9 540.2	7 446	15.84	74.44
1999	1 924.9	2 983.6	6 451	10 155.9	8 319	18.95	77.55
2000	2 115.5	3 169.9	6 674	10 954.7	9 333	19.31	71.51
2001	2 321.3	3 380.6	6 866	12 205.4	10 834	19.02	63.38
2002	2 842.9	3 607.8	7 880	13 638.1	12 373	20.85	63.69
2003	3 122.1	3 860.2	8 088	15 329.6	13 969	20.37	57.90
2004	3 502.1	4 102.6	8 536	17 615.0	15 920	19.88	53.62
2005	4 040.3	4 367.5	9 251	20 627.1	18 200	19.59	50.83
2006	4 896.7	4 635.4	10 564	24 262.3	20 856	20.18	50.65
2007	5 964.9	4 953.7	12 041	29 471.5	24 721	20.24	48.71
2008	7 389.6	5 303.6	13 933	35 289.5	28 898	20.94	48.22
2009	8 894.4	5 806.9	15 317	40 288.2	32 244	22.08	47.50
2010	10 554.9	6 305.0	16 741	47 269.9	36 539	22.33	45.82
2011	12 764.9	6 826.2	18 700	59 954.7	41 799	21.29	44.74
2012	15 561.8	7 445.7	20 900	70 914.2	46 769	21.94	44.69
2013	18 470.4	8 041.0	22 970	93 064.3	51 483	19.85	44.62
2014	21 754.7	8 593.4	25 316	102 817.2	56 360	21.16	44.92
2015	25 813.0	9 142.0	28 236	112 007.8	62 029	23.05	45.52

① 考虑到上海是我国最早进入老龄化社会的城市，也是老龄化程度最高的城市之一，因此，选取上海数据与全国数据进行对比，作为分析的参考。

续 表

年份	基本养老保险基金支出（亿元）	参保离休、退休、退职人员数（万人）	参保离休、退休、退职人员人均基本养老金（元）	职工工资总额（亿元）	职工平均工资（元）	总额替代率（%）	平均替代率（%）
上海							
2000	205.1	234.2	8 758	614.5	15 420	33.38	56.80
2001	236.3	239.9	9 849	678.3	17 764	34.83	55.44
2002	265.0	246.9	10 731	733.3	19 473	36.13	55.11
2003	289.6	254.6	11 375	803.8	22 160	36.02	51.33
2004	319.9	265.4	12 057	837.4	24 398	38.21	49.42
2005	362.1	290.7	12 456	1 147.0	26 823	31.57	46.44
2006	394.2	294.7	13 377	1 475.9	29 569	26.71	45.24
2007	488.5	310.0	15 757	1 802.2	34 707	27.10	45.40
2008	599.0	324.4	18 465	2 184.2	39 502	27.43	46.74
2009	689.4	338.9	20 344	2 594.2	42 789	26.57	47.54
2010	783.4	352.0	22 255	3 018.6	46 757	25.95	47.60
2011	912.7	364.0	25 078	4 505.6	51 968	20.26	48.26
2012	1 018.8	378.4	26 924	5 348.0	56 300	19.05	47.82
2013	1 192.3	390.6	30 523	6 183.9	60 435	19.28	50.51
2014	1 377.2	404.1	34 082	7 643.7	65 417	18.02	52.10
2015	1 658.4	415.8	39 885	8 318.6	71 268	19.94	55.96

数据来源：根据历年《中国统计年鉴》《上海统计年鉴》资料整理而得。

从总额替代率的变化趋势来看，全国总额替代率呈现出总体上升趋势，从1997年的13.03%上升至2015年的23.05%，这是人口老龄化程度加重的直接反映；上海的总额替代率自2005年以来有较为明显的下降，从30%以上降至20%左右，但这并不意味着社会养老负担减轻，而是与职工工资快速增加以及职工规模迅速扩大有关。

从平均替代率的变化情况来看,我国基本养老保险制度的平均替代率水平呈现出总体下降的变动趋势,从1997年的76.66%到2015年的45.52%,降幅高达31个百分点以上。其中2002以来更是连年下降,至2013年降至最低值44.62%,之后两年略有回升。以全国水平测算出的平均替代率在2008年以前总体来说明显高于上海市的养老保障平均替代率水平。但是,两者在该阶段的变化趋势总体上都是逐步下降,至2009年数值最为接近,全国平均替代率水平为47.50%,上海平均替代率水平为47.54%,两者几乎持平。之后几年上海的平均替代率水平没有继续下降,而是保持在48%左右,2013年起回升至50%以上,2015年已高于55%;而全国平均替代率水平则持续下降至45%左右,如果基本养老金的替代率指标值继续一味下降,而退休人员的其他收入来源又没有得到发展补充的话,那么,过低的替代率水平将难以保证退休人员的基本生活质量,这一点必须引起我们的高度重视。

三、国际借鉴

(一)国际规范约束

世界各国由于经济发展程度、社会保障制度类型的不同,为其社会成员提供的社会保障水平也是有很大差异的。福利型国家实行的是"从摇篮到坟墓"的全民范围的高水平保障与福利,保障型国家实行的是自保公助的基本水平社会保障,储蓄型国家则通过强制个人储蓄使居民具备完全自我保障的条件与能力。尽管各国的保障水平有所差异,但是,国际劳工组织所制定的公约和建议书对大部分国家还是有着相当的指导作用和约束力的。

国际劳工组织有关养老保障替代率水平的规定主要体现在两个公约的内容中,一个是1952年第三十五届国际劳工大会制定的《社会保障最低标准公约》(第 102 号公约),另一个是 1967 年第五十一届国际劳工大会制定的《伤残、老年和遗属津贴公约》(第 128 号公约)。

根据国际劳工组织《社会保障最低标准公约》(第 102 号公约)的规定[①],各会员国不仅要提供公共养老金给退休人员,而且给付金额占劳工薪资的比例(所得替代率)不宜低于 40%。[②] 同时,实际替代率最低标准依据缴费年限的差异而有所区别,即:缴费满 30 年并且有达到退休年龄配偶需要赡养的退休劳动者,其基本养老金替代率水平最低为 40%;缴费不满 30 年者则按最低替代率 90% 的比例发放,即其替代率水平最低为 36%。

继第 102 号公约对基本养老金替代率水平的最低标准作出规定后,第 128 号公约又对替代率水平的最低标准作出了补充,即缴费年限满 30 年者,基本养老金替代率水平至少应达 45%;缴费不满 30 年者则按最低替代率 90% 的比例发放,即其替代率水平最低为 40.5%[③]。

由于国际劳工组织公约对成员国具有普遍约束力,而中国不仅是其成员国,而且还是其常任政府理事,因此,国际劳工组织第 102 号公约和第 128 号公约对基本养老保障替代率水平最低标准所作的规定对中国也是具有法律约束力的。由此可见,在国际劳工组织公约这一国际规范的标准约束下,对于包括中国在内的大部分成员国来说,基本养老保险替代率水平的最低标准应当遵循国际劳工组织的规定来设置。

(二) 各国实证经验

鉴于社会保险应坚持"激励与保护相统一的原则",基本养老保险也应

---

① 国际劳工组织.社会保障公约(第 102 号公约)[EB/OL].[1952-06-28].http://www.ilo.org/dyn/normlex/en/f?p=NORMLEXPUB:12100:0::NO::P12100_ILO_CODE:C102.
② 台湾政治大学劳工研究所.九十三年度劳动人权评估报告[R].中国台湾:台湾政治大学劳工研究所,2005.
③ 国际劳工组织.残疾、老年和遗属津贴公约(第 128 号公约)[EB/OL].[1967-06-29]. http://www.ilo.org/dyn/normlex/en/f?p=NORMLEXPUB:12100:0::NO::P12100_ILO_CODE:C128.

当遵循该原则设计,因此,退休人员的养老金收入不应与在职人员的工资收入相等,而应占他们最多获得的工资收入总额的一个比重(该比重理论上应当小于100%)。实施现代社会保障制度的西方国家,由于在职职工要缴纳所得税、社会保障税等,这部分税额约占其全部收入的30%,[①]因此其税后纯收入仅为税前工资的70%左右。根据这一实证数据,基本养老保障替代率上限理论上应当不高于70%。

根据世界各国的实践经验来看,其公共养老金(即本书界定的基本养老金)的替代率通常都是符合以上分析与界定的,一般为40%—60%。

从表5-1-2对基本养老保障替代率水平的国际比较中可以看出,主要国家的替代率水平大部分都在40%—60%的范围内,其中最低的是加拿大和韩国,为40%;最高的则为德国、瑞典和智利,为70%。另外需要说明的是,部分国家的基本养老保障替代率水平是根据退休人员的家庭结构而有所差别的。表5-1-2中所列出的均为单身退休人员的替代率水平,部分国家对退休夫妇所制定的替代率水平是略低于单身退休人员的。这主要是从家庭结构出发考虑,两人家庭相对一人家庭来说,在消费支出方面会具有规模效应,因此,满足两人家庭基本生活需求所需的费用就可以略低于一人家庭。但是,这种做法的推行也需取决于国家或地区的总体经济发展水平,在经济较发达地区这种由退休人员家庭结构引致的基本生活费用差别比较明显,因为这类地区的退休人员基本生活费用中包含了一定的满足享受与发展需求的费用。另一方面,替代率水平的差别制定在具体操作上也较为复杂,因此这种做法尚未在各国普及推广。在实践中比较多的还是在一个国家或地区确定养老保障替代率的一个统一水平。

---

① 李珍主编.社会保障理论[M].北京:中国劳动社会保障出版社,2001.

表 5-1-2　基本养老保障替代率水平的国际比较

国　家	日　本	美　国	英　国	加拿大	荷　兰	法　国
替代率	50%	44%	50%	40%	40%—60%	78%①
国　家	德　国	瑞　典	意大利	瑞　士	智　利	韩　国
替代率	70%	70%	60%	60%	70%	40%

资料来源：根据李珍主编：《社会保障理论》及钟仁耀著：《养老保险改革国际比较研究》提供的资料整理而得（出版信息详见参考文献）。

第二节　有效性指标研究（二）：财务可持续性

财务可持续性对基本养老保险制度的长期运行意义重大，就基金收支的角度而言，当期支付有结余、未来偿付无压力是制度可持续运行的两个具体要求；就基金优化的角度而言，增强保值增值能力、抵御社会经济风险则是制度运行的内在保障。

因此，本书对有效性指标中的"财务可持续性"一级指标下设三个二级指标，分别为"累计结余可支付时间""隐性债务/GDP"与"保值增值水平"，这三个指标正是从上述不同角度来反映和考量基本养老保险制度运行的财务可持续性的绩效水平。

一、财务可持续性指标（1）：累计结余可支付时间

（一）指标概要

在基本养老保险基金支出绩效评价的有效性指标中，反映基金制度财务可持续性的第一个二级指标为"累计结余可支付时间"。首先，需要对基

---

① 法国的养老保障替代率水平包含了强制实施的企业年金替代率，完全公共养老金部分的替代率数据暂未获得。

金累计结余的定义进行说明。根据《中国统计年鉴》对城镇职工基本养老保险的有关定义,基本养老保险基金收入是指根据国家有关规定,由纳入基本养老保险范围的缴费单位和个人按国家规定的缴费基数和缴费比例缴纳的养老保险基金,以及通过其他方式取得的形成基金来源的收入。包括单位和职工个人缴纳的基本养老保险费、基本养老保险基金利息收入、上级补助收入、下级上解收入、转移收入、财政补贴和其他收入。

基本养老保险基金支出是指按照国家政策规定的开支范围和开支标准从养老保险基金中支付给参加基本养老保险的个人的养老金、丧葬抚恤补助,以及由于保险关系转移、上下级之间调剂资金等原因而发生的支出。包括离休金、退休金、退职金、各种补贴、医疗费、死亡丧葬补助费、抚恤救济费、社会保险经办机构管理费、补助下级支出、上解上级支出、转移支出、其他支出等。

基本养老保险基金累计结余则是指截至报告期末基本养老保险基金收支相抵后的累计余额。通过对该指标的研究,可以了解基本养老保险基金的收支对比情况以及基本养老金的支付能力变化。根据以上定义可形成累计结余可支付时间的计算公式,即:

累计结余可支付时间＝累计结余额×365/当年基金支出额。(该指标的单位可以"天"来计算,也可以换算成"月"。)

由于累计结余可支付时间这一指标反映的是现有基金累计结余可用于支付多长时间的当前规模基本养老金,因此,累计结余可支付时间又称为备付能力。

(二) 现实分析

表 5-2-1 对我国 1989—2013 年的基本养老保险基金累计结余可支付时间进行了现实分析,可以看出,累计结余可支付时间的长短与结余额和当年基金支出额规模有关。基本养老保险基金累计结余的影响因素有很多,而最为直接的因素便是基金收入与基金支出。就基金收入而言,主要涉

及缴费人数与缴费水平;就基金支出而言,主要涉及领取基本养老金的人数以及基本养老金给付水平。对应于上述影响要素,可以看出,基本养老保险基金备付能力的高低与制度覆盖面、在职职工工资水平、人口老龄化水平以及基本养老金水平调整幅度都有密切关系。因此,作为基本养老保险基金支出绩效评价指标体系的有机组成部分,累计结余可支付时间指标承担着从一个侧面衡量基本养老保险制度财务可持续性的功能。

表5-2-1 基本养老保险基金累计结余可支付时间(1989—2015)

年 份	累计结余 (亿元)	基金支出 (亿元)	累计结余可支付 时间(天)	累计结余可支付 时间(月)
1989	67.99	118.83	208.8	6.87
1990	97.88	149.34	239.2	7.86
1991	144.07	173.07	303.8	9.99
1992	220.61	321.91	250.1	8.22
1993	258.59	470.63	200.6	6.59
1994	304.77	661.09	168.3	5.53
1995	429.83	847.61	185.1	6.09
1996	578.56	1 031.87	204.7	6.73
1997	682.85	1 251.33	199.2	6.55
1998	587.83	1 511.63	141.9	4.67
1999	733.54	1 924.85	139.1	4.57
2000	947.12	2 115.48	163.4	5.37
2001	1 054.08	2 321.26	165.7	5.45
2002	1 608.03	2 842.91	206.5	6.79
2003	2 206.50	3 122.10	258.0	8.48
2004	2 975.00	3 502.10	310.1	10.19
2005	4 041.00	4 040.30	365.1	12.00
2006	5 488.88	4 896.66	409.1	13.45
2007	7 391.40	5 964.90	452.3	14.87

续 表

年 份	累计结余（亿元）	基金支出（亿元）	累计结余可支付时间（天）	累计结余可支付时间（月）
2008	9 931.00	7 389.60	490.5	16.13
2009	12 526.09	8 894.43	514.0	16.90
2010	15 365.30	10 554.90	531.3	17.47
2011	19 496.60	12 764.90	557.5	18.33
2012	23 941.30	15 561.80	561.5	18.46
2013	28 269.20	18 470.40	558.6	18.37
2014	31 800.00	21 754.70	533.5	17.54
2015	35 345.00	25 813.00	499.8	16.43

数据来源：1990—2014年数据根据历年《中国统计年鉴》资料整理而得；2015年数据根据《2015年度人力资源和社会保障事业发展统计公报》资料整理而得。

表5-2-1的数据显示，我国基本养老保险基金累计结余可支付时间从1989年的6.9个月增加至2015年的16.4个月，这反映出统筹养老金的支付能力在加强。2011—2013年的基本养老保险基金备付能力为历年中最高的三年，均达到18个月以上，较1989年提高将近1年的时长。这意味着就现收现付性质的统筹部分而言，我国基本养老保险基金已实现较稳定的收支平衡与正向结余，基本养老金给付的安全性与持续性大大提高。但同时还需注意到，基本养老保险基金的长周期平衡还将面临"历史"与"未来"的双重挑战。就"历史"角度而言，由于基本养老保险制度模式改革而形成的隐性债务是由于历史原因而需对制度"老人"与"中人"[1]承诺给付的基本养老金；就"未来"角度而言，至21世纪中叶我国人口老龄化高峰时期，庞大的老年人口规模与巨额的基本养老金给付压力将对基本养老保险制度形成严峻的挑战。

---

[1] 在我国基本养老保险制度由现收现付制向部分积累转变的过程中，"老人"是指制度建立前已退休的人员；"中人"是指制度建立前已参加工作、新制度建立后退休的人员；相应地，"新人"是指新制度建立后参加工作的人员。

因此,为了更为全面地评价基本养老保险制度的财务可持续性,本书对"财务可持续性"指标下设了三个二级指标,目的就是从不同角度对财务可持续性的实际情况进行客观的判断与评价。下文将对二级指标"隐性债务/GDP"展开分析。

二、财务可持续性指标(2):隐性债务/GDP

(一)指标概要

隐性债务是社会养老保险制度建立与改革过程中由于历史原因形成的转制成本,也就是"老人"与"中人"未参保(缴纳社会养老保险费用)而又需要领取的那部分基本养老金。

我国养老保险制度过去长期实行现收现付制,计划经济时代特征以及人口年龄结构特点造成过去的基本养老保险制度并没有留出积累资金,而是以在职人员的缴费来支付同期退休人员的基本养老金。当基本养老保险制度从现收现付制转向部分积累制时,已退休的职工(老人)和在职职工(中人)在新制度实施前都没有个人账户积累,这部分养老金支出在新制度下没有筹资渠道,这笔要支出的养老费用,并没有列入政府公共开支的计划,而是隐含在对未来福利的承诺之中,所以被称为养老隐性债务。[①]

当基本养老保险制度由现收现付制向部分基金制转轨时,由于在职人员的缴费不再全部用于当期退休人员的养老金支出,因此,理论上就会产生"老人"与"中人"养老金给付时的缺口。对于"老人"与"中人"而言,他们过去在现收现付制下积累的养老金承诺在其退休后应当加以兑现;但是,在新制度下,这一兑现保证就需要通过代际收入转移以外的方式加以解决。在这种情况下,养老隐性债务就会部分显性化。我国的养老隐性债务可分解为"老人"隐性债务与"中人"隐性债务两个部分。"老人"隐性债务在转轨时

---

① 赵春玲,倪志良,刘辉.美国 OASI 支付额、覆盖面的 Granger 检验与我国养老保险的财政倾斜建议[J].宁夏大学学报(人文社会科学版),2007(4).

的债务存量为"老人"在其预期寿命内应该获得的养老金总量的现值,"中人"隐性债务存量则为"中人"在现收现付制下因缴纳了养老保险费而获得的退休金权益补偿额的现值[①]。以上隐性债务减去新制度下应当由社会统筹部分给付的基础养老金,剩余部分便是隐性债务的显性化部分,这也是本书研究设计的"隐性债务"[②]的概念。

在此基础上设计的"隐性债务/GDP"这一指标反映的便是基本养老保险制度建立与完善过程中形成的转制成本的负担程度,这也是从转制之初至未来相当一段时期内需要设法消化与偿还的债务性支出。同时,采用相对比值也便于进行国际水平的比较和判断。

需要说明的是,这里的"隐性债务/GDP"所对应的隐性债务规模与GDP总量都是指按年份计的数值,即隐性债务经过测算后分摊到每年的规模占当年GDP的比重,这样才能有效地衡量出这部分隐性债务的偿还所形成的可计量的负担程度。

(二) 现实分析

由于制度建立前已退休的"老人"和已参加工作的"中人"的年龄、数量、工龄等要素是既定的,因此,结合期望寿命等变量可以测算出隐性债务的现实规模。学术界与实务部门对我国隐性债务规模有过多次测算,由于各种研究的测算口径与方法的差异,其估计值也有很大差别。据世界银行1997年的测算约为3万亿元人民币[③];据王晓军2000年的测算约为25 839亿—44 576亿元[④];据2005年初原劳动和社会保障部向国务院递交的关于我国养老金缺口的报告预测,未来30年我国养老金缺口约为6万多亿元[⑤];《中国养老金发展报告2012》指出,国家体改办对养老金隐性债务规模进行的

[①] 汪朝霞.我国养老金隐性债务显性化部分的测算与分析[J].财贸研究,2009(1).
[②] 如无特别说明,本书所探讨的"隐性债务"概念均是指隐性债务的显性化部分。下同。
[③] 郭永斌.中国养老保险隐性债务的可持续性研究[J].南方金融,2012(11).
[④] 齐艺莹,陶萌.当前我国社会养老保险隐性债务规模精算分析[J].人口学刊,2011(4).
[⑤] 张民省.瑞典的多支柱养老保险金制度及启示[J].中国行政管理,2008(10).

测算大约在 2 万亿—6.7 万亿元①。面对这种情况,国家应合理增加财政投入,逐步化解体制转轨造成的隐性债务,缓解支付危机。

由于本书的研究是从基本养老保险制度改革的转制成本负担角度考量隐性债务问题,并且需要获取隐性债务的年度偿还额估计值,因此经过综合分析与比较,选取汪朝霞 2009 年的研究成果②作为"隐性债务/GDP"指标值的数据来源(见图 5-2-1),计算出我国 1998—2015 年的隐性债务/GDP 指标的变化情况(见表 5-2-2)。

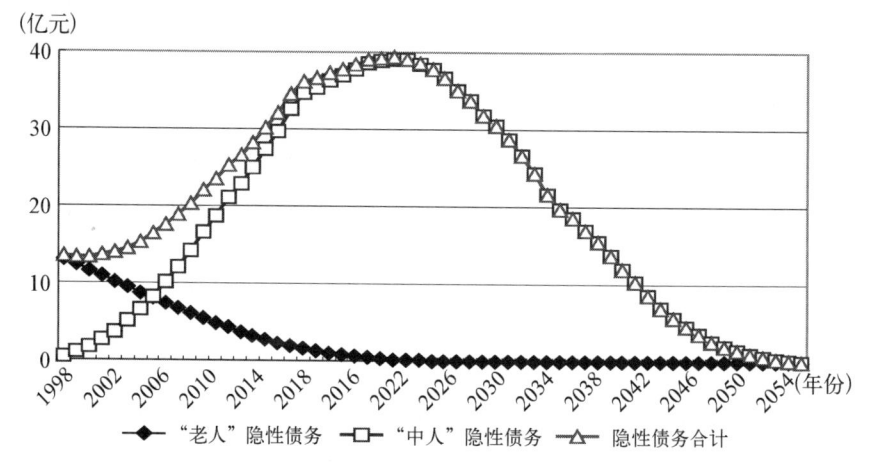

图 5-2-1 我国隐性债务负担历年变化情况测算(1998—2056)

资料来源:作者根据汪朝霞(2009)的研究成果编制(详见表 5-2-2)。

图 5-2-1 展示了汪朝霞(2009)测算的我国养老隐性债务每年的负担规模及其构成。可以看出,就隐性债务绝对数而言,我国年度养老隐性债务规模总量呈现出先增后减的特征,在 2024 年达到峰值,其后逐渐下降,至 2056 年后债务消除。就其构成而言,分为"老人"隐性债务与"中人"隐性债务。"老人"的隐性债务自 1998 年制度转轨以来逐年减少,随着个体生命周期的自然更替在 2029 年自然化解;"中人"的隐性债务自 1998 年以来随着

---

① 郑秉文主编.中国养老金发展报告 2012[M].北京:经济管理出版社,2012.
② 汪朝霞.我国养老金隐性债务显性化部分的测算与分析[J].财贸研究,2009(1).

大量"中人"逐步进入退休年龄需要领取养老金而不断增大,至2024年达到峰值,之后逐渐下降至2056年后债务消除,这一变动形态与隐性债务的总量变化高度一致。

表5-2-2 我国养老隐性债务量测算(1998—2015)　单位:亿元,%

年份	"老人"隐性债务的显性化部分	"中人"隐性债务的显性化部分	合计	当年GDP	隐性债务/GDP
1998	1 309	47	1 356	84 883.70	1.60
1999	1 236	106	1 342	90 187.70	1.49
2000	1 163	183	1 346	99 776.30	1.35
2001	1 091	272	1 363	110 270.40	1.24
2002	1 020	376	1 396	121 002.00	1.15
2003	949	510	1 459	136 564.60	1.07
2004	879	661	1 540	160 714.40	0.96
2005	811	830	1 641	185 895.80	0.88
2006	743	1 015	1 758	217 656.60	0.81
2007	675	1 213	1 888	268 019.40	0.70
2008	611	1 423	2 034	316 751.70	0.64
2009	548	1 655	2 203	345 629.20	0.64
2010	488	1 871	2 359	408 903.00	0.58
2011	430	2 108	2 538	484 123.50	0.52
2012	375	2 290	2 665	534 123.00	0.50
2013	323	2 506	2 829	588 018.80	0.48
2014	276	2 734	3 010	636 138.70	0.47
2015	232	2 970	3 202	676 708.00	0.47

数据来源:(1)隐性债务数据来源于汪朝霞.我国养老金隐性债务显性化部分的测算与分析[J].财贸研究,2009(1);(2)GDP数据来源于历年《中国统计年鉴》。

根据表5-2-2可以看出,尽管隐性债务的绝对规模自制度转轨之初至 2024 年逐渐增大,但是由于我国经济持续健康发展,因此,"隐性债务/GDP"指标这一相对值水平总体上却在逐步减小,从 1998 年的 1.60% 降至 2015 年的 0.47%。就隐性债务/GDP 指标值的变化情况而言,我国基本养老保险制度改革转制成本的偿还负担分摊到各年度来看呈现出逐渐减轻的趋势,因此,政府应当有能力也有义务现实地承担起对隐性债务的清偿责任,为以"统账结合"基本养老保险制度的健康、平稳运行创造良好的启动环境。

从根本上说,隐性债务引起的养老保险财务可持续性问题是由于养老保险制度设计方面政府责任的缺位造成的,财政没有为历史欠账提供坚实和足额的资金来源。[①] 由于政府对社会养老保险制度实施过程中由历史原因形成的这部分养老金支付没有明确地承担起给付责任,而是默许基本养老保险的社会统筹账户与个人账户"打通",造成基金相互调剂使用,将个人账户中的资金用来进行当期退休人员的养老金给付,以致于个人账户的资金"有名无实",造成个人账户"空账"运行。这样的做法只能是权宜之计,从长远来看,对制度的财务可持续性有弊无利。

就个人收入的微观角度而言,这样的做法将导致资金被挪用后的个人账户内"无财可理",个人账户的资金无从保值增值,在这部分职工退休后无法为其提供充足的生活保障。就制度运行宏观层面而言,这种做法也是基本养老保险制度偏离设计初衷,从部分积累制向现收现付制的异化,长此以往只会造成基本养老保险基金周期平衡延时,基本养老保险制度运行过程出现恶性循环,社会统筹账户与个人账户在资金使用上混淆混乱,在制度关系上缺乏约束、产生对立,不利于巩固与提升基本养老保险制度的财务可持续性。

由于个人账户空账运行的实质是隐性债务偿还主体不明确造成的,因

[①] 赵春玲,倪志良,刘辉.美国 OASI 支付额、覆盖面的 Granger 检验与我国养老保险的财政倾斜建议[J].宁夏大学学报(人文社会科学版),2007,(4).

此,究其根源,应当从隐性债务角度入手,明确偿还主体,制订偿还计划,筹集偿还资金,按计划执行偿还方案。当政府公共财政明确承担起这部分隐性债务,并且告知公众其偿还方式与期限等要素并付诸实际行动,则个人账户空账运行问题也将得到相应的解决。因此,在基本养老保险基金支出绩效评价指标体系的构建过程中,对隐性债务指标的设计也隐含着对个人账户空账问题的评价与衡量,据此,本书研究中不再另设个人账户类相关指标,而是通过对隐性债务/GDP指标的绩效水平来反映制度运行状态,由此从财务可持续性的一个维度来评价基本养老保险基金支出绩效的有效性高低。

三、财务可持续性指标(3):保值增值水平

(一) 指标概要

保值增值水平这一指标反映的是全国社会保障基金的抗风险能力和潜在支付能力,其直接对应的衡量概念为基金投资收益率,随着人口老龄化进程的加速,这一指标的重要性也将日益加强。作为国家对社会保障的长期战略储备金,全国社会保障基金通过多种渠道筹集资金,[①]主要用途为应对将来人口老龄化高峰时期支付危机的长远需要。

尽管从资金来源看,全国社会保障基金不是基本养老保险基金的直接组成部分,但是,从性质特征看,其也是社会保障计划不可或缺的重要层次之一。[②] 就养老角度而言,全国社会保障基金相当于公共养老计划的第三层次。[③]

从社会保障制度功能充分发挥作用的长效机制来看,基本养老保险基

---

① 资金来源包括财政预算拨款、国有股减持收入、彩票公益金收入和投资收益等。
② 借鉴国际经验,在人口老龄化严重、补充性养老金也不充裕的西方发达国家普遍以不同方式建立了国家养老储备金。公共养老计划通常有三个层次,第一层次为基本养老金,承担保障退休人员基本生活的功能;第二层次为补充养老金,承担改善退休人员生活品质的功能;第三层次为储备养老金,承担应对老龄化高峰时的支付压力的功能。
③ 孔铮.国家养老储备金制度分析——从国际比较的视角[J].人口与发展,2009(4).

金支出绩效评价指标体系的理论构建也不可忽视全国社会保障基金的战略储备作用。而这一战略储备作用对于基本养老保险基金应对人口老龄化挑战，抵御经济、社会各种风险，保持并提升实际购买力都具有至关重要的作用。换言之，全国社会保障基金的战略储备与保值增值对于基本养老保险制度的可持续运行承担着最后的安全屏障功能。

基于以上分析，在基本养老保险基金支出绩效评价指标体系的理论构建过程中，从基础性指标角度出发，本书在效果类指标下的一级指标"财务可持续性"指标之下，设计了三个二级指标，分别为"基金结余""隐性债务"与"抗风险能力"，而其中的"抗风险能力"指标便是从战略储备金角度出发的绩效考量；相应地，评价性指标体系中的有效性指标下的一级指标"财务可持续性"也分设了三个二级指标，分别为"累计结余可支付时间""隐性债务/GDP"以及"保值增值水平"。而"保值增值水平"这一指标便是对应于"抗风险能力"的评价性指标，通过对全国社会保障基金保值增值水平的考量，可以衡量出基本养老保险制度抵御社会、经济风险的后盾力量的强弱，而这对于老龄化加速进程中的基本养老保险制度的可持续运行有着重大影响力。

(二) 现实分析

为了应对人口老龄化所带来的经济社会挑战，世界各国都在寻求解决之道。20世纪90年代以来，欧洲一些老龄化程度严重、未来养老金支付压力大的国家，开始尝试在基本养老保险体制外建立国家养老储备金，其目的是以储备基金的积累与增值应对老龄化带来的巨大养老金支付需求。

伴随着我国人口老龄化进程的不断加速，政府从基本养老保险制度的支出规模、财政补助、覆盖面等多方面采取措施，得以保证当前基本养老金的按时足额发放。同时，为加强老龄化高峰时期基本养老金的支付能力，还需从制度安排上早作准备。因此，在这样的背景下，2000年8月，党中央、国务院决定建立"全国社会保障基金",同时设立"全国社会保障基金理事会",负责管理运营全国社会保障基金。2010年10月28日第十一届全国人民代表大会常务委员会第十七次会议通过的《中华人民共和国社会保险法》第七十一条规定:"国家设立全国社会保障基金,由中央财政预算拨款以及国务院批准的其他方式筹集的资金构成,用于社会保障支出的补充、调剂。全国社会保障基金由全国社会保障基金管理运营机构负责管理运营,在保证安全的前提下实现保值增值。"[①]全国社会保障基金作为国家重要的战略储备,主要的用途是弥补与支撑今后人口老龄化高峰时期的社会保障资金需要,因此,其保值增值、抵御风险具有尤为长远的战略意义。

表5-2-3 全国社保基金历年收益情况(2001—2015)

年 份	投资收益额(亿元)	投资收益率(%)	通货膨胀率(%)	实际投资收益率(%)	平均工资增长率(%)	GDP增长率(%)
2001	7.42	1.73	0.7	1.03	16.08	10.52
2002	19.77	2.59	−0.8	3.39	14.21	9.73
2003	44.71	3.56	1.2	2.36	12.90	12.86
2004	36.72	2.61	3.9	−1.29	13.97	17.68
2005	71.22	4.16	1.8	2.36	14.32	15.67
2006	619.79	29.01	1.5	27.51	14.59	17.09
2007	1 453.5	43.19	4.8	38.39	18.53	23.14
2008	−393.72	−6.79	5.9	−12.69	16.90	18.18
2009	850.43	16.12	−0.7	16.82	11.58	9.12
2010	321.22	4.23	3.3	0.93	13.32	18.31
2011	73.37	0.84	5.4	−4.56	14.40	18.40
2012	646.59	7.01	2.6	4.41	11.89	10.33
2013	685.87	6.2	2.6	3.6	10.08	10.09

---

① 全国社会保障基金[EB/OL].[2011-11-17].http://www.ssf.gov.cn/jj/qgsbjj/201205/t20120507_3993.html。

续　表

年　份	投资收益额(亿元)	投资收益率(%)	通货膨胀率(%)	实际投资收益率(%)	平均工资增长率(%)	GDP增长率(%)
2014	1 424.6	11.69	2	9.69	9.47	8.18
2015	2 294.61	15.19	1.4	13.79	10.06	6.38
累计投资收益	7 907.81	(年均) 8.82	(年均) 2.35	(年均) 6.47	—	—

注：年均收益率为自成立以来各年度收益率的几何平均；年均通货膨胀率为自成立以来各年度通货膨胀率的几何平均；年均实际投资收益率＝年均投资收益率－年均通货膨胀率。

数据来源：根据全国社会保障基金理事会编制《基金历年收益情况表》资料整理、计算而得，全国社会保障基金理事会网站全国社会保障基金理事会网站，http://www.ssf.gov.cn/cwsj/tzsy/201606/t20160602_7082.html。

近年来全国社保基金规模逐步扩大，并以安全为前提实现保值增值。表5-2-3对全国社会保障基金历年收益情况进行了总结，由此可对我国社保基金的保值增值水平有所了解。由表5-2-3中数据可以看出，剔除通货膨胀影响后的基金实际投资收益率的平均值为6.47%，在近年的投资尝试中达到了一定效果，但同时也还有较大的提升空间。

考虑到全国社会保障基金的主要用途，对其抗风险能力的考量应体现为基金投资收益率与经济社会发展相关指标之间的关系对比，不仅包括上述基金投资收益率与通货膨胀率的关系比较，还应当包括社会平均工资增长率以及经济增长率之间的关系比较。就社保基金的历年发展来看，自2001年以来，就通货膨胀率而言，如前文所述，基金实际投资收益率为正，意味着基金的实际购买力有所提升，其未来支付时有利于较稳定地保障退休人员的实际生活水平。就社会平均工资增长率而言，大多数年份的基金投资收益率均低于社会平均工资增长率，这意味着未来退休人员与在职人员的收入差距将会加大，不利于社会保障制度的再分配功能发挥。就经济增长率而言，基金投资收益率在大多数年份也低于经济增长率，这意味着基金保值增值的速度滞后于经济增长，还有较大的提升空间。对于以上指标的对比关系，本书将在实证篇的相关章节展开分析，此处不再赘述。

第三节 有效性指标研究(三)：
基本养老金贡献率

一、指标概要

本书在构建基本养老保险基金支出绩效评价指标体系过程中，基础性指标下的最后一个指标就是效果类指标中的"多支柱程度"，下文将对该指标的含义、作用进行分析，并在此基础上说明与之相应的有效性指标"基本养老金贡献率"的选取理由。

建立现代社会保障制度的各国在养老保险方面都倾向于发展多支柱养老。多支柱养老是世界银行大力倡导的"养老保障改革最佳方案"，其内涵包含三个方面[①]：第一支柱是强制性现收现付制社会基本保险，是国家为公众提供的最低程度养老保障；第二支柱是强制性基金积累制的养老保障，养老金给付与缴费水平挂钩；第三支柱是自愿性补充养老保障，为有需要的个人提供更好的退休生活保障。三支柱模式既能减轻政府财政负担，又能从整体上改善国民养老保障水平，呈现出良好的发展势头。

在三支柱养老体系的基础上，近年来又有部分专家将养老问题置于更为宽泛的广义社会保障概念之下，提出了"五支柱"养老体系的理念。其主要特征在于将三支柱养老体系向两端延伸，一端扩展为"零支柱"，即体现社会救济性质的托底支柱，该支柱以消除贫困为目标；另一端则是超越于养老保险制度意义的"第四支柱"，将养老问题视为涵盖经济、社会、文化等多种因素的系统工程，也因此而包括了家庭赡养、医疗服务、住房政策、社会支持等诸多方面。

[①] 杨胜利,李正龙.统账结合模式下养老金的替代率及多支柱模式研究[J].劳动保障世界，2009(8).

结合基本养老保险基金支出绩效评价指标体系的构建需要，本书着重关注以养老保险制度为核心的三支柱养老体系，并简要分析其优势所在。首先，三支柱体系能有效分散经济风险。由于三个支柱对人口要素、经济要素的敏感性各不相同，因此在人口结构发生显著变化或经济运行出现危机时，分散配置的养老金来源不至于全部受损，能较稳健地抵御经济风险，维持好退休人员的生活水平。其次，三支柱体系能有效减轻财政负担。由于三支柱体系的缴费来自国家、企业与个人，多方共同承担则会显著减轻国家财政负担，也有助于国家财力更为集中地服务于其基本职能，即保障退休人员的基本生活。再次，三支柱体系能有效满足退休人员的多层次需求。三支柱体系为退休人员提供了更多的选择，在经济能力具备的基础上，可以获取更优质的晚年生活质量。

基于以上分析，多支柱程度应当是评价基本养老保险制度的一个重要的效果类指标，为了能够使该指标达到可度量的目标，本书在与其对应的评价性指标中的有效性指标类别中设计了"基本养老金贡献率"(%)这一指标来衡量多支柱养老程度的高低。该指标是指基本养老金(即第一支柱与第二支柱之和，这两者均为强制性养老支柱)占老年收入来源的比重，可大致反映出基本养老支柱所发挥的作用。理论上说，一定区间内，该指标值越低，说明老年人退休生活的收入来源越是多元化，其生活水平也越高；反之，指标值越高，说明老年人退休生活的收入来源越单一，对基本养老保险制度的依赖性越强，其生活水平也相对较低。

二、现实分析

基本养老金贡献率指标的计算需要两项数据支撑，一项是退休人员的人均基本养老金水平；另一项是退休人员同期的人均总收入。对于前一项数据，如本书第三章相关分析所述，人均基本养老保险基金支出这一指标即可视同人均基本养老金，由此可获取1990年以来的历年数据，在此基础上结合实际养老金指数等指标进行微调,使数据更能反映养老金的实际购买力。对于第二项数据,由于统计年鉴等连续性的公开数据库未对此进行分项调查,因此,需要另辟途径获取可靠数据。全国老龄工作委员会开展的《中国城乡老年人口状况抽样调查》是国家统计局批准的唯一的部门老年人状况科学调查,其数据权威性、可靠性有所保障。根据历次《中国城乡老年人口状况抽样调查》的分析报告,可以获取 2000 年、2005 年、2010 年、2014 年四个年份城镇老年人口的精确年度收入数据。在此基础上,本书运用环比增幅法将上述四个时点数据加以连贯与延伸。根据 2000 年与 2005 年的城镇老年人口收入数据,以环比增幅法可以推算出 2000—2005 年的年均收入增幅约为 9.2%;根据 2005 年与 2010 年的城镇老年人口收入数据,同理可推算出 2005—2010 年的年均收入增幅约为 8.4%;根据 2010 年与 2014 年的城镇老年人口收入数据,则可推算出 2010—2014 年的年均收入增幅约为 7.6%。以上述三阶段增幅为依据,以各自接近年份的增幅向前、向后延伸,即 1998—1999 年数据以 9.2% 的增幅推算,2011—2015 年数据以 7.6% 的增幅推算,由此即可获取我国城镇老年人口 1998—2015 年人均年收入的连续年份推算数据。

在此基础上,便可计算出 1998—2015 年基本养老金贡献率指标的历年情况(见表 5-3-1)。由于该指标值中有相当年份为推算值,因此,本书从两个方面进行分析,以验证该推算数据的合理性。一方面,由于基本养老金是退休人员总收入中的一个组成部分,其金额应当小于总收入,而根据上述方法推算而得的城镇老年人口人均年收入水平均高于同期人均基本养老金水平,这从指标概念的逻辑性角度论证了数据推算的合理性。另一方面,本书选取上海地区 1998 年、2003 年、2005 年、2008 年和 2013 年五次问卷调查的精确数据进行对比[1],发现其基本养老金贡献率指标的变化趋势与全国推

---

[1] 殷志刚,周海旺主编.上海市老年人口状况与意愿发展报告 1998—2013[M].上海:上海社会科学院出版社,2014.

算数据的变化高度一致,也在快速上升,这也进一步验证了本书对全国数据推算的客观性。

表 5-3-1 基本养老金贡献率指标变化情况(1998—2015)

单位:元/年,%

年 份	全国数据		上海调查数据	指标得分(全国)
	城镇老人年均可支配收入	城镇企业职工基本养老金	基本养老金贡献率	基本养老金贡献率	
1998	6 198.93	5 576.03	89.95	66.7	53.92
1999	6 769.23	6 536.42	96.56	—	44.43
2000	7 392.00	6 620.69	89.57	—	54.47
2001	8 072.06	6 818.61	84.47	—	61.78
2002	8 814.69	7 959.49	90.30	—	53.42
2003	9 625.65	8 015.78	83.28	79.9	63.50
2004	10 511.21	8 263.60	78.62	—	70.19
2005	11 963.00	9 077.00	75.88	84.4	74.13
2006	12 967.89	10 257.01	79.10	—	69.50
2007	14 057.19	11 282.71	80.26	—	67.83
2008	15 238.00	12 410.98	81.45	84.3	66.13
2009	16 517.99	13 652.08	82.65	—	64.40
2010	17 892.00	15 530.00	86.80	—	58.44
2011	19 251.79	17 083.00	88.73	—	55.66
2012	20 714.93	18 791.30	90.71	—	52.82
2013	22 289.26	20 670.43	92.74	94.1	49.92
2014	23 930.00	22 737.47	95.02	—	46.64
2015	25 748.68	25 011.22	97.14	—	43.60

资料来源:(1)全国2000年、2005年、2010年、2014年数据来源于历次全国老龄工作委员会:《中国城乡老年人口状况抽样调查》研究报告,其余数据根据上述研究报告以及历年《中国统计年鉴》分析推算而得;(2)上海数据来源于殷志刚,周海旺主编.上海市老年人口状况与意愿发展报告1998—2013[M].上海:上海社会科学院出版社,2014.

从表 5-3-1 中数据变化可以看出,1998—2015 年我国基本养老金贡献率指标呈现出波动式变化的特征,从1998年的89.95%至2015年的97.14%,最低为2005年的75.88%,多数年份该指标值都达80%以上,2012年以来连续四年均高达90%以上,且持续上升。这说明我国目前大多数退休人员还是以基本养老金作为其退休生活的主要收入来源,而且对基本养老金的依赖性显著上升。2015年该指标已接近于100%,这意味着从总体情况来看,退休人员除了基本养老金几乎没有其他收入来源,仅仅依靠强制性的基本养老保险制度所提供的养老金生活,其保障水平是非常有限的。[①] 再结合前文分析的我国基本养老保障替代率水平的显著下降,则意味着退休人员的生活水平仅处于最基本的保障程度,无论从调节收入再分配的社会保障制度功能还是从分享社会经济发展成果的角度来看,退休人员的生活水平都有必要受到高度重视,并采取多种手段予以进一步提高。

对比国际水平,也可以看到我国基本养老金贡献率水平的巨大差距。目前,美国基本养老金占老年人收入的比重大约为50%,瑞典大约为70%,都远远优于我国水平。[②] 因此,我国应强化养老多支柱制度建设,在加强基本养老保险基金财务可持续性和支付能力的同时,通过增强基金保值增值能力、鼓励企业发展企业年金进行补充、为商业养老保险提供政策优惠、鼓励发展个人财产性收入等方式,多支柱、多元化地提高退休人员的生活水平。

---

① 同时,本书选取上海地区的五次问卷调查数据进行对比,发现基本养老金贡献率也在快速上升,这进一步验证了本书对全国情况的推算的客观性。
② 张民省.瑞典的多支柱养老保险金制度及启示[J].中国行政管理,2008(10).

实 证 篇

基本养老保险基金支出绩效评价：实证评分与对策研究

本书背景篇与理论篇通过对我国人口老龄化现实特征及其长期经济影响进行深入分析,结合公共支出绩效评价基本原理,完成了基本养老保险基金支出绩效评价三大类指标的具体设计,由此在理论层面达成了指标体系的完整构建。以此为理论基础,本篇(实证篇)将通过进一步的评价标准设计确定,在现有数据可得性条件下对我国基本养老保险基金支出绩效进行百分制的实证评价与对策研究。

第六章
基本养老保险基金支出绩效的评价标准研究

本书在人口老龄化进程加速的背景下,以公共支出绩效评价基本原理为理论依据,对基本养老保险基金支出绩效评价进行指标体系的理论构建。通过共性与个性的指标设计,研究形成了一套可度量的基本养老保险基金支出绩效评价指标体系(见表6-1-1)。该指标体系由基础性指标和评价性指标共同构成,当所有评价性指标数值均可获得时,即可用以直接对某一时期内一个国家(或地区)的基本养老保险基金的支出绩效进行量化评分,综合评价其绩效高低。

第一节 指标体系的完整构建与评价标准的总体设计

基本养老保险基金支出绩效评价研究工作的实际推进,不仅需要指标体系的完整构建,而且需要评价标准的总体设计与科学合理的计分方法,这样才能量化反映各项指标值的水平,最后形成基本养老保险基金支出绩效的综合评价。

一、基本养老保险基金支出绩效评价指标体系的完整构建

完整的基本养老保险基金支出绩效评价指标体系如表 6-1-1 所示。基础性指标包括投入类、过程类、产出类、效果类四大类指标,其中,投入类指标下设 2 个一级指标;过程类指标下设 1 个一级指标;产出类指标下设 4 个一级指标,其中的"赡养率"指标又分设 2 个二级指标;效果类指标下设 3 个一级指标,其中的"财务可持续性"指标又分设 3 个二级指标。评价性指标包括经济性、效率性、有效性三大类指标,其中,经济性指标下设 3 个一级指标;效率性指标下设 4 个一级指标,其中的"退休年龄"指标又分设 2 个二级指标;有效性指标下设 3 个一级指标,其中的"财务可持续性"指标又分设 3 个二级指标。

表 6-1-1 基本养老保险基金支出绩效评价指标体系

基础性指标			评价性指标		
指标类别	一级指标	二级指标	指标类别	一级指标	二级指标
投入类	基本养老保险基金支出		经济性(30%)		基本养老保险基金支出/GDP(%)(34%)
	养老保险财政补助支出				人均基本养老保险基金支出(元)(33%)
过程类	养老金按时足额发放率				养老保险财政补助支出/财政支出(%)(33%)
产出类	参保人数		效率性(30%)		覆盖面(%)(25%)
	企业缴费负担				缴费率(%)(25%)
	赡养率	制度赡养率		退休年龄(25%)	法定退休年龄(岁)(50%)
		自我赡养率			养老金受领时长(年)(50%)
	流动性				统筹层次(25%)

续 表

基础性指标			评 价 性 指 标		
指标类别	一级指标	二级指标	指标类别	一级指标	二级指标
效果类	保障水平		有效性① (40%)		替代率(%)(33%)
	财务可持续性	基金结余		财务可持续性 (34%)	累计结余可支付时间(月)(34%)
		隐性债务			隐性债务/GDP(%)(33%)
		抗风险能力			保值增值水平(%)(33%)
	多支柱程度				基本养老金贡献率(%)(33%)

注：(1) 各类、各级指标后标明的百分比为该类、该级指标在上一类或上一级指标中所占的权重；
(2) "养老金受领时长"指标的计算公式为：养老金受领时长＝期望寿命－法定退休年龄。
资料来源：作者编制。

最终可用于直接进行基本养老保险基金支出绩效评价的评价性指标共计有10个一级指标、5个二级指标，这些指标通过分别计分、逐级加权汇总后可计算出一个国家或地区的基本养老保险基金支出的整体绩效得分，由此可评价该国家或地区的基本养老保险基金支出绩效的水平，并且可以根据各个具体指标值的得分进行相应的政策调整，以便有效地改进和完善基本养老保险制度。

表6-1-1展示了本书研究构建的完整的基本养老保险基金支出绩效评价指标体系，下文将以该指标体系为基础进行评价标准的设计研究。需要解释的是，表6-1-1与表Ⅱ-1内容完全相同，作者出于研究阐述的必要性与读者阅读的便利性考虑，因此在本书理论篇与实证篇开篇之处均列示

---

① 根据前文分析，就公共支出行为而言，由于有效性是衡量资金使用价值的最重要方面，因此，在基本养老保险基金支出绩效评价指标体系中，对有效性指标赋予40%的权重，对经济性指标与效率性指标则分别赋予30%的权重。

此表,特此说明。

二、基本养老保险基金支出绩效评价指标的评价标准总体设计

在完成了基本养老保险基金支出绩效评价指标体系完整构建的基础上,还需要对每一项有具体实际值与之对应的评价性指标进行评价标准的总体设计,通过确定各项指标在百分制下的满分标准值(100分)与及格标准值(60分),便可以计算出特定年份各项指标的具体得分,进而通过层层加权计算出某一特定年份的基本养老保险基金支出绩效的综合得分并进行相应的评价与分析。

(一)评价标准的设计原则

评价标准(满分标准值、及格标准值)的选取应当遵循客观性、全面性、代表性以及现实性的基本原则。同时还应注意的则是评价标准的动态性特征,由于指标数据是不断发展变化的,因此,经过一段时间以后,有些评价标准也需要随着国际水平、理论环境的变化进行相应的调整,以反映出相关指标与时代特征、社会背景相符的实时变化。

为了较为精确地量化反映绩效评价的结果,本书采用百分制的评分方法。对此,需要设定满分(100分)和及格分(60分)两个分值界限,并以各自对应界限的标准值作为衡量各项指标所处水平的标准,称为"满分标准值"与"及格标准值"。

(二)评价标准的常用类别

在指标体系理论构建的基础上,可以依据指标体系来采集各项指标历年的具体数据,而要根据这些数据对基本养老保险基金支出绩效水平得出科学的评价结论还必须制定出客观合理的评价标准。

在既考虑可操作性又力求客观性的原则指导下,本书对基本养老保险基金支出绩效评价标准(满分标准值与及格标准值)的设计采用的是通用标准、国际标准与理论标准相结合的方式。

(1) 通用标准是将国际通用的某个指标水平作为标准[①],这种标准通常是由与某个评价指标相关的国际组织制定或提出的,其设计具有相当的理论依据和规范性,并已在实践中得到了验证,因此,这样的标准可以较为客观地反映出某指标数据与国际组织设计的合理水平的差距。[②]

(2) 国际标准是将世界上其他代表性国家相应指标的情况作为标准,以这些国家的数据作为依据,确定我国同类指标的的评价标准,这种标准也可以较为客观地考量我国基本养老保险基金支出绩效的高低,评价结果可以反映我国某项具体指标在国际社会所处的水平与地位[③]。

(3) 理论标准是将某一指标理论上的理想值作为标准,这一标准的设计通常是基于对理论共识的判断和分析,有时则适用于没有实际可对比对象或无法获得实际可对比对象数据的情况。理论标准的设计应该结合中国的实际情况和国际的经验或相关理论,确定理论上应该达到的基本水平作为及格标准值,而把理论上可以达到的最优值作为满分标准值。

在指标评价标准的设计过程中,有时会出现一个指标结合使用几种评价标准进行设计的情况,例如:满分标准值采用理论标准,而及格标准值则采用国际标准(见表6-1-2)。这样的做法是基于某些指标特殊性质的考虑,其基本目的都是为了设计出更为合理的指标评价标准,以形成准确、客观的绩效评价结论。

[①] 本书在采用通用标准进行评价标准的设计时,主要参考国际劳工组织的相关规定。国际劳工组织(International Labour Organization)作为一个以国际劳工标准处理有关劳工问题的联合国专门机构,旨在促进充分就业和提高生活水平,扩大社会保障措施,保护劳工生活与健康。该组织以公约和建议书的形式制定国际劳工标准,以确定基本劳工权益的最低标准与水平,其中部分规定对本书的研究具有参考价值。此外,研究中也会结合具体指标的性质特征参考其他相关标准水平,以实现评价标准设计的客观性与合理性。
[②] 上海财经大学课题组.公共支出评价[M].北京:经济科学出版社,2006.
[③] 本书在采用国际标准进行评价标准设计时,主要采用OECD国家相关数据,因为该组织是全球市场经济国家组成的政府间国际经济合作组织,既具有代表性又可体现全面性;同时基于不同指标数据可得性或社会历史原因的现实考量,也会参考其他国际的部分指标数据。

本书基于公共支出绩效评价原理与老龄化社会具体特征，对基本养老保险基金支出绩效评价的指标体系进行理论构建，其评价标准的设计在一定程度上应具有广泛性与代表性。因此，就我国具体国情而言，一方面，满分标准值有时未必是最优值，因为需要考虑多种现实条件的约束与平衡；另一方面，最优值（或较优值）通常应高于及格标准值，因为及格标准值是从理论角度或国际社会的实践经验中总结出的该指标的临界水平，应适用于大多数国家和地区。

作为一套完整的评价指标体系，对基本养老保险基金支出绩效的总体评价是由各类、各级指标得分加权计算而得的综合性结论。各类、各级、各项指标正是从不同维度、角度对基本养老保险基金支出的绩效水平进行独立评价，各项独立评价结果又有机结合于这一完整的评价指标体系之中，由此而形成对一个国家或地区在一定时期内基本养老保险基金支出绩效水平的全方位、立体式的综合评价。

(三) 计分指标的补充说明

对于基本养老保险基金支出绩效评价指标体系中的部分一级和二级指标，基于指标评价标准的客观性考量，本书在这些一级和二级指标的基础上，服务于计分过程，专设了相应的计分指标（详见表6-1-2以及下文分析），以更为客观、充分地反映出基本养老保险基金支出的绩效水平。

(四) 评价标准的总体设计

基于以上原则与方法，结合前文对各项指标的具体分析，本书对基本养老保险基金支出绩效评价指标体系中的各项指标进行了全面的评价标准设计（见表6-1-2）。对应于量化的满分标准值与及格标准值，各项指标均可计算出百分制的绩效分值，由此可对一定时期内一个国家或地区的基本养老保险基金支出绩效水平进行综合评价。详细的评价标准设计依据将在本章以下各节中进行全面阐述。

表6-1-2 基本养老保险基金支出绩效评价标准一览表

指标类别	一级指标	二级指标	计分指标	满分标准值 标准类别	满分标准值 标准值	及格标准值 标准类别	及格标准值 标准值
经济性指标(30%)	基本养老保险基金支出/GDP(%)(34%)		同一级指标	国际标准	7.2	国际标准	1.3
	人均基本养老保险基金支出(元)(33%)		平均实际养老金指数	理论标准	120	理论标准	100
	养老保险财政补助支出/财政支出(%)(33%)		同一级指标	理论标准	11	理论标准	0(低向)
						国际标准	30(高向)
效率性指标(30%)	覆盖面(%)(25%)		同一级指标	理论标准	100	通用标准	20
	缴费率(%)(25%)		同一级指标	国际标准	10	国际标准	24
	退休年龄(25%)	法定退休年龄(岁)(50%)	男(岁)(50%)	国际标准	63.1	国际标准	59.2
			女(岁)(50%)	国际标准	61.7	国际标准	57.8
		养老金受领时长(年)(50%)	男(年)(50%)	理论标准	20	国际标准	10(低向)
						理论标准	30(高向)
			女(年)(50%)	理论标准	20	国际标准	10(低向)
						理论标准	30(高向)
	统筹层次(25%)		同一级指标	理论标准	全国统筹	理论标准	市(县)级统筹
有效性指标(40%)	替代率(%)(33%)		同一级指标	理论标准	70	通用标准	40(低向)
						理论标准	100(高向)
	财务可持续性(34%)	累计结余可支付时间(月)(34%)	同二级指标	国际标准	36	通用标准	6
		隐性债务/GDP(%)(33%)	同二级指标	理论标准	0	国际标准	4.8
		保值增值水平(33%)	通货膨胀率评价(%)(34%)	理论标准	20	理论标准	0

续　表

指标类别	一级指标	二级指标	计分指标	满分标准值		及格标准值	
				标准类别	标准值	标准类别	标准值
有效性指标(40%)	财务可持续性(34%)	保值增值水平(%)(33%)	社会平均工资增长率评价(%)(33%)	理论标准	20	理论标准	0
			经济增长率评价(%)(33%)	理论标准	20	理论标准	0
		基本养老金贡献率(%)(33%)	同一级指标	理论标准	57.9	理论标准	85.7

注：(1) 各类、各级指标后标明的百分比为该类、该级指标在上一类或上一级指标中所占的权重；
　　(2) "养老金受领时长"指标的计算公式为：养老金受领时长＝期望寿命－法定退休年龄；
　　(3) 全国统筹、省级统筹与市(县)级统筹分别对应100分、80分、60分的评价分值。
资料来源：作者编制。

三、基本养老保险基金支出绩效评价指标的计分方法

(一) 计分的概念

计分，就是将绩效评价指标进行无量纲化处理[①]，消除原始变量量纲的影响，在对每项有实际指标值对应的具体指标进行百分制得分计算的基础上，通过对各项指标设置不同权重，根据一定的指数合成方法，计算出评价指标体系的综合得分，形成量化的评价结果。[②]

通过指标计分，可以对各项指标反映的信息进行动态比较，并在此基础上对基本养老保险基金支出的整体绩效进行全面评价。

(二) 计分的过程

如前文所述，基本养老保险基金支出绩效可以分解为三个方面："经济性""效率性"和"有效性"，其中每一方面都包含若干一级指标，部分一级指

---

① 简单地说，就是将以某种计量单位表示的带量纲的指标值，转化为没有计量单位的指标得分。
② 指标计分的理论依据来自上海财经大学课题组.公共支出评价[M].北京：经济科学出版社，2006.

标又包含若干二级指标,同时还有若干服务于计分过程而专设的计分指标。根据指标特性,对于上述用于直接进行计分的指标,不论其是一级指标、二级指标还是计分指标,均统称为"具体指标"。因此,计分的过程可以划分为具体指标计分、合成指标计分和综合计分三个阶段。

(三) 计分的方法

计分的方法是指在百分制计量方法下,各项具体指标的指标值将以怎样的计算方法得出其对应的指标得分。

首先,应当明确"每单位分值对应的指标数值"的概念,即:

每单位分值对应的指标数值=(满分标准值-及格标准值)÷(100-60)[①]

在此基础上,便可计算出各项具体指标对应的指标得分,即:

具体指标值得分=(实际指标值-及格标准值)

÷每单位分值对应的指标数值+60[②]

(四) 分值水平的界定

在百分制计量之下,以 60 分为及格分值,以 100 分为满分分值。对于 60—100 分的状态,根据通常习惯,可粗略分为三个层次,60—74 分为及格水平;75—84 分为良好水平;85—100 分为优秀水平。需要说明的是,本书之所以采用百分制进行基本养老保险基金支出绩效的计分,正是因为这样可以更准确地反映出各项具体指标、合成指标以及综合绩效的水平高低与历史变化,因此上述优秀、良好、及格水平的简要划分,主要是在计分后对指标进行定性分析时的一种状态参考,[③]更为精确的动态变化还需通过百分制的指标得分加以反映。

---

① 这里的(60—100)是指百分制下的(及格分值-满分分值)。
② 这里的 60 是指百分制下的及格分值 60 分。
③ 在下文的实际评价过程中,依据于我国现实国力国情以及各项指标整体绩效的动态变化与发展情况,对于能够达到 70 以上的指标得分,本书通常也视其为良好或接近良好的状态,当然这只是定性分析与评价时的粗略判断,与上述指标体系所使用的精确的百分制计分方式并不矛盾。特此说明。

第二节　经济性指标评价标准设计研究

基本养老保险基金支出绩效经济性指标的评价标准设计情况如表6-2-1所示。

表6-2-1　基本养老保险基金支出绩效经济性指标评价标准

一级指标	计分指标	满分标准值 标准类别	满分标准值 标准值	及格标准值 标准类别	及格标准值 标准值
基本养老保险基金支出/GDP（%）（34%）	同一级指标	国际标准	7.2	国际标准	1.3
人均基本养老保险基金支出（元）（33%）	平均实际养老金指数	理论标准	120	理论标准	100
养老保险财政补助支出/财政支出（%）（33%）	同一级指标	理论标准	11	理论标准	0（低向及格值）
				国际标准	30（高向及格值）

注：各类、各级指标后标明的百分比为该类、该级指标在上一类或上一级指标中所占的权重。
资料来源：作者编制。

一、评价标准设计研究：基本养老保险基金支出/GDP

"基本养老保险基金支出/GDP"指标的核心是反映基本养老保险基金的支出总量水平，为了使这一支出水平具备横向与纵向的可比性，因此采用GDP相对值作为评价指标。衡量一个国家或地区基本养老保险基金支出水平是否合理适度应从两个方面综合考量，一方面应考虑基本养老保险基金的支出总规模能否为参保退休人员提供适度的基本养老金以保障其基本生活水平；另一方面则应考虑基本养老保险制度的可持续运行与长周期平衡。

伴随着社会的进步、经济的发展以及人口年龄结构的转变，现代社会保障制度已成为国际社会广泛建立与实施的基本制度，用以为其社会成员提供人生各阶段、生活各方面的基本保障。因此，本书采用国际标准对"基本养老保险基金支出/GDP"指标进行评价标准设计。

结合数据可得性与代表性的综合考量，本书选取 OECD 国家 2005—2009 年的公共养老金支出占 GDP 比重的数据作为该指标评价标准的设计依据。OECD 全称为 Organization for Economic Co-operation and Development（经济合作与发展组织，即经合组织），是由市场经济国家组成的政府间国际经济组织，旨在共同应对全球化带来的经济、社会和政府治理等方面的挑战，并把握全球化带来的机遇。[①] 其成员国以高收入国家为主，同时逐步吸收其他国家加入，现已由欧洲和北美的创始国组成的核心扩大到全球 34 个国家。经合组织的宗旨是促进成员国经济和社会的发展，推动世界经济增长；帮助成员国政府制定和协调有关政策，以提高各成员国的生活水准，保持财政的相对稳定；鼓励和协调成员国为援助发展中国家作出努力，帮助发展中国家改善经济状况，促进非成员国的经济发展。[②]

总体而言，OECD 国家建立现代社会保障制度的时间普遍较长，制度运行较为成熟，各国经济社会发展水平也具有一定层次性和代表性，因此，其现实发展水平可作为具体评价指标标准的设计参考。因此，根据表 3-1-4 对 2005—2009 年 OECD 国家公共养老金支出占 GDP 比重的分析，本书选取 OECD 国家 2005—2009 年该指标平均值 7.2％作为基本养老保险基金支出/GDP 指标的满分标准值；同时选取 OECD 国家中该指标最低国墨西哥 2005—2009 年平均值 1.3％作为该项指标的及格标准值。

二、评价标准设计研究：人均基本养老保险基金支出

"人均基本养老保险基金支出"指标所要反映的实质是人均基本养老金

[①] 资料来源：OECD 官方网站，http://www.oecdchina.org/。
[②] 经济合作与发展组织［EB/OL］．http://baike.baidu.com/link? url＝ZvLVna_4M3-C5ZhhZIlz6mZ8ZutjkTzB0lZOjc76ahtbsGdoHuIYi2l1hriYrhHP。

的保障水平,而保障水平的高低则通过基本养老金的实际购买力来体现。因此,在本书构建的基本养老保险基金支出绩效评价指标体系中,该指标每年绝对金额的增长仅作为历史参考,更应当关注的则是该指标与同期物价水平变动之间的关系。当前者的增幅大于后者,则退休人员基本养老金的实际购买力得到提高,基本生活保障水平也相应提高;而当前者的增幅小于后者时,尽管人均基本养老金的绝对金额有所增加,但其实际购买力却在下降,这意味着基本养老保险制度对退休人员基本生活保障的力度有所下降。

因此,本书在对该指标进行实证评价时引入了"平均实际养老金指数"这一计分指标。"平均实际养老金指数"[①]是指扣除物价变动因素后的退休人员平均养老金指数,是反映实际养老金变动情况的相对数,表明退休人员实际养老金水平提高或降低的程度。计算公式为:

$$平均实际养老金指数 = \frac{报告期退休人员平均养老金指数}{报告期城镇居民消费价格指数} \times 100\%$$

从理论上说,为保持退休人员基本生活水平不低于上一年度,"平均实际养老金指数"应大于或等于100,因此,本书采用理论标准设定该评价指标的及格标准值为100。当指标值等于100时,意味着人均基本养老金的年度涨幅与物价水平保持同步,则退休人员基本生活水平与上年持平;当指标值大于100时,意味着人均基本养老金的年度涨幅高于同期物价水平,退休人员将进一步分享到部分社会经济发展成果,其基本生活水平较上年有所提升;反之,当指标值小于100时,则意味着人均基本养老金的涨幅滞后于同期物价水平,其实际购买力较上年有所下降,退休人员的基本生活水平也将下降,基本养老保险制度的保障功能受到制约,此时该指标值的绩效评分应低于及格水平。

---

① 详见本书第三章第二节的阐述,指标数据推导见表3-2-1。

同时，由于基本养老保险的制度属性为社会保障制度，其制度目标是为社会成员提供基本的生活保障。"保基本"这一属性特征也决定了基本养老金所提供的保障水平不宜过高，否则易造成老龄化高峰时期的基本养老金支付危机以及社会、企业过重的缴费负担，这些都不利于基本养老保险制度的可持续发展。对于社会经济的发展而言，一个国家或地区的退休人员与在职人员之间存在一种经济接力关系，退休人员所分享的社会经济发展成果来源于同时期在职人员的劳动。同时，退休人员与在职人员的群体构成也不断发生单向动态转移，即随着个体生理年龄的增长而形成在职人员向退休人员身份的转变。因此，理论上说，退休人员人均基本养老金的涨幅应略低于或同步于同期在职人员的人均工资增长水平。结合本书第三章第二节的分析，根据表3-2-1的数据推算，1990年以来我国平均实际工资指数最高为116.2。以该历史最高值作为理论极值的参考依据，同时为便于计算，对其个位数进行四舍五入的取整设计，因此，本书采用理论标准对评价指标"平均实际养老金指数"的满分标准值取整设定为120。

三、评价标准设计研究：养老保险财政补助支出/财政支出

"养老保险财政补助支出/财政支出"指标主要用于衡量国家财政对基本养老保险制度的支持力度。养老保险财政补助支出作为国家财政支出的一个有机组成部分，对于政府承担养老保险制度改革的转制成本发挥着至关重要的作用，对于基本养老保险基金的长期支付能力与可持续运行也是强有力的保障。

本书第三章第三节对"养老保险财政补助支出/财政支出"指标的概念、现状与国际水平进行了全面分析。以此为依据，结合我国现实国情，本书采用理论标准对"养老保险财政补助支出/财政支出"的满分标准值进行设计，即根据我国学者对该指标的定量研究而形成

的结论①,取整设定我国"养老保险财政补助支出/财政支出"指标的最优水平为11%,并以该最优水平作为该指标的满分标准值。

最优水平的确立意味着过高或过低的比重水平都次于这一比重水平所体现的绩效,因此本书对"养老保险财政补助支出/财政支出"指标在及格标准值的设计上采用的是双向变化模式,即同时设定两个及格标准值,分别为低向及格标准值与高向及格标准值,共同构成指标得分及格区间,而满分标准值则位于两个及格标准值之间,指标绩效得分随指标值由低向及格标准值向高向及格标准值的变化而呈现出倒U形变动特征,其绩效得分最高点即为满分标准值11%所对应的位置。

就低向及格标准值而言,考虑到财政补助支出是对基本养老保险基金支付能力不足时的国家财力的一种补充,因此,理论上说,在基本养老保险制度运行正常且无制度改革转制成本发生的情况下,国家财政无需对其进行补助支出也存在一定的理论合理性,因此本书采用理论标准对"养老保险财政补助支出/财政支出"指标的低向及格标准值设定为0。尽管这种情况随着越来越多的国家步入老龄化社会而很少会在现实中出现,但从理论上反映出该指标的这一客观特征还是有必要的。

就高向及格标准值而言,由于养老保险财政补助支出仅仅是作为维持基本养老保险制度持续支付能力的一种补充性支持,因此就指标计分而言,其占财政总支出的比重也并非越高越好,结合国际经验来看,发达国家政府财政对该指标能承受的极限负担比重约为30%②,因此,本书采用国际标准对该指标设定的高向及格标准值为30%。

---

① 根据我国现有研究成果(出版信息详见参考文献),王利军(2008)在《中国养老金缺口财政支付能力研究》一书中指出,在满足政府支出的自然效率条件下,中国养老保险财政支出占财政总支出的最大比例应是10.97%;武萍(2004)的博士论文《财政社会保障支出适度水平研究》认为,养老保险财政支出的适度水平为11.4%。
② 可供借鉴的外国养老保险模式[EB/OL].[2005-09-09].http://www.cnpension.net/index_lm/2005-09-09/13639.htm。

第三节 效率性指标评价标准设计研究

基本养老保险基金支出绩效效率性指标的评价标准设计情况如表6-3-1所示。

表6-3-1 基本养老保险基金支出绩效效率性指标评价标准

一级指标	二级指标	计分指标	满分标准值 标准类别	满分标准值 标准值	及格标准值 标准类别	及格标准值 标准值
覆盖面(%)(25%)	同一级指标	同一级指标	理论标准	100	通用标准	20
缴费率(%)(25%)	同一级指标	同一级指标	国际标准	10	国际标准	24
退休年龄(25%)	法定退休年龄(岁)(50%)	男(岁)(50%)	国际标准	63.1	国际标准	59.2
退休年龄(25%)	法定退休年龄(岁)(50%)	女(岁)(50%)	国际标准	61.7	国际标准	57.8
退休年龄(25%)	养老金受领时长(年)(50%)	男(年)(50%)	理论标准	20	国际标准	10(低向及格值)
退休年龄(25%)	养老金受领时长(年)(50%)	男(年)(50%)	理论标准	20	理论标准	30(高向及格值)
退休年龄(25%)	养老金受领时长(年)(50%)	女(年)(50%)	理论标准	20	国际标准	10(低向及格值)
退休年龄(25%)	养老金受领时长(年)(50%)	女(年)(50%)	理论标准	20	理论标准	30(高向及格值)
统筹层次(25%)	同一级指标	同一级指标	理论标准	全国统筹	理论标准	市(县)级统筹

注：(1) 各类、各级指标后标明的百分比为该类、该级指标在上一类或上一级指标中所占的权重；
(2) "养老金受领时长"指标的计算公式为：养老金受领时长＝期望寿命－法定退休年龄；
(3) 全国统筹、省级统筹与市(县)级统筹分别对应100分、80分、60分的评价分值。

资料来源：作者自编制。

一、评价标准设计研究：覆盖面

效率性指标中的"覆盖面"指标与产出类指标中的"保障人数"指标相对

应,反映的是基本养老保险制度所保障的人数的多少。同时,作为一个相对值指标,"覆盖面"可以更清晰地反映出制度保障人群范围的历史变化以及进行相应的国际比较。

对于"覆盖面"指标的评价标准,从理论上说,基本养老保险制度作为社会保障制度的重要组成部分,应当发挥出充分保障社会成员基本生活的制度功能,而这意味着基本养老保险制度应当覆盖到符合制度设计条件的全体就业人员。对于本书的核心研究对象而言,我国城镇职工基本养老保险制度的理论覆盖面应达到相应的应保城镇职工人数的 100%,这是一种理论上的理想状态。因此,本书采用理论标准设定"覆盖面"指标的满分标准值为 100%。

就"覆盖面"指标的及格标准值而言,国际劳工组织对此有明确的最低标准规定,即养老保险平均覆盖面占总劳动人口的 20%[①]。由于这里所指养老保险包括了各种类型的基本养老保险,因此其对应人群范围也是总劳动人口。同理可知,对于我国城镇职工基本养老保险制度而言,其人群范围则应为制度对应的城镇就业人员。因此,本书采用通用标准设定"覆盖面"指标的及格标准值为城镇就业人员总数的 20%。

二、评价标准设计研究:缴费率

根据第四章第二节的分析,本书所设计的"缴费率"指标的核心是反映基本养老保险制度下的企业负担,从公平与效率相结合的角度出发,过高或过低的缴费率都不利于基本养老保险制度以及整个社会经济的健康运行。缴费率过高会造成企业沉重的经济负担,制约企业的自身发展,进而造成国民经济发展缓慢,效率要素下降明显;缴费率过低则会导致基本养老保险基金总量不足,基本养老金发放困难,退休人员基本生活缺乏保障,公平要素

---

① [美]卡梅罗·梅萨-拉戈.拉美国家社会保障(养老及健康保险)劳动力市场及覆盖面研究[J].社会保障研究,2008(2).

难以体现。对此,国际社会早有共识,而其成熟经验与通行水平也值得我们借鉴。

发达国家企业缴纳的基本养老保险费率一般为10%[①],这是目前国际社会较为领先的缴费率状态,这一缴费率水平既不会造成企业过重的负担,也能为基本养老保险制度的持续运行提供基本保障。由于发达国家的基本养老保险制度整体来说更为成熟,因此,这一缴费率水平结合基本养老保险制度其他参数的合理设定与应对人口老龄化挑战的各项配套措施共同发挥作用,是可以实现基本养老保险制度的基金筹集与养老金给付之间的平衡的。因此本书采用国际标准,对"缴费率"指标的满分标准值设定为10%。

从全球范围来看,在不同口径的研究资料中从高选取,则世界各国企业养老保险缴费率的最高警戒线为24%[②],这一水平已达到企业所能负担的最大极限,高于该警戒线不仅会严重限制企业自身的积累、降低其竞争力,造成企业自身的经营发展困难;而且从长期来看,还会大大阻碍国民经济水平的提高以及未来社会保障水平的提高。因此本书采用国际标准,对"缴费率"指标的及格标准值设定为24%。

三、评价标准设计研究:退休年龄

退休年龄作为实现基本养老保险基金收支平衡的重要影响因素,对于缓解人口老龄化危机和保障基本养老保险制度稳定运行有至关重要的作用。本书设计的"退休年龄"指标反映的是赡养率负担的程度,由于"赡养率"指标包括制度"赡养率"和"自我赡养率"两个方面,因此这两个方面又分别对应于退休年龄指标下属的两个二级指标,一个是"法定退休年龄";另一个是"养老金受领时长"。

---

① 陆满平.降低社保缴费率只是权宜之计[J].新财经,2009(3).
② 韩伟.中国统筹养老金缴费率优化研究[J].经济问题,2010(5).

(一)"法定退休年龄"指标评价标准

就"法定退休年龄"指标而言,随着全球人口老龄化进程的不断推进,各国社会保障制度改革的主流是适当提高法定退休年龄,目前主要发达国家的法定退休年龄可以为我国所借鉴与参考。同时,由于在退休年龄评价标准设定问题上需要考虑一个国家(或地区)的现实国情,包括人口、经济、社会等多方面因素,因此以较发达和较不发达为大类划分,作为满分值与及格值的设定标准较为合理。

基于以上分析,在满分标准值的设计方面,本书遵循前文所述原则,采用国际标准,设定 OECD 国家 2009 年法定退休年龄的平均值[1]为"法定退休年龄"指标的满分标准值,即:男性 63.1 岁,女性 61.7 岁。

在及格标准值的设计方面,则更多考虑发展中国家在期望寿命、经济能力、人口年龄结构等方面的普遍特征。由于亚太、非洲以发展中国家为主,因此,在现有可得数据的条件下,本书采用国际标准,选择亚太和非洲国家的加权平均值[2]作为"法定退休年龄"指标的及格标准值,即:男性 59.2 岁,女性 57.8 岁,以便更为客观地评价"法定退休年龄"指标的绩效水平。[3]

需要说明的是,由于退休年龄的性别差异,因此"法定退休年龄"指标需细分为"男性法定退休年龄"与"女性法定退休年龄"两项计分指标,将其绩效得分加权平均后得到的便是一个国家或地区的"法定退休年龄"指标的总体绩效分值。

(二)"养老金受领时长"指标评价标准

"养老金受领时长"指标的计算公式为:养老金受领时长=期望寿命-

---

[1] OECD. *Pensions at a Glance 2009: Retirement-Income Systems in OECD Countries* [EB/OL]. www.oecd.org/els/social/pensions/PAG.
[2] 数据来源于美国社会保障署全球统计数据中亚太与非洲地区各国加权平均值,参见本书第四章第三节表 4-3-3。
[3] 根据设计确定的满分标准值与及格标准值,可以相应计算出每个单位分值对应的年龄数值(以岁为单位),由此可计算出女性法定退休年龄的 0 分指标值为 51.95 岁,而低于该年龄标准的女性法定退休年龄均为 0 分。

法定退休年龄。随着经济发展与社会进步，期望寿命延长已成为世界各国的普遍趋势。从基本养老保险制度的长期收支平衡与可持续运行来看，期望寿命与法定退休年龄之间的差距越大，基本养老保险基金需要支付给退休人员的基本养老金的总金额就越大，基本养老保险的制度负担与退休人员的自我赡养负担都会越重。因此，"养老金受领时长"指标可以用来衡量一个国家或地区的法定退休年龄与其人口发展特征[①]是否相适应。

根据生命周期理论的基本原理，结合劳动力市场的供给特征来看，个人生命周期大致可分为少儿期、劳动适龄期、老年期[②]三个阶段。在这三个阶段中，少儿期与老年期都是只有消费，没有收入；而劳动适龄期由于具备劳动能力，因此这一阶段的个体是既有消费又有收入的。就个人完整生命周期而言，劳动适龄期的收入积累应当能够用于支付其劳动适龄期、老年期以及其子女少儿期的消费需要[③]。因此，劳动适龄期的长度应当随期望寿命的延长而延长，其长度应大致相当于个人生命周期的1/2或以上，那么在此期间的收入积累才能满足包括上述纯消费阶段在内的个人完整生命周期的消费需要。例如：假设期望寿命为70岁时，则35年的劳动适龄期是较为合理的，具体阶段组成大致为：少儿期15年＋劳动适龄期35年＋老年期20年。随着社会发展与人口期望寿命的延长，则教育年限也会普遍延长，则劳动适龄期的开始年龄会向后推移，因此，退休年龄也应适当向后推移。又如：当期望寿命延长至80岁时，则40年左右的劳动适龄期更为合理，这时受教育年限大约较过去延长3—5年，因而劳动适龄期的开始年龄会推迟至20岁左右，经过40年左右的劳动适龄期，其收入积累则足以维持之后20年或略长的老年期的全部消费。因此，对于"养老金受领时长"指标的满分标准值，

[①] 这里的人口发展特征主要是指期望寿命因素，而期望寿命又与经济发展、社会环境等多方面条件密切相关。
[②] 这里的老年期即可理解为养老金受领时期，其年限长度便是前文所探讨的养老金受领时长。
[③] 根据研究需要，这里所提及的家庭生命周期的代际消费关系视同为其本人完整生命周期中的纯消费阶段的另一个组成部分。

本书采用上述理论标准,取整设定为 20 年。结合本书第四章第三节对退休年龄的相关分析,OECD 国家的情况可以从一定程度上验证上述理论分析。OECD 作为以较发达国家为主的经济组织,其成员国家的男性与女性的期望寿命平均值都在 80 岁以上,而其养老金受领时长平均值则在 20 年左右[①]。

同时,我们也应认识到,过长或过短的养老金受领时长都不利于个人与社会的发展。当养老金受领时长过长时,基本养老保险制度与个人自我赡养的负担都将过重;而养老金受领时长过短时,则又不能充分发挥基本养老保险制度的社会保障功能。因此,"养老金受领时长"指标的及格标准值应当呈双向变化特征。一方面,参考包括各类经济发展水平国家在内的全球数据来看,则其养老金受领时长平均在 10 年左右[②],因此,本书对"养老金受领时长"指标的低向及格标准值采用国际标准设定为 10 年;另一方面,对应于上述低向及格标准值,考虑到以满分标准值 20 年为中间点,养老金受领时长指标的绩效得分会随着时长推移而呈倒 U 形变化,因此,本书采用理论标准设定"养老金受领时长"指标的高向及格标准值为 30 年。

同"法定退休年龄"指标情况相似,由于性别差异的存在,因此,"养老金受领时长"指标的实际计分也需细分为"男性养老金受领时长"与"女性养老金受领时长"两项计分指标,通过绩效得分的加权平均计算出一个国家或地区的"养老金受领时长"指标的总体绩效分值。

四、评价标准设计研究:统筹层次

"统筹层次"指标反映的是一个国家或地区动员社会保险资金的伸缩能力以及由此而决定的劳动力流动性。社会保险的统筹层次越高,动员社会保险资金的伸缩能力越强,劳动力资源可自由流动的范围就越广,流动性就

[①] 参见表 4-3-5。
[②] 参见表 4-3-3。

越大;统筹层次越低,动员社会保险资金的伸缩能力越弱,劳动力资源可自由流动的范围就越小,流动性就越差。[①] 统筹层次的高低标志着基本养老保险制度社会化的程度,通常可分为四个等级,从高到低依次为全国统筹、省级统筹、市级统筹和县级统筹。

就国际社会而言,建立现代社会保障制度的国家基本上都是实行中央层面的统筹,即全国统筹层次。无论从理论角度还是实践角度来看,全国统筹都是效率最高的方式。因此,对于"统筹层次"指标而言,本书采用理论标准设定其满分标准值为全国统筹。由于"统筹层次"这一指标的特殊性在于其指标值不是连续的数值,而是几个明确的层级,因此,在评价标准值的设定上也应考虑到这一点。

县级统筹是社会保险基金统筹的初始层次,市级统筹则是社会保险基金统筹的过渡层次,两者都具有数量颇多和范围有限的特征[②],因此指标评价标准的设计上,可将这两个层次进行合并,设为市(县)级统筹[③]。由此,"统筹层次"指标在进行评价标准设计时可分为三个等级,即:全国统筹、省级统筹与市(县)级统筹。对这三个等级采用理论标准分别赋予100分、80分、60分的确定分值,便可对其进行相应的绩效评价。

第四节　有效性指标评价标准设计研究

基本养老保险基金支出绩效有效性指标的评价标准设计情况如表

---

① 陈元刚,李雪.我国基本养老保险统筹层次的现状和抉择分析[J].重庆理工大学学报(社会科学),2011(6).
② 李尧远,王礼力,刘虹.社会保险基金统筹的可能层次与可行路径[J].宁夏大学学报(人文社会科学版),2012(1).
③ 因为国际社会大都在建立社会保障制度之初就采取全国统筹,所以,"统筹层次"这一指标主要是针对中国特定国情而设计,在评价标准的设计上将以中国现实国情与发展前景为主要考量依据,因此,理论层级的市级与县级合并对于指标体系的理论构建以及评价标准的科学设计没有不利影响,而只是增强了指标绩效评价的可操作性。特此说明。

6-4-1所示。

表6-4-1　基本养老保险基金支出绩效有效性指标评价标准

一级指标	二级指标	计分指标	满分标准值 标准类别	满分标准值 标准值	及格标准值 标准类别	及格标准值 标准值
替代率(%)(33%)	同一级指标	同一级指标	理论标准	70	通用标准	40（低向及格值）
					理论标准	100（高向及格值）
财务可持续性(34%)	累计结余可支付时间（月）(34%)	同二级指标	国际标准	36	通用标准	6
	隐性债务/GDP(%)(33%)	同二级指标	理论标准	0	国际标准	4.8
	保值增值水平(%)(33%)	通货膨胀率评价(%)(34%)	理论标准	20	理论标准	0
		社会平均工资增长率评价(%)(33%)	理论标准	20	理论标准	0
		经济增长率评价(%)(33%)	理论标准	20	理论标准	0
基本养老金贡献率(%)(33%)	同：一级指标	同：一级指标	理论标准	57.9	理论标准	85.7

注：各类、各级指标后标明的百分比为该类、该级指标在上一类或上一级指标中所占的权重。
资料来源：作者编制。

一、评价标准设计研究：替代率

基本养老保障"替代率"指标是基本养老保险制度的重要影响参数，其实质是反映基本养老保障水平的高低。由于基本养老保险制度作为社会保障制度的重要组成部分，其制度功能在于保障社会成员的基本生活，因此就本书研究所关注的平均替代率指标而言，其水平范围应当有一个适度区间，过高或过低的替代率水平都不能很好地体现基本养老保险制度的绩效。替代率水平过高,不仅会加重缴费者负担,而且会造成退休人员收入水平接近或超过同期在职人员的收入水平,不符合社会发展规律与效率原则。替代率水平过低,则一方面会使退休人员的基本生活需求得不到可靠保障;另一方面也会造成退休人员与在职人员之间过大的收入差距,有违社会公平。因此,当基本养老保障水平处于适度状态时,相应地,替代率水平也应当是适度的。这种适度水平的表现便是既能保证退休人员基本生活需求又能实现基本养老保险基金收支的长周期平衡与可持续运行。

基于以上分析,"替代率"指标的评价标准也应当有一个合理的适度水平区间。以最优值为中间最高点,绩效得分随指标值的上升而呈倒U形变化。因此,"替代率"指标从绩效评价的角度来看也是一个双向变化的指标,即进行评价标准设计时应当有一个满分标准值与两个及格标准值(高向与低向)。

由于"激励与保护相统一"是社会保险制度应当坚持的一大原则,因此,基本养老保险制度的设计也应当遵循这一原则。在现代社会保障制度发展较成熟的发达国家,在职职工由于要缴纳所得税、社会保障税等各类税费,这部分税额约占其全部收入的30%[1],因此其税后纯收入仅为税前工资的70%左右,这也意味着在职人员的可支配收入大致相当于其税前收入的70%。基于上述"激励与保护相统一"的原则,退休人员的养老金不应与同期在职人员的工资收入相等,一般应占他们最多获得的工资收入总额的一个比重。由此可见,基本养老保障替代率适度水平的上限理论上应当为70%。因此,本书采用理论标准设定"替代率"指标的满分及格值为70%。

根据国际劳工组织第128号公约规定[2],缴费满30年并且有达到退休

---

[1] 李珍主编.社会保障理论[M].北京:中国劳动社会保障出版社,2001.
[2] 国际劳工组织.残疾、老年和遗属津贴公约(第128号公约)[EB/OL].[1967-06-29].http://www.ilo.org/dyn/normlex/en/f?p=NORMLEXPUB:12100:0::NO::P12100_ILO_CODE:C128.

年龄配偶需要赡养的退休劳动者,其基本养老金替代率水平最低为45%;缴费不满30年者则按最低替代率90%的比例发放,即其替代率水平最低为40.5%[1]。考虑到缴费年限也是基本养老金水平的主要影响要素,同时,参考发达国家实践中的公共养老金替代率水平来看,其适度区间下限值通常为40%[2],因此,本书对基本养老保障"替代率"指标的低向及格标准值采用通用标准取整设定为40%。

同时,基于前文的理论分析,以公平与效率相结合、激励与保护相统一为原则的基本养老保险制度设计,对替代率水平的极端理论上限应当不高于同期在职人员的税前收入水平,因此,本书对基本养老保障"替代率"指标的高向及格标准值采用理论标准设定为100%。

二、评价标准设计研究:财务可持续性

有效性指标中的"财务可持续性"一级指标下设三个二级指标,分别为"累计结余可支付时间""隐性债务/GDP"与"保值增值水平",这三个指标可从不同角度反映基本养老保险制度运行的财务可持续性。

(一)"累计结余可支付时间"指标评价标准

"累计结余可支付时间"这一指标反映的是基本养老保险制度当前持续支付能力的强弱,因此又称为"备付能力"。累计结余可支付时间越长,基本养老保险制度的持续支付能力也越强。该指标的计算公式为:

$$累计结余可支付时间 = 累计结余额 \times 365 / 当年基金支出额[3]$$

从基本养老保险的制度属性考虑,由于其属于当期缴费、远期享受,因

---

[1] 国际劳工组织第128号公约同时规定,基本养老金的"现行定期支付率应随一般工资水平和/或生活费用的显著性变化而随时复审修订"。由于第128号公约沿用至今,作为一项相对值标准,其设计具有相当的理论依据和规范性,并已在长期的实践中得到了验证,因此,公约制定的标准对本书研究具有较高参考价值。
[2] 参见本书第五章第一节的分析,数据详见表5-1-2。
[3] 该指标的单位可以"天"来计算,也可以换算成"月"或"年",本书在进行评价指标设计时以"月"为单位。

此基金必须留有相应的储备额,以备养老待遇按时足额发放。

对于"累计结余可支付时间"的满分标准值,就国际水平而言,美国社保基金 2012 年底累计结余为 2.73 亿美元,当年养老金支出为 7 830 万美元,[①]累计结余可支付时间约为 3.5 年。由于美国代表了发达国家最高水平,据此估计发达国家平均水平应当略低于 3.5 年。结合目前可得资料与国际社会常规经验判断,本书对"累计结余可支付时间"指标的满分标准值采用国际标准,设定为 3 年,即 36 个月。

对于"累计结余可支付时间"指标的及格标准值,由于目前可得资料中没有对此专设的标准,因此,我们可以从相关新闻资料中间接获取有效信息以供参考。以北京市为例,"2013 年城镇职工基本养老保险基金收入 1 181.3 亿元,比上年增加 186.2 亿元;基金支出 734.8 亿元,比上年增加 94.6 亿元;当年结余 446.5 亿元。全年城镇职工基本养老保险跨省转入本市 30 260 人,转入资金 9.1 亿元,从本市转出 39 645 人,转出资金 8.1 亿元"。对于这一运行情况,市社保中心主任吴晓军表示,"养老保险从目前的结余看,几乎不存在支付不安全的因素"。[②] 根据前述公式计算可知,北京市 2013 年底的累计结余可支付时间为 7.3 月,这说明 7 个月以上的累计结余可支付时间是符合基金支付安全标准的。同时,参考我国医保基金对预留风险金的国家规定[③],"累计结余为 6—9 个月的支出时,为适宜水平",结合举例分析的指标水平情况,说明这一规定对基本养老保险基金的运行也是较适用的。因此,本书对"累计结余可支付时间"指标的及格标准值采用通用标准,设定为 6 个月。

(二)"隐性债务/GDP"指标评价标准

"隐性债务/GDP"这一指标反映的是基本养老保险制度建立与完善过

---

① 陈莹莹.社科院专家:我国养老金隐性债务规模或超 20 万亿[N].中国证券报,2014-01-02.
② 解丽.2013 年社保基金结余 484 亿[N].北京青年报,2014-05-15(A6).
③ 累计结余近 200 亿元　北京医保基金并非"入不敷出"[EB/OL].[2011-10-28]. http://finance.people.com.cn/fund/h/2011/1028/c227926-1706241817.html.

程中形成的转制成本的负担程度,这也是从转制之初至未来相当一段时期内需要设法消化与偿还的债务性支出。考虑到本书所探讨的隐性债务的实质是广义隐性债务中显性化的那一部分,而这一部分从理论上说不应当由基本养老保险基金来加以偿还,而是应当由国家通过合理增加财政投入,逐步化解体制转轨所造成的隐性债务,①由此缓解当前及未来的支付危机。

各国在社会保障改革与转制过程中,由政府承担其隐性债务也是相当普遍的做法。在这方面,智利经验可以说是政府偿还隐性债务的成功典范。在社会养老保险制度的改革过程中,智利政府承担起全部社会保障转轨成本并投入巨额资金支持,对于智利成功实现由现收现付模式向个人账户模式的转轨起到了巨大作用。据测算,智利政府承担的隐性债务的总规模约占其当时年GDP的80%,债务的最高峰值为GDP的4.8%,随后呈现逐年下降的趋势,到2025年智利政府将全部清偿所有债务。②

由于隐性债务是基本养老保险制度改革与完善过程中形成的转制成本,其来源是"老人"与"中人"基本养老金中的相应部分,因此,从理论上说,这部分债务会随着个体生命周期与基本养老保险代际推移而自行消解,而政府的责任担当则是从维护制度可持续性角度发挥重大推动与保障作用。当这部分债务全部偿还与消解后,基本养老保险制度的可持续性将得到进一步提升。理论上说,经过特定历史时期,隐性债务将不复存在,此时政府便无偿还隐性债务的负担。因此,本书采用理论标准对"隐性债务/GDP"指标设定满分标准值为0。

同时,参考国际社会的经验做法,政府承担社会养老保险制度改革的转制成本是主流,上述智利的成功案例值得我们借鉴。智利在社会保障模式转轨过程中形成的隐性债务在国际社会中处于相当高的水平,而智利政府

---

① 如无特别说明,本书所探讨的"隐性债务"概念均是指隐性债务的显性化部分,下同。
② 赵春玲、倪志良、刘辉.美国OASI支付额、覆盖面的Granger检验与我国养老保险的财政倾斜建议[J].宁夏大学学报(人文社会科学版),2007(4).

尚且能够承担下来并逐步化解偿还。而据世界银行测算，中国政府为了推进社会保障模式的转轨所需承担的社会保障债务规模比智利要小很多，从这个意义上说，通过政府财政合理投入来偿还制度转型而产生的隐性债务是具有现实可行性的。如前文所述，智利政府承担的转制债务的年度最高峰值为当年GDP的4.8%，因此，本书以此较宽口径进行衡量，对"隐性债务/GDP"指标采用国际标准设定及格标准值为4.8%。当"隐性债务/GDP"指标高于这一水平时，可视为隐性债务负担过重，政府无力全部承担；而当"隐性债务/GDP"指标低于这一水平时，则以国际经验对照，政府应当有能力承担，其差异仅体现为债务负担的相对轻重。

(三)"保值增值水平"指标评价标准

"保值增值水平"指标可用来反映资金在未来支付之前抵御经济、社会各种风险，保持并提升实际购买力的能力。根据前文分析，随着人口老龄化进程的加速，在基本养老保险基金支出绩效评价研究中，有必要考虑全国社会保障基金的战略储备作用，通过对其保值增值水平的考量，可以衡量出基本养老保险制度抗风险能力的强弱。

基金投资收益率是衡量社保基金投资运行有效性的直观指标。从绩效评价的角度出发，探讨基金收益率水平时应当考虑3个指标对其产生的实际影响，这3个指标分别是通货膨胀率、社会平均工资增长率与经济增长率。[①]

尽管社保基金的主要用途是在未来人口老龄化高峰时期应对基本养老保险基金的支付危机，但其每年的投资收益率都应当与同期通货膨胀率、社会平均工资增长率以及经济增长率进行对比，这样才能逐年分析社保基金的运行绩效，并对其战略储备功能形成连续的长期评价。当基金收益率低于通货膨胀率时，意味着基金的实际购买力在下降，未来支付给退休人员时

---

① 童驭.浅析基本养老保险中个人账户基金的保值增值[J].湖北农村金融研究，2009(3).

所能够消费的商品与服务数量都将会减少,而这将直接导致退休人员生活水平的下降。当基金收益率低于社会平均工资增长率时,则意味着退休人员收入增长的速度低于在职人员,两个群体之间的收入差距会有所加大,不利于社会保障的公平职能实现。当基金收益率低于经济增长率时,则意味着基金运行没有很好地分享社会经济发展成果,其运行绩效水平偏低。

基于以上分析,本书在二级指标"保值增值水平"的基础上,服务于计分过程,专设了三个计分指标,分别为"通货膨胀率评价"、"社会平均工资增长率评价"以及"经济增长率评价",以反映基金收益率与同期通货膨胀率、社会平均工资增长率以及经济增长率之间的差异。计算公式如下:

通货膨胀率评价[①] = 基金收益率 − 通货膨胀率

社会平均工资增长率评价 = 基金收益率 − 社会平均工资增长率

经济增长率评价 = 基金收益率 − 经济增长率

结合我国历年数据的历史变化情况来看(见表 7-3-3),在宏观经济、政策指导、物价条件等多方面因素的共同作用下,三项计分指标都曾达到过 20% 以上的高水平,尽管这需要特定经济社会条件的推动,但历史数据证明这一水平从理论上说是有实现可能的,可作为理论极值参考。因此,本书采用理论标准对这三项计分指标的满分标准值设定为 20%[②],对其及格标准值则统一设定为 0。

三、评价标准设计研究:基本养老金贡献率

"基本养老金贡献率"指标是指基本养老金占老年收入来源的比重,可用来衡量多支柱养老程度的高低,并由此反映出基本养老保险支柱所发挥的作用。仅就该项单一指标角度而言,理论上说,该指标值越低,说明退休

---

① 根据计算公式可知,"通货膨胀率评价"指标即基金实际投资收益率,数据参见表 5-2-3。
② 由于这三项计分指标均为单向评价指标,即指标值越高越好,因此高于 20% 时一律视为满分。

生活的收入来源越是多元化,退休人员生活水平也越高;反之,指标值越高,说明退休生活的收入来源越单一,多支柱养老体系尚未建立成熟,退休人员对基本养老保险制度的依赖性越强,其生活水平也相对较低。但从另一个角度来看,该指标作为基本养老保险基金支出绩效评价指标体系的组成部分,还需要从基本养老保险制度的社会保障功能角度对其提出一定要求,指标值过低则说明社会保障制度的作用过于薄弱,同时也不符合国际劳工组织保障劳动者基本权益的规定。因此,综合而言,该指标值应处于适度水平,既不是越高越好,也不是越低越好。

为了对"基本养老金贡献率"指标的评价标准进行科学设计,下文将对直接反映养老保障程度的"替代率"指标进行一定分析,以考量几个特定替代率水平所反映的退休生活保障程度,在此基础上进行合理的评价标准设计。

首先,分析70%的替代率水平,这既是世界银行提出的保持退休生活品质与退休前相比不降低的理想标准,同时也是一个理论标准,是指在职人员收入扣除各种税费之后的可支配收入的比例[①]。这一替代率水平可理解为通常情况下养老保障替代率水平的理论上限。

其次,分析40.5%的替代率水平,这是国际劳工组织第128号公约规定的最低基本养老金替代率水平。根据第128号公约规定,最低替代率水平以缴费年限是否满30年作为一项区别条件,缴费满30年并且有达到退休年龄配偶需要赡养的退休劳动者,其基本养老金替代率水平最低为45%;缴费不满30年者则按最低替代率90%的比例发放,即其替代率水平最低为40.5%。[②] 这一替代率水平可使退休人员生活水平得到最基本的保障。

再次,分析60%的替代率水平,这是已为实践证明的主要发达国家的

[①] 李珍主编.社会保障理论[M].北京:中国劳动社会保障出版社,2001.
[②] 国际劳工组织.残疾、老年和遗属津贴公约(第128号公约)[EB/OL].[1967-06-29].http://www.ilo.org/dyn/normlex/en/f?p=NORMLEXPUB:12100:0::NO::P12100_ILO_CODE:C128.

公共养老金替代率水平合理上限值(见表5-1-2),这一替代率水平可使退休人员生活水平得到较好的保障。

基于以上分析,本书对"基本养老金贡献率"指标的评价标准进行如下设定:

就满分标准而言,将40.5%的国际劳工组织规定的替代率最低值除以70%的替代率水平理论上限值,得57.9%,因此,采用理论标准设定"基本养老金贡献率"指标的满分标准值为57.9%。这一满分值水平既能实现基本养老金的社会保障功能,又能较大程度地体现退休人员收入来源的多元化,反映多支柱养老体系的成熟与完善。

就及格标准而言,将60%的发达国家替代率水平合理上限值除以70%的替代率水平理论上限值,得85.7%,因此,采用理论标准设定"基本养老金贡献率"指标的及格标准值为85.7%。这一及格标准值在以基本养老金作为主要退休收入来源的前提下,也可从一定程度上实现多支柱养老体系的多元化保障功能。

第七章
我国基本养老保险基金
支出绩效的实证评价：
经济性、效率性与有效性

本书理论篇（第三章至第五章）基于公共支出绩效评价的基本原理，结合老龄化社会的现实特征，构建起一套可度量的基本养老保险基金支出绩效评价指标体系；第六章采用通用标准、国际标准与理论标准相结合的方法对各项指标的评价标准进行了百分制的设计研究。在此基础上，本章将对我国基本养老保险基金支出绩效评价指标体系的各项具体的评价性指标进行实证评分研究，并由此形成经济性、效率性、有效性三大类指标历年的量化评价分值。

第一节 经济性指标得分情况实证评价

根据本书第六章第二节对基本养老保险基金支出绩效评价的经济性指标评价标准的具体设计，本节对经济性指标进行了绩效实证评分研究（见表7-1-1）。通过不同年份指标值与指标得分的变化情况，可以对我国基本养老保险基金支出的经济性指标的绩效水平发展情况进行判断与分析。

表 7-1-1　基本养老保险基金支出绩效评价经济性指标得分

年份	基本养老保险基金支出/GDP(%)	人均基本养老保险基金支出(元)	养老保险财政补助支出/财政支出(%)	基本养老保险基金支出/GDP(34%)	人均基本养老保险基金支出(33%)	养老保险财政补助支出/财政支出(33%)	经济性指标得分
1989	0.70	110.84	—	0.00	—	—	—
1990	0.80	128.92	—	0.00	89.64	—	—
1991	0.79	132.73	—	0.00	55.92	—	—
1992	1.19	159.54	—	59.25	81.35	—	—
1993	1.32	213.22	—	60.17	90.23	—	—
1994	1.36	264.94	—	60.44	58.81	—	—
1995	1.39	315.16	—	60.59	63.69	—	—
1996	1.44	364.62	—	60.96	72.67	—	—
1997	1.58	411.68	—	61.87	79.02	—	—
1998	1.78	461.88	—	63.26	85.75	—	—
1999	2.13	537.62	—	65.66	95.86	—	—
2000	2.12	556.14	—	65.56	65.25	—	—
2001	2.11	572.20	—	65.46	64.34	—	—
2002	2.35	656.66	—	67.12	91.84	—	—
2003	2.29	673.99	2.15	66.69	63.45	67.82	65.98
2004	2.18	711.36	2.16	65.96	64.34	67.84	66.05
2005	2.17	770.90	1.92	65.92	73.33	66.98	68.74
2006	2.25	880.30	2.40	66.44	85.01	68.73	73.39
2007	2.23	1 003.44	2.32	66.27	78.16	68.45	70.96
2008	2.33	1 161.11	2.30	67.00	79.15	68.35	71.50
2009	2.57	1 276.43	2.16	68.63	81.86	67.84	72.78
2010	2.58	1 395.04	2.17	68.69	71.81	67.91	69.47
2011	2.64	1 558.32	2.08	69.06	72.16	67.56	69.60
2012	2.91	1 741.70	2.10	70.94	77.66	67.64	72.08

续 表

年份	指标值			指标得分			经济性指标得分
	基本养老保险基金支出/GDP(%)	人均基本养老保险基金支出(元)	养老保险财政补助支出/财政支出(%)	基本养老保险基金支出/GDP(34%)	人均基本养老保险基金支出(33%)	养老保险财政补助支出/财政支出(33%)	
2013	3.14	1 914.19	2.15	72.48	74.24	67.83	71.52
2014	3.42	2 109.63	2.34	74.37	72.97	68.50	71.95
2015	3.81	2 352.97	2.68	77.05	79.77	69.75	75.52

注：(1) 指标值数据来源为历年《中国统计年鉴》、《2015 国民经济和社会发展统计公报》、财政部网站；(2) 指标得分为百分制，指标得分为作者计算而得；(3) 由于数据可得性原因，各指标所能获得的数据年份长度不同，无数据年份用"—"表示。

一、经济性指标实证评价(一)：基本养老保险基金支出/GDP

图 7-1-1 展示了我国"基本养老保险基金支出/GDP"的指标水平发展与绩效分值变化。需要说明的是，从表 7-1-1 可见，1989—1991 年该指标得分为 0，这是因为当时我国基本养老保险制度尚未正式建立(包括 1997 年以前都处于局部试点阶段)，由于过去无积累、无基础，因此初期起步阶段水平从极低到逐步提高有一个过程是正常的。考虑到该项指标数据可获取的最早年份为 1989 年，因此从数据积累的完整性出发，本书仍将 1989—1991 年该项指标值及其得分列于表 7-1-1 中仅供参考，但在实际评价研究中则略去对以上三个年份的考量。如图 7-1-1 所示，将以 1992 年为评价起点对"基本养老保险基金支出/GDP"指标进行绩效评价与分析。

自 1992 年以来该指标总体呈现稳定上升的特征，从 1992 年的 1.19% 开始逐年上升至 1999 年突破 2%，达 2.13%；此后 13 年均在 2%—3% 小幅波动，略有上升；2013 年首次突破 3%，达 3.14%，之后逐年上升至 2015 年的 3.81%。由此可见，伴随着我国稳健快速的经济增长，基本养老保险基金

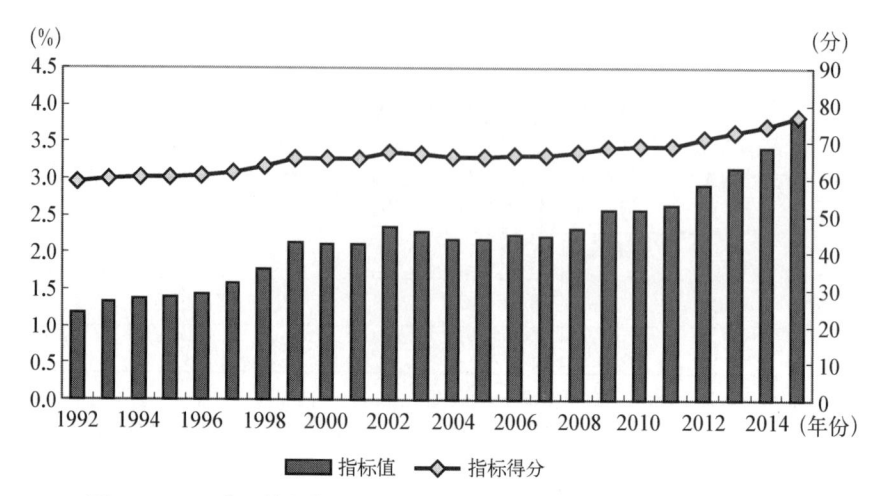

图 7-1-1　我国基本养老保险基金支出/GDP 指标得分情况(1992—2015)

资料来源：作者编制。

支出总规模也在迅速扩大,这一方面是由于我国人口老龄化不断加速的进程推动着基本养老保险基金支付需求的扩张；另一方面也是由于国家高度重视退休人员生活水平的稳定与提高,连续 10 余年上调企业退休人员基本养老金标准,使广大退休人员得以参与分享社会经济发展的成果。

"基本养老保险基金支出/GDP"指标值的稳定上升在其绩效分值上也有所体现。自 1992 年以来,该指标除了第一年起步阶段分值略低于及格标准以外,其后各年绩效得分均在及格水平以上,并且保持稳步上升态势,至 2012 年已突破 70 分,之后得分逐年上升至 2015 年的 77.05 分,成绩相当喜人。因为本书经过研究而选取的满分标准值为经济较发达的 OECD 国家平均水平,而我国作为全世界目前唯一一个老年人口超过 2 亿人的国家(并且是发展中国家),能在较短时间内建立起基本养老保险制度并负担起规模庞大的退休人员基本养老金支出已是难能可贵。在现有成绩的良好基础上,本书研究设计的绩效评价标准则有助于我们更清晰地展望今后在基本养老保险制度投入方面的提升空间与具体目标。

二、经济性指标实证评价(二):人均基本养老保险基金支出

表7-1-2列明了"人均基本养老保险基金支出"指标的发展水平与绩效得分情况。我国人均基本养老保险基金支出水平自1989年以来逐年上升,由1989年的110.84元/月增加至2015年的2352.97元/月,年平均增长率达12%以上,2014年首次突破2000元/月,人均支出绝对规模的扩大相当迅速。

同时,考虑到扣除物价因素影响后的人均基本养老金实际购买力对退休人员的消费能力及其生活质量产生的实质性影响,本书基于指标评价标准的客观性考量,在一级指标"人均基本养老保险基金支出"的基础上,服务于计分过程,专设了相应的计分指标,即"平均实际养老金指数"[①]。

表7-1-2 人均基本养老保险基金支出指标得分情况(1990—2015)

年份	一级指标 人均基本养老保险基金支出(元/月)	计分指标 指数对比(上年=100) 平均养老金指数	计分指标 指数对比(上年=100) 城市居民消费价格指数	平均实际养老金指数	指标得分
1989	110.84	—	—	—	—
1990	128.92	116.31	101.30	114.82	89.64
1991	132.73	102.96	105.10	97.96	55.92
1992	159.54	120.19	108.60	110.67	81.35
1993	213.22	133.65	116.10	115.11	90.23
1994	264.94	124.26	125.00	99.41	58.81
1995	315.16	118.96	116.80	101.85	63.69
1996	364.62	115.69	108.80	106.34	72.67
1997	411.68	112.90	103.10	109.51	79.02

---

① 该计分指标的定义详见本书第三章第二节的阐述,计算公式见表7-1-2注(3)。

续 表

年 份	一级指标	计 分 指 标		平均实际养老金指数	指标得分
	人均基本养老保险基金支出（元/月）	指数对比(上年=100)			
		平均养老金指数	城市居民消费价格指数		
1998	461.88	112.20	99.40	112.87	85.75
1999	537.62	116.40	98.70	117.93	95.86
2000	556.14	103.44	100.80	102.62	65.25
2001	572.20	102.89	100.70	102.17	64.34
2002	656.66	114.76	99.00	115.92	91.84
2003	673.99	102.64	100.90	101.72	63.45
2004	711.36	105.54	103.30	102.17	64.34
2005	770.90	108.37	101.60	106.66	73.33
2006	880.30	114.19	101.50	112.50	85.01
2007	1 003.44	113.99	104.50	109.08	78.16
2008	1 161.11	115.71	105.60	109.58	79.15
2009	1 276.43	109.93	99.10	110.93	81.86
2010	1 395.04	109.29	103.20	105.90	71.81
2011	1 558.32	111.70	105.30	106.08	72.16
2012	1 741.70	111.77	102.70	108.83	77.66
2013	1 914.19	109.90	102.60	107.12	74.24
2014	2 109.63	110.21	103.50	106.48	72.97
2015	2 352.97	111.53	101.50	109.89	79.77

注：计分指标为平均实际养老金指数。计算公式为：平均实际养老金指数=报告期退休人员平均养老金指数/报告期城镇居民消费价格指数×100%。
资料来源：指标值数据来源详见表3-2-1；指标得分为作者计算而得。

（一）人均基本养老保险基金支出规模与平均养老金指数

图7-1-2和图7-1-3展示了我国1990—2015年的人均基本养老保险基金支出、平均养老金指数以及平均实际养老金指数的对比关系与变化情况。

图7-1-2显示,我国人均基本养老保险基金支出规模自1990年以来逐年递增,而反映上年环比增幅的平均养老金指数则从大幅波动逐步趋于平稳。1993年平均养老金指数曾高达133.65,1991年、2001年和2003年又曾低至102的水平,指数波动程度剧烈;2005年以来指数逐步趋稳并收敛于110左右,这一变化特征也与我国最近连年稳定上调企业退休人员人均基本养老金的政策效果十分吻合。

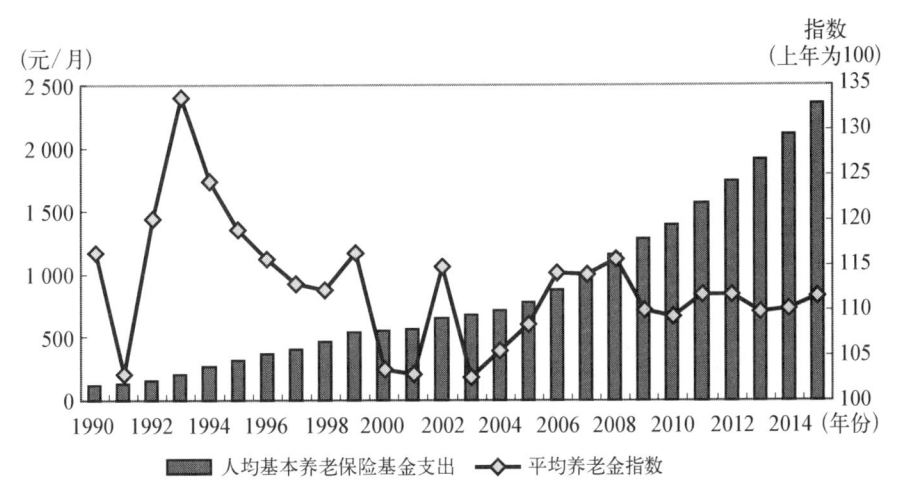

图7-1-2 我国人均基本养老保险基金支出变化情况(1990—2015)
资料来源:作者编制。

(二) 平均养老金的名义指数与实际指数

图7-1-3对比了平均养老金指数与平均实际养老金指数的变化[①],从中可以看出各年份基本养老金实际购买力的变动情况。1990年以来,绝大多数年份都是平均养老金的名义指数高于实际指数,仅有1998年、1999年、2002年和2009年平均养老金的实际指数略高于名义指数。此外,我国平均养老金的实际指数绝大多数年份均高于100,仅有1991年和1994年两年低于100,分别为97.96和99.41,这说明除这两年以外的其他年份我国人

---

① 为便于对图7-1-3中两组指数进行对比分析,本书此处将平均养老金指数称为"名义指数",将平均实际养老金指数称为"实际指数",以体现有无物价因素影响的区别。

均基本养老金的实际购买力都较上年有所提高,退休人员的生活水平在保持稳定的同时都有所上升。

1990—1996年,我国处于基本养老保险制度尚未全面建立的初始试行阶段,平均养老金的名义指数与实际指数的波动都较为剧烈,名义指数1991—1993年较上年的变化幅度分别为－13.35、17.23和13.45,实际指数1991年、1992年和1994年较上年的变化幅度分别为16.86、12.71和－15.71,两组指数在这一阶段均呈现出"大起大落"的变化特征。同时物价因素对养老金实际购买力的影响也更为显著,1992—1996年是平均养老金名义指数与实际指数差距最大的一个阶段,名义指数高出实际指数的幅度依次为9.52、18.53、24.85、17.11和9.36,1994年最高时两者差距达到20以上。

1997年以来物价因素对养老金指数的影响逐渐趋于稳定,图7-1-3中两条折线的变动趋于一致,两组指数之间的差距也明显缩小,最低年份时还不到1,最高年份时也控制在5左右。2015年数据显示,平均养老金的名

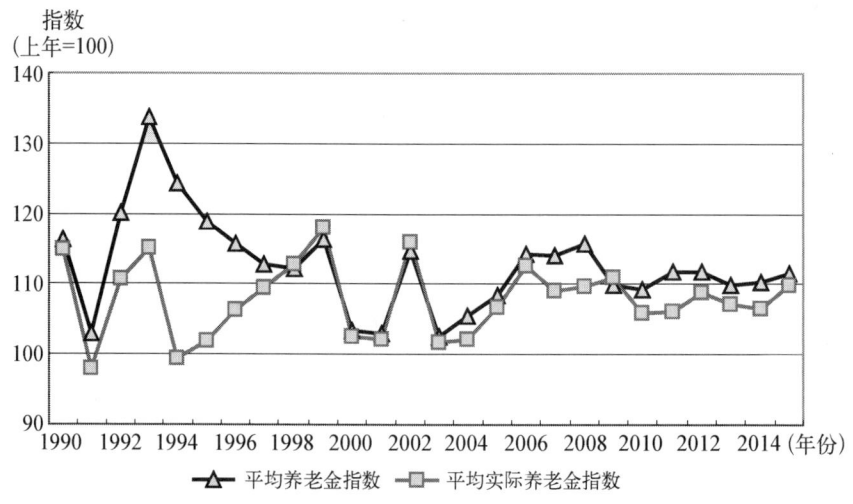

图 7-1-3　我国平均养老金指数变化情况(1990—2015)

资料来源:作者编制。

义指数与实际指数之间的差距仅为1.65。同时,两组指数自身的变化波动也逐渐平稳,名义指数的变动如前文所述,自2005年以来稳定在110左右;扣除物价因素影响后,实际指数2005—2009年处于110左右,2010—2015年则稳定于108左右,这也是我国基本养老保险制度建立后逐步稳定、成熟运行的一种表现。

(三)计分指标研究:平均实际养老金指数及其绩效得分

对于经济性指标中的一级指标"人均基本养老保险基金支出",由于这是一个绝对数指标,因此,为体现该指标所包含的基本养老金实际购买力所产生的绩效水平,本书专设了服务于计分过程的相应计分指标,即"平均实际养老金指数"[①]。该计分指标的绩效得分将作为一级指标"人均基本养老保险基金支出"的绩效得分计入表7-1-1。

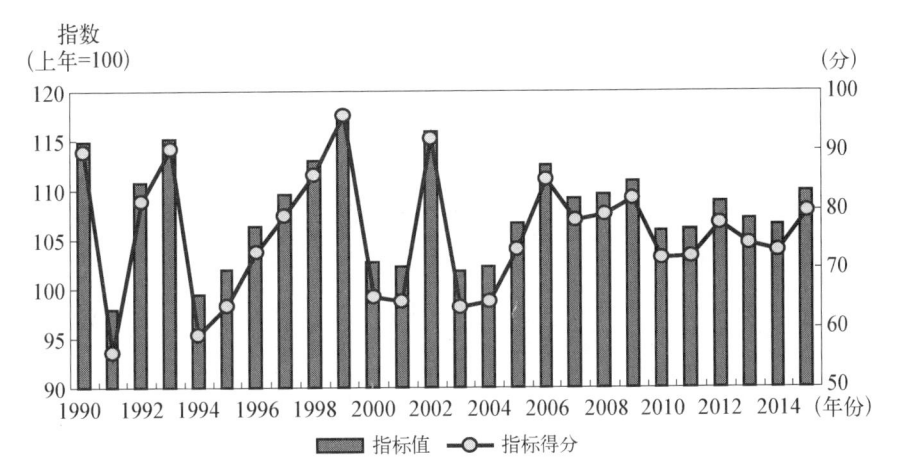

图7-1-4 我国平均实际养老金指数指标得分情况(1990—2015)

资料来源:作者编制。

图7-1-4展示了我国"平均实际养老金指数"这一计分指标的指标值与指标得分的变化情况,可以发现指标得分的变化走势与指标值的变化高

---

① 该计分指标的定义详见本书第三章第二节的阐述,计算公式见表7-1-2注(3)。

度趋同。尽管之前年份曾出现过90分以上的高分,但也出现过低于60分及格标准的低水平分值,并且在最初10余年间经历了多次剧烈起伏。因此,逐步稳定的指标绩效得分也代表着逐步成熟的制度运行状态,今后的指标得分提升将会是在稳健基础上的新发展的体现,使得广大退休人员在保持稳定生活水平的同时更充分地分享到社会经济的发展成果。

三、经济性指标实证评价(三):养老保险财政补助支出/财政支出

图7-1-5对经济性指标"养老保险财政补助支出/财政支出"的指标值与指标得分进行了展示。2003—2015年该指标值长期处于2%左右的偏低水平稳定状态,因此,其指标得分也高度稳定在68分左右,分值变化极小,最低为2005年的66.98分,最高为2015年的69.75分。

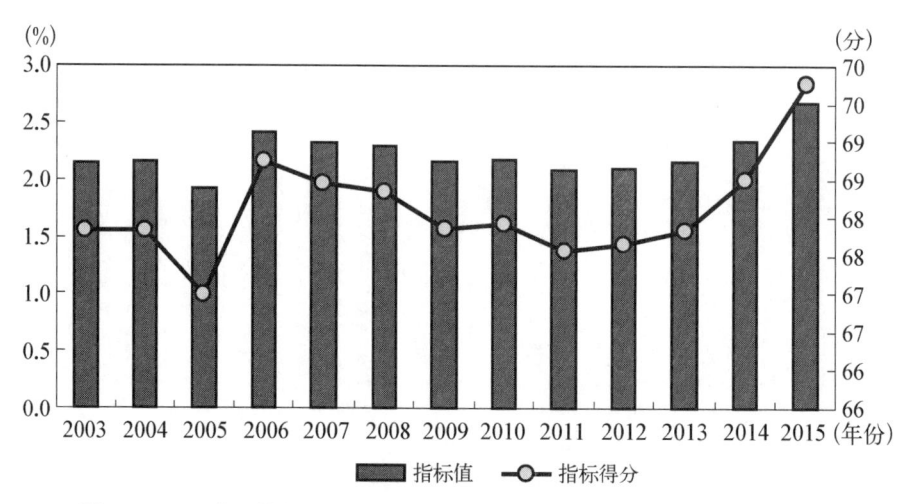

图7-1-5 我国养老保险财政补助支出/财政支出指标得分情况(2003—2015)
资料来源:作者编制。

结合本书第三章第三节对该指标的现实分析与国际对比情况来看,无论是从符合我国国情的适度水平考量(11%),还是从发达国家的国际经验出发(多为10%以上),我国养老保险财政补助支出占财政支出的比重都有

第七章 我国基本养老保险基金支出绩效的实证评价：经济性、效率性与有效性 | 175

很大提升空间。

当然，养老保险财政补助支出比重的提高不是一蹴而就的，需要有一个逐步提升的过程，这个过程将涉及国家财政的承受能力、政府公共职能的转变进程、公共支出结构的合理调整、人口老龄化经济挑战的科学应对、基本养老保险制度的成熟完善等多方面因素的互动与推进，而指标得分的绩效评价恰恰为我们今后如何进行调整与改进指出了方向。

第二节 效率性指标得分情况实证评价

在本书第六章第三节对基本养老保险基金支出绩效评价的效率性指标评价标准进行具体设计的基础上，本节对效率性指标进行了绩效实证评分研究（见表7-2-1）。通过历年指标值与指标得分的变化情况对比，可以判断与分析我国基本养老保险基金支出的效率性指标的绩效水平发展情况。

表7-2-1 基本养老保险基金支出绩效评价效率性指标得分

年份	指标值				指标得分				
	覆盖面(%)	缴费率(%)	退休年龄(岁)	统筹层次	覆盖面(25%)	缴费率(25%)	退休年龄(25%)	统筹层次(25%)	效率性指标得分
1980	—	—	*	—	—	—	52.05	—	—
1981	—	—	*	—	—	—	52.05	—	—
1982	—	—	*	—	—	—	52.05	—	—
1983	—	—	*	—	—	—	52.05	—	—
1984	—	—	*	—	—	—	54.05	—	—
1985	—	—	*	—	—	—	54.05	—	—
1986	—	—	*	—	—	—	54.05	—	—
1987	—	—	*	—	—	—	54.05	—	—

续 表

年份	指标值				指标得分				效率性指标得分
	覆盖面(%)	缴费率(%)	退休年龄(岁)	统筹层次	覆盖面(25%)	缴费率(25%)	退休年龄(25%)	统筹层次(25%)	
1988	—	—	*	—	—	—	54.05	—	—
1989	—	—	*	—	—	—	54.05	—	—
1990	30.52	—	*	—	65.26	—	54.05	—	—
1991	32.37	—	*	市(县)级	66.19	—	54.05	60	—
1992	43.53	—	*	市(县)级	71.76	—	54.05	60	—
1993	43.85	—	*	市(县)级	71.93	—	53.05	60	—
1994	45.54	—	*	市(县)级	72.77	—	54.05	60	—
1995	45.89	—	*	市(县)级	72.95	—	54.05	60	—
1996	43.96	—	*	市(县)级	71.98	—	54.05	60	—
1997	41.73	20	*	市(县)级	70.86	71.43	53.05	60	**63.84**
1998	39.21	20	*	市(县)级	69.61	71.43	54.05	60	**63.77**
1999	42.40	20	*	市(县)级	71.20	71.43	54.05	60	**64.17**
2000	45.13	20	*	市(县)级	72.56	71.43	54.05	60	**64.511**
2001	45.12	20	*	市(县)级	72.56	71.43	54.05	60	**64.510**
2002	44.91	20	*	市(县)级	72.46	71.43	55.05	60	**64.73**
2003	45.42	20	*	市(县)级	72.71	71.43	54.05	60	**64.55**
2004	46.27	20	*	市(县)级	73.13	71.43	55.05	60	**64.90**
2005	48.01	20	*	12-32(省级)	74.00	71.43	55.05	67.5	**67.00**
2006	49.91	20	*	12-32(省级)	74.96	71.43	54.05	67.5	**66.98**
2007	51.73	20	*	12-32(省级)	75.87	71.43	54.05	67.5	**67.21**
2008	51.67	20	*	17-32(省级)	75.83	71.43	54.05	70.625	**67.98**

第七章 我国基本养老保险基金支出绩效的实证评价：经济性、效率性与有效性 | 177

续 表

年份	指标值				指标得分				
	覆盖面(%)	缴费率(%)	退休年龄(岁)	统筹层次	覆盖面(25%)	缴费率(25%)	退休年龄(25%)	统筹层次(25%)	效率性指标得分
2009	53.25	20	*	25-32(省级)	76.62	71.43	54.05	75.625	**69.43**
2010	55.94	20	*	25-32(省级)	77.97	71.43	55.05	75.625	**70.02**
2011	60.05	20	*	27-32(省级)	80.02	71.43	55.05	76.875	**70.84**
2012	61.94	20	*	32-32(省级)	80.97	71.43	54.05	80	**71.61**
2013	63.23	20	*	32-32(省级)	81.61	71.43	54.05	80	**71.77**
2014	64.95	20	*	32-32(省级)	82.47	71.43	54.05	80	**71.99**
2015	64.88	20	*	32-32(省级)	82.44	71.43	54.05	80	**71.98**

注：(1) 指标值数据来源为历年《中国统计年鉴》、《2015年国民经济和社会发展统计公报》、世界银行数据库、世界卫生组织数据库、历年《人力资源和社会保障事业发展统计公报》；(2) 指标得分为百分制，由作者计算而得；(3) 由于数据可得性原因，各指标所能获得的数据年份长度不同，无数据年份用"—"表示；(4) 由于"退休年龄"指标下设两项二级指标，因此本表不显示其指标值（用"*"表示）；(5) 2005年统筹层次指标值"12—32（省级）"的含义为全国32个省级单位中有12个已实现省级统筹，其他年份以此类推。

一、效率性指标实证评价（一）：覆盖面

图7-2-1展示了1990—2015年我国城镇职工基本养老保险制度"覆盖面"指标及其绩效分值的发展变化情况。

1990年以来我国城镇职工基本养老保险制度覆盖面总体来说不断扩大，虽经历过几次小幅波动，但已从1990年的30.52%扩大至64.88%，

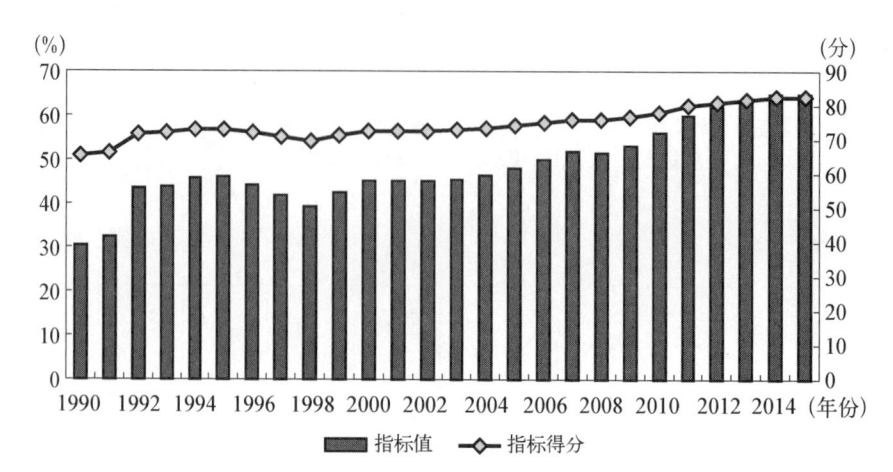

图 7－2－1　我国城镇职工基本养老保险制度覆盖面
指标得分情况（1990—2015）

资料来源：作者编制。

20余年覆盖面翻了一番多，尤其是最近几年覆盖面的持续快速扩大特征与我国社会保障制度广覆盖乃至全覆盖的目标高度一致，由此可以看出国家对社会保障事业的高度重视以及对此付出的不懈努力。

就"覆盖面"指标得分情况而言，从1990年的65.26分快速提高至2015年的82.44分，已从最初的略高于及格标准提升至优良水平，在有效性指标中属于绩效得分最高的一项指标（见表7－2－1）。随着我国城镇职工基本养老保险制度的不断完善以及城乡居民基本养老保险制度的全面建立，我国社会养老保险制度全面覆盖的格局已逐步形成，相信今后该指标得分还将得到进一步提升。

二、效率性指标实证评价（二）：缴费率

"缴费率"指标反映的是基本养老保险缴费者的负担程度，作为基本养老保险制度的一项重要参数，其水平设定合理与否将直接关系到基本养老保险基金的收支平衡与基本养老保险制度的运行质量。

1997年《国务院关于建立统一的企业职工基本养老保险制度的决定》规定,企业缴纳基本养老保险费一般不得超过企业工资总额的20%。[①] 我国自全面建立城镇职工基本养老保险制度以来,企业缴费率长期维持在20%的较高水平。根据林治芬等(2012)的研究,就城镇企业基本养老保险社会统筹缴费率指标而言,2011年我国有22个省份均为20%,有3个省份(福建、浙江、广东)低于20%,有6个省份(山西、云南、上海、江苏、黑龙江、吉林)高于20%。此外,另有个别省份的全省缴费率未统一,可查到的缴费率范围均为20%—22%。[②]

由上可知,对于"缴费率"指标来说,可视其为自1997年以来一直保持20%的总体水平不变,相应地,缴费率指标得分自1997年以来也一直不变,经计算为71.43分(见表7-2-1)。值得注意的是,由于该指标的及格标准值为24%,满分标准值为10%,因此,每个单位分值对应的指标数值相当小。而24%的及格标准值也是最高口径的国际警戒线水平,因此,尽管从"缴费率"指标得分来看高于70分,但我国企业缴费率20%的水平已很接近国际警戒线这一事实不容忽视。由此可见,在可能的条件下逐步、适当降低缴费率应当是既有利于减轻企业负担、提高企业竞争力,又有利于促进基本养老保险制度与国民经济良性运行的总体趋势。

三、效率性指标实证评价(三):退休年龄

表7-2-2展示了1980—2015年退休年龄各级指标的得分情况。由退休年龄一级指标得分情况来看,过去30多年我国退休年龄指标长期处于较低水平,一直徘徊在53分左右,低于及格标准(见表7-2-2)。事实上,随着我国人口期望寿命不断提高,尽管退休年龄一级指标分值变化微小,但就分性别计分指标内部结构而言,却已发生了巨大的变化。

---

① 郑雄飞.破解社会保险缴费率的"身世之谜"[J].学术研究,2013(6).
② 林治芬,孟达思.企业养老保险负担地区差异及其制度完善[J].中国社会保障,2012(8).

表 7-2-2 退休年龄指标得分情况表(1998—2015)

年份	指标值 法定退休年龄(岁) 男	指标值 法定退休年龄(岁) 女	指标值 养老金受领时长(年) 男	指标值 养老金受领时长(年) 女	退休年龄计分指标得分 法定退休年龄(岁) 男	退休年龄计分指标得分 法定退休年龄(岁) 女	退休年龄计分指标得分 养老金受领时长(年) 男	退休年龄计分指标得分 养老金受领时长(年) 女	退休年龄二级指标得分 法定退休年龄	退休年龄二级指标得分 养老金受领时长	退休年龄一级指标得分
1980	60	50	6	19	68.21	0	44	96	34.1	70	52.05
1981	60	50	6	19	68.21	0	44	96	34.1	70	52.05
1982	60	50	6	19	68.21	0	44	96	34.1	70	52.05
1983	60	50	6	19	68.21	0	44	96	34.1	70	52.05
1984	60	50	7	20	68.21	0	48	100	34.1	74	54.05
1985	60	50	7	20	68.21	0	48	100	34.1	74	54.05
1986	60	50	7	20	68.21	0	48	100	34.1	74	54.05
1987	60	50	7	20	68.21	0	48	100	34.1	74	54.05
1988	60	50	8	21	68.21	0	52	96	34.1	74	54.05
1989	60	50	8	21	68.21	0	52	96	34.1	74	54.05
1990	60	50	8	21	68.21	0	52	96	34.1	74	54.05
1991	60	50	8	21	68.21	0	52	96	34.1	74	54.05
1992	60	50	8	21	68.21	0	52	96	34.1	74	54.05
1993	60	50	8	22	68.21	0	52	92	34.1	72	53.05
1994	60	50	9	22	68.21	0	56	92	34.1	74	54.05
1995	60	50	9	22	68.21	0	56	92	34.1	74	54.05
1996	60	50	9	22	68.21	0	56	92	34.1	74	54.05
1997	60	50	9	23	68.21	0	56	88	34.1	72	53.05
1998	60	50	10	23	68.21	0	60	88	34.1	74	54.05
1999	60	50	10	23	68.21	0	60	88	34.1	74	54.05
2000	60	50	11	24	68.21	0	64	84	34.1	74	54.05
2001	60	50	11	24	68.21	0	64	84	34.1	74	54.05

续 表

年份	指标值 法定退休年龄(岁) 男	指标值 法定退休年龄(岁) 女	指标值 养老金受领时长(年) 男	指标值 养老金受领时长(年) 女	退休年龄计分指标得分 法定退休年龄(岁) 男	退休年龄计分指标得分 法定退休年龄(岁) 女	退休年龄计分指标得分 养老金受领时长(年) 男	退休年龄计分指标得分 养老金受领时长(年) 女	退休年龄二级指标得分 法定退休年龄	退休年龄二级指标得分 养老金受领时长	退休年龄一级指标得分
2002	60	50	12	24	68.21	0	68	84	34.1	76	55.05
2003	60	50	12	25	68.21	0	68	80	34.1	74	54.05
2004	60	50	13	25	68.21	0	72	80	34.1	76	55.05
2005	60	50	13	25	68.21	0	72	80	34.1	76	55.05
2006	60	50	13	26	68.21	0	72	76	34.1	74	54.05
2007	60	50	13	26	68.21	0	72	76	34.1	74	54.05
2008	60	50	13	26	68.21	0	72	76	34.1	74	54.05
2009	60	50	13	26	68.21	0	72	76	34.1	74	54.05
2010	60	50	14	26	68.21	0	76	76	34.1	76	55.05
2011	60	50	14	26	68.21	0	76	76	34.1	76	55.05
2012	60	50	14	27	68.21	0	76	72	34.1	74	54.05
2013	60	50	14	27	68.21	0	76	72	34.1	74	54.05
2014	60	50	14	27	68.21	0	76	72	34.1	74	54.05
2015	60	50	15	28	68.21	0	80	68	34.1	74	54.05

注:"养老金受领时长"指标的计算公式为:养老金受领时长＝期望寿命－法定退休年龄。
资料来源:(1)1980—2011年计算养老金受领时长的期望寿命数据来源于世界银行数据库,http://data.worldbank.org.cn/indicator/SP.DYN.LE00.IN/countries/1W? display=default;(2)2012年计算养老金受领时长的期望寿命数据来源于世界卫生组织数据库,http://apps.who.int/gho/data/node.main.688;(3)2013—2015年计算养老金受领时长的期望寿命数据为模拟值,假设依据详见下文分析。

效率性指标下属的"退休年龄"指标反映的是"赡养率"负担的轻重程度。由于"赡养率"包括"制度赡养率"和"自我赡养率"两个方面,因此这两个方面又分别对应于"退休年龄"指标下属的两个二级指标,一个是"法定退休年龄"(单位为岁);另一个是"养老金受领时长"(单位为年)[①]。

(一) 退休年龄指标实证评价(1):法定退休年龄

就二级指标"法定退休年龄"而言,由于我国长期以来实行的是男女差别退休年龄制度,因此,在对"法定退休年龄"指标进行绩效评分时,需要分性别设置计分指标。同时,结合我国目前对法定退休年龄的具体规定[②],并从资料可得性与计算可操作性角度出发,以大多数就业者情况为基准,统一设置"男性60岁"与"女性50岁"两项计分指标。

因为我国现行法定退休年龄的规定始于半个多世纪前,因此长期以来的"法定退休年龄"指标得分也一直未变,分别为男性68.21分和女性0分[③],由此计算而得的我国"法定退休年龄"二级指标综合得分仅为34.1分(见表7-2-2)。由此可见,我国"法定退休年龄"指标分值亟待提高,而其修正核心则在于以恰当的方式适度延迟女性退休年龄。

(二) 退休年龄指标实证评价(2):养老金受领时长

就二级指标"养老金受领时长"而言,由于其计算公式为:"养老金受领时长=期望寿命-法定退休年龄",因此,在我国目前法定退休年龄规定多年未变的情况下,随着我国人口期望寿命的不断提高,该指标得分必然会产生巨大的变化(见表7-2-3)。

表7-2-3　中国人口期望寿命变动情况(1980—2011)　　单位:岁

年份	男	女	合计	年份	男	女	合计
1980	66	69	67	1982	66	69	68
1981	66	69	67	1983	66	69	68

---

① "养老金受领时长"指标的计算公式为:养老金受领时长=期望寿命-法定退休年龄。
② "男年满60周岁,女工人年满50周岁,女干部年满55周岁。从事井下、高温、高空、特别繁重体力劳动或其他有害身体健康工作的,退休年龄男年满55周岁,女年满45周岁,因病或非因工致残,由医院证明并经劳动鉴定委员会确认完全丧失劳动能力的,退休年龄为男年满50周岁,女年满45周岁。"
③ 根据本书第六章第三节对"法定退休年龄"指标的评价标准满分值与及格值的设计,可以相应计算出女性51.95岁为法定退休年龄的0分指标值,因此,低于该年龄的女性法定退休年龄均为0分。

续　表

年份	男	女	合计	年份	男	女	合计
1984	67	70	68	1998	70	73	71
1985	67	70	68	1999	70	73	72
1986	67	70	69	2000	71	74	72
1987	67	70	69	2001	71	74	73
1988	68	71	69	2002	72	74	73
1989	68	71	69	2003	72	75	73
1990	68	71	69	2004	73	75	74
1991	68	71	70	2005	73	75	74
1992	68	71	70	2006	73	76	74
1993	68	72	70	2007	73	76	74
1994	69	72	70	2008	73	76	75
1995	69	72	70	2009	73	76	75
1996	69	72	71	2010	74	76	75
1997	69	73	71	2011	74	76	75

资料来源：世界银行数据库，http：//data.worldbank.org.cn/indicator/SP.DYN.LE00.IN/countries/1W?display=default。

经过广泛的资料搜集，笔者从多种可靠来源获取了不同年份长度以及不同口径的我国人口期望寿命数据（见表7-2-4）。这几组数据都来自官方公开统计数据库，尽管由于统计与计算口径的不同而略有差异，但总体来说都具有较高的数据质量；此外，几组数据在计数精确性上略有细微差别，有的取整统计，有的则精确到小数点后两位。其中，以世界银行数据库的分性别期望寿命数据为最全面，其年份跨度为1980—2011年，这也是本书对"养老金受领时长"指标绩效进行实证计分评价的基础数据（见表7-2-3）。同时，世界卫生组织数据库提供了中国1990年、2000年和2012年的人口期望寿命数据，其中2012年数据正可补充于表7-2-2，用以延长指标绩效的实证评价年份。而中国人口普查数据与中国卫生统计年鉴数据则非常相近,并且相对于前述国际组织数据更为精确,同时两者在数据年份上也可相互补充,涵盖了1973—1975年、1981年、1990年、2000年、2005年和2010年这几个主要年份;不足的是由于数据年份较有限,不能满足本书进行连续年份指标绩效实证评价的需求。综上所述,表7-2-2选取世界银行人口期望寿命作为"养老金受领时长"指标绩效评价的基础数据,并补充2012年世界卫生组织数据以延长评价年份。

表7-2-4　中国人口期望寿命数据不同来源对比情况　　　　单位:岁

年份	世界银行 男	世界银行 女	世界银行 合计	世界卫生组织 男	世界卫生组织 女	世界卫生组织 合计	中国人口普查 男	中国人口普查 女	中国人口普查 合计	中国卫生统计年鉴 男	中国卫生统计年鉴 女	中国卫生统计年鉴 合计
1973—1975	—	—	—	—	—	—	—	—	—	63.62	66.31	—
1981	66	69	67	—	—	—	—	—	—	66.43	69.35	67.9
1990	68	71	69	67	71	69	66.84	70.47	68.55	66.85	70.49	68.6
2000	71	74	72	70	73	71	69.63	73.33	71.40	69.63	73.33	71.4
2005	73	75	74	—	—	—	—	—	—	70.0	74.0	73.0
2010	74	76	75	—	—	—	72.38	77.37	74.83	—	—	—
2012	—	—	—	74	77	75	—	—	—	—	—	—

注:"—"表示该年份无数据。
资料来源:(1)世界银行数据来源于世界银行数据库,http://data.worldbank.org.cn/indicator/SP.DYN.LE00.IN/countries/1W? display=default。(2)世界卫生组织数据来源于世界卫生组织数据库,http://apps.who.int/gho/data/node.main.688。(3)中国人口普查数据来源于《中国统计年鉴2013》。(4)中国卫生统计年鉴数据来源于《2012中国卫生统计年鉴》,中华人民共和国国家卫生和计划生育委员会网站,http://www.nhfpc.gov.cn/htmlfiles/zwgkzt/ptjnj/year2012/index2012.html。

在对上述数据选取基础上,本书假设2013年、2014年我国人口期望寿命未发生显著变化,因此沿用2012年世界卫生组织发布数据;同时假设2015年我国人口期望寿命较上年提高1岁,以便对指标体系整体绩效进行全面评价。假设依据如下:

(1) 根据世界银行1980年以来30多年期望寿命数据的变化趋势来看，我国人口期望寿命不断提高的总体趋势显著，同时这一提高过程也是渐进的，相邻两个年份之间的期望寿命或者保持不变、或者提高1岁，其变化幅度以岁来衡量是较小的。

(2) 由于世界银行数据仅提供到2011年，而世界卫生组织则提供了2012年的中国人口期望寿命，对比这两项不同来源的数据，从数据年份到数据值都可有效衔接，因此，本书将2012年来源于世界卫生组织的中国人口期望寿命数据衔接至世界银行数据列表之中，将该指标评价年份延至2012年。

(3) 笔者查阅联合国数据库获取了联合国《世界人口展望：2012修订版》中期望寿命的分性别详细数据。其中2010—2015年份组的中国男性、女性与合计期望寿命分别为74.0岁、76.6岁、75.2岁；2015—2020年份组的中国男性、女性与合计期望寿命则分别为74.8岁、77.4岁、76.0岁。该数据与本书所采用的世界银行与世界卫生组织的相关年份数据高度吻合。

因此，结合以上三组国际机构发布的权威数据，并考虑到人口期望寿命自身的变化规律，本书假设2013年、2014年我国人口期望寿命保持不变，与2012年数据相一致，2015年则较上年提高1岁。在此基础上，对一级指标"退休年龄"的计分也延伸至2015年，该指标分值的状态将与评价指标体系各年份的基本变动情形保持一致，不会影响指标体系综合评价的总体结论。

图7-2-2和图7-2-3分别展示了我国男性与女性"养老金受领时长"指标值与指标得分变化情况，从中可以看出两者鲜明的变化对比。随着我国人口期望寿命的不断提高，养老金受领时长也在显著延长，男性从1980年的6年延长至2015年的15年，女性从1980年的19年延长至2015年的28年，这意味着无论男性还是女性，较过去而言都将多领取9年的养老金。但是，两者由此产生的指标绩效得分却呈现出完全相反的变化趋势，

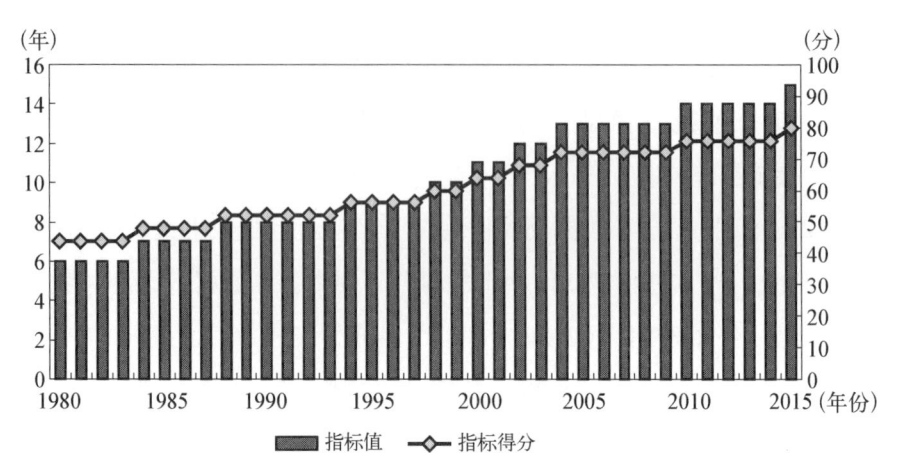

图 7-2-2 我国男性养老金受领时长指标情况(1980—2015)

资料来源：作者编制。

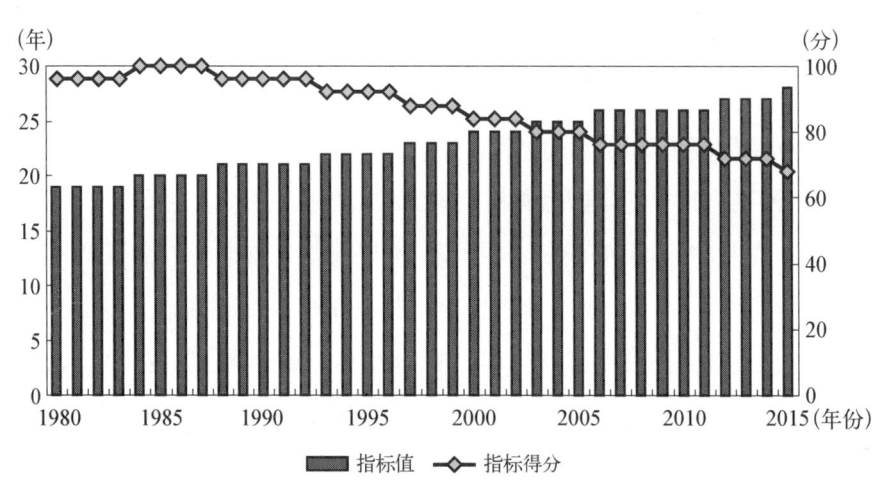

图 7-2-3 我国女性养老金受领时长指标情况(1980—2015)

资料来源：作者编制。

男性指标得分随着指标值的提高而不断提高，女性指标得分却随着指标值的提高而呈总体下降特征。就具体指标得分而言，男性从 1980 年的 44 分逐步上升至 2015 年的 80 分；女性则从 1980 年的高分 96 分上升至 1984 年的满分 100 分后，自 1988 年开始逐步下降至 2015 年的 68 分，目前的指标得分已显著低于男性(见表7-2-2)。

对于这一现象,究其原因,是因为"养老金受领时长"这一指标的分值分布是随指标值提升而成倒U形变化的,过长或过短的养老金受领时长都不是适宜状态。而这种及格标准值的双向变化特征恰恰形成了以上两图的鲜明反差。由于我国"男性养老金受领时长"指标值至今未超过满分标准值20年,因此一直处于指标得分随指标值提升而不断提高的状态,绩效水平不断提高;而"女性养老金受领时长"指标值则早已越过20年的满分标准值进入下降通道,指标得分自1988年开始即随指标值的提升不断下降,绩效水平也在降低。这意味着目前我国女性养老金受领时间过长,也就是说,相对于当前的期望寿命来说,女性退休年龄过低,有必要进行一定的提高。

基于以上分析,由于分性别评价的"养老金受领时长指标"得分总体上呈现反向变化,因此,该指标综合得分抵消了男性与女性两者得分的反向差距,反而呈现出相对稳定的变动特征,仅在70—76分小幅波动(见图7-2-4)。

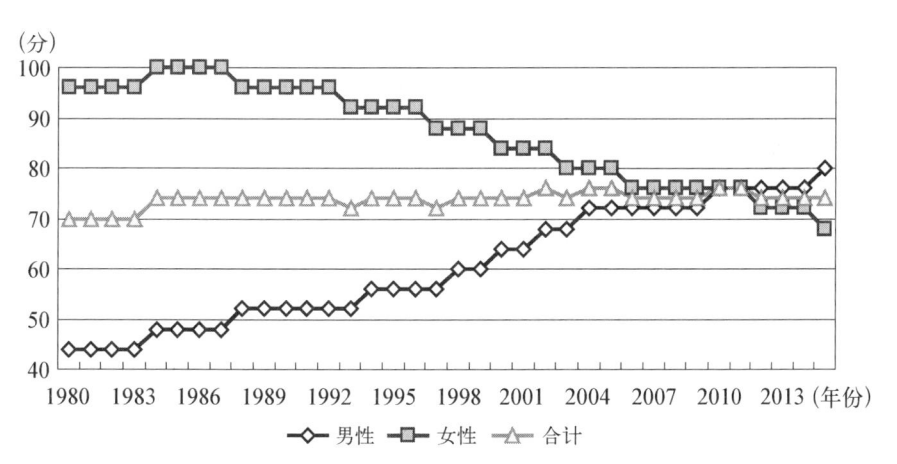

图7-2-4 我国养老金受领时长指标得分情况(1980—2015)

资料来源:作者编制。

(三)退休年龄指标综合评价

图7-2-5展示了1980—2015年我国"退休年龄"一级指标绩效的综

合得分情况。由于二级指标"法定退休年龄"得分保持不变,一直处于 34.1 分的低水平,因此"退休年龄"一级指标的变动形态与二级指标"养老金受领时长"的变动形态完全一致,两者处于平行状态,只是由于"法定退休年龄"指标的负贡献而使"退休年龄"一级指标分值低于及格水平,长年小幅波动于 52.05—55.05 分(见图 7-2-5)。这一评价结论也验证了前文对我国退休年龄主要问题的分析,即法定退休年龄偏低,男女性别差异显著。

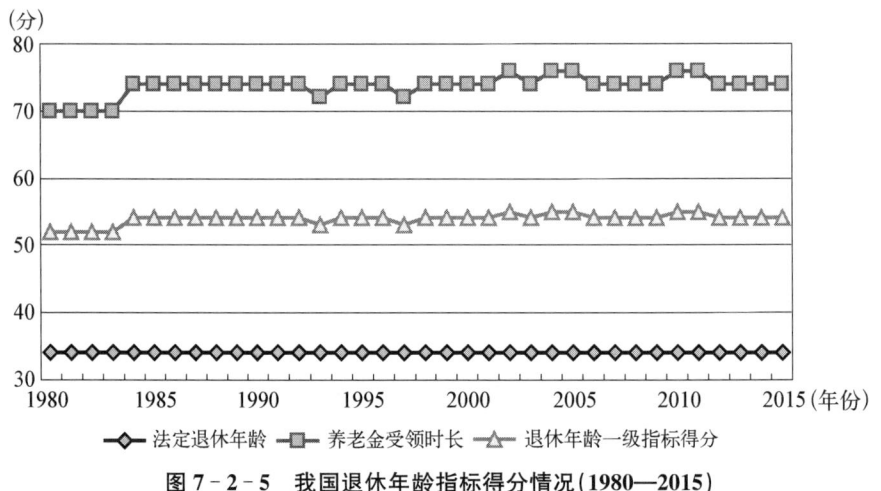

图 7-2-5 我国退休年龄指标得分情况(1980—2015)

资料来源:作者编制。

四、效率性指标实证评价(四):统筹层次

现代社会保障制度需要通过大规模资金的广泛整合调配来降低社会风险,发挥互济功能,以使制度保障惠及更多社会成员,而这就要求统筹层次不能过低。同时,基本养老保险统筹层次的提高有利于建立全国统一的公平竞争的劳动力市场体系,有利于劳动力资源的自由流动,进而有利于提高经济效率、促进社会发展,对于构建社会主义和谐社会具有重要作用。

根据国务院1991年颁发的《关于企业职工养老保险制度改革的决定》[①]，要求各地应积极创造条件，在适当的时间和条件成熟时，将社会养老保险由市、县统筹逐步过渡到省级统筹，这也是我国对基本养老保险统筹层次作出的制度性规定。因此，本书对于"统筹层次"指标的绩效评价时间起点也以1991年为始。根据现有的可得资料来看，我国基本养老保险统筹层次的提高工作在进入21世纪后逐步展开。2005年，全国已有12个省份实现和基本实现[②]养老保险省级统筹[③]；2008年底，全国有17个省份实现了养老保险省级统筹，其他省份也在制定相关的政策措施[④]；2009年，全国已有25个省份实现了省级统筹[⑤]；2011年，全国有27个省级单位落实了养老保险省级统筹，还有几个地区要进一步完善[⑥]。此外，就制度建设而言，早在2009年末，全国31个省份和新疆生产建设兵团均已建立养老保险省级统筹制度[⑦]。

根据前文分析，"统筹层次"指标在进行评价标准设计时可分为三个等级，即：全国统筹、省级统筹与市（县）级统筹，分别对应100分、80分、60分的绩效分值。由于我国在推进省级统筹过程中各省级单位的统筹速度并不统一，因此对于"统筹层次"的指标得分具体计算方式如下：

以2005年为例，全国32个省级单位[⑧]中有12个实现养老保险省级统

[①] 朱金楠.关于基本养老保险统筹层次的研究述评[J].劳动保障世界（理论版），2011，(11).
[②] 由于资料可得性约束，难以区分这12个省份中有几个为"实现"、几个为"基本实现"，因此，在进行统筹层次指标绩效评价时，本书将这12个省份均视为"实现"基本养老保险省级统筹。特此说明。
[③] 刘羊旸.全国有12个省份基本实现养老保险省级统筹[EB/OL].[2006-01-13]. http://news.xinhuanet.com/employment/2006-01/13/content_4048736.htm.
[④] 张利军.中国养老保险统筹层次的改革路径与发展方向探讨[J].中国劳动关系学院学报，2009，(4).
[⑤] 全国25省实行养老保险省级统筹 养老金月增110[EB/OL].[2009-08-04]. http://news.ifeng.com/mainland/200908/0804_17_1283879.shtml.
[⑥] 养老保险省级统筹已基本实现[N].京江晚报，2012-03-08(A2).
[⑦] 人社部.2009年度人力资源和社会保障事业发展统计公报[EB/OL].[2011-07-23]. http://www.mohrss.gov.cn/SYrlzyhshbzb/zwgk/szrs/ndtjsj/tjgb/201107/t20110723_69906.htm.
[⑧] 全国32个省级单位是指31个省份和新疆生产建设兵团。

筹,这意味着其余20个省级单位为市(县)级统筹,因此,"统筹层次"指标得分则根据省级得分与市(县)级得分加权平均而得,即:

$$统筹层次得分 = 80 \times 12/32 + 60 \times 20/32 = 67.5(分)$$

2005年至今我国处于部分省级统筹状态,因此"统筹层次"指标得分均按上述方式计算;2005年情况在表7-2-1中指标值一栏以"12-32(省级)"表示,其后各年以此类推。2005年以前由于数据可得性限制,没有查找到省级统筹推进情况的资料,因此均视其为市(县)级统筹,指标得分为60分,在表7-2-1指标值一栏中以"市(县)级"表示。

根据上述方式计算得我国基本养老保险"统筹层次"指标得分情况为,从1991—2004年长期处于市(县)级统筹层次,指标得分均为60分,2005年起部分省级单位逐步实现省级统筹,指标得分有所提高,从2005年的67.5分上升至2008年的70.625分,再提升至2009年的75.625分,2011年进一步提升至76.875分。2012年起,随着全国31个省份和新疆生产建设兵团全部建立养老保险省级统筹制度[1],统筹层次指标得分跃升至80分并维持至今,这为今后实现最高层次的养老保险全国统筹奠定了基础。

第三节 有效性指标得分情况实证评价

本书第六章第四节对基本养老保险基金支出绩效评价的有效性指标评价标准进行了具体设计,在此基础上,本节对有效性指标展开绩效实证评分研究(见表7-3-1)。根据历年指标值与指标得分的变化情况,下文将对我国基本养老保险基金支出的有效性指标的绩效水平发展情况进行深入分析。

---

[1] 中华人民共和国人力资源和社会保障部.2012年度人力资源和社会保障事业发展统计公报[EB/OL].[2013-06-03]. http://www.mohrss.gov.cn/SYrlzyhshbzb/zwgk/szrs/tjgb/201306/t20130603_104411.html.

表 7-3-1 基本养老保险基金支出绩效评价有效性指标得分情况

年份	指标值 基本养老金替代率(%)	财务可持续性	基本养老金贡献率(%)	指标得分 基本养老金替代率(33%)	财务可持续性(34%)	基本养老金贡献率(33%)	有效性指标得分(分)
1997	76.66	—	—	91.12	—	—	—
1998	74.44	—	89.95	94.08	—	53.92	—
1999	77.55	—	96.56	89.93	—	44.43	—
2000	71.51	—	89.57	97.99	—	54.47	—
2001	63.38	*	84.47	91.17	64.64	61.78	**72.45**
2002	63.69	*	90.30	91.58	66.96	53.42	**70.62**
2003	57.90	*	83.28	83.87	67.78	63.50	**71.68**
2004	53.62	*	78.62	78.16	66.35	70.19	**71.52**
2005	50.83	*	75.88	74.44	69.22	74.13	**72.56**
2006	50.65	*	79.10	74.20	84.55	69.50	**76.17**
2007	48.71	*	80.26	71.61	88.48	67.83	**76.10**
2008	48.22	*	81.45	70.95	62.51	66.13	**66.49**
2009	47.50	*	82.65	70.01	82.60	64.40	**72.44**
2010	45.82	*	86.80	67.75	71.91	58.44	**66.09**
2011	44.74	*	88.73	66.32	69.49	55.66	**63.88**
2012	44.69	*	90.71	66.25	76.62	52.82	**65.34**
2013	44.62	*	92.74	66.16	76.55	49.92	**64.33**
2014	44.92	*	95.02	66.56	80.50	46.64	**64.73**
2015	45.52	*	97.14	67.36	82.70	43.60	**64.74**

注：(1) 指标值数据来源为历年《中国统计年鉴》、全国社会保障基金理事会网站、《2015年国民经济和社会发展统计公报》、中国城乡老年人生活状况抽样调查数据；(2) 指标得分为百分制，由作者计算而得；(3) 由于数据可得性原因，各指标所能获得的数据年份长度不同，无数据年份用"—"表示；(4) 由于"财务可持续性"指标下设3项二级指标，因此本表不显示其指标值(用"*"表示)。

一、有效性指标实证评价(一)：替代率

图 7-3-1 展示了我国 1997—2015 年城镇职工基本养老保障"替代率"指标水平及其绩效分值的变化情况。

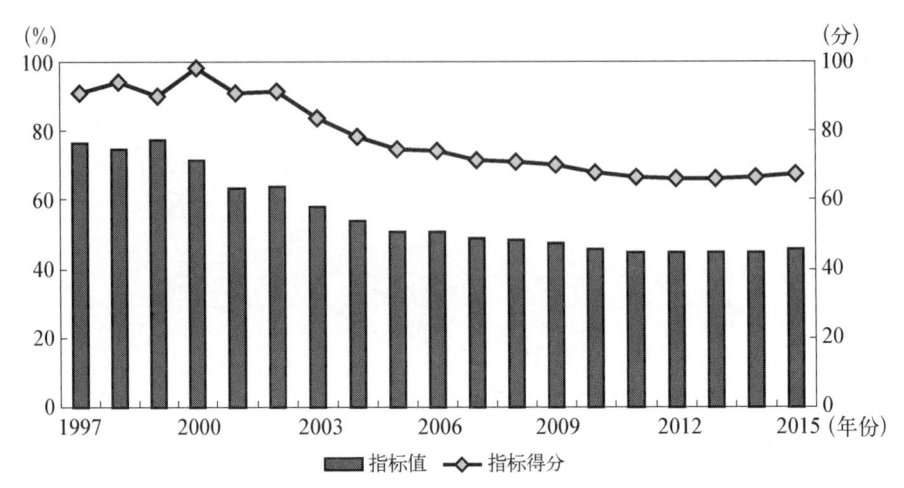

图 7-3-1　我国基本养老金替代率指标得分情况(1997—2015)

资料来源：作者编制。

1997—2015 年我国城镇职工基本养老保障替代率水平总体呈现显著下降趋势，从 1997 年的 76.66% 大幅降至 2015 年的 45.52%。其间最高值为 1999 年的 77.55%，最低值为 2013 年的 44.62%。从替代率水平的阶段性变化来看，1997—2000 年替代率水平在 70% 以上，2001—2002 年降至 60%—70%，2003—2006 年降至 50%—60%，2007 年起降至 50% 以下，2011—2015 年继续下降至 45% 左右。

就指标分值而言，由于"替代率"指标具有以适度水平为中间值双向变化的特征，因此，其绩效得分情况与指标值变化略有差异，这主要体现在 1997—2000 年阶段。由于这一阶段"替代率"指标已高于 70% 的满分标准值，因此其指标得分会随着指标值的提高而不断降低。这也就能说明为什么 1999 年指标值最高时(为 77.55%)指标得分却低于相邻其他年份水平，仅为 89.93 分，而 2000 年替代率水平为 71.51 时指标得分却高达 97.99 分。这也意味着"替代率"指标值越接近 70% 的水平时其指标得分就越高。

2001—2015 年，由于替代率水平已降至 70% 以下，因此指标得分随指标值的变化而呈现出单向变动特征，即替代率水平越低，则指标得分也越低。

基于以上分析,总体来看,我国城镇职工基本养老保障"替代率"指标得分自1997年以来显著降低,从1997年的91.12分大幅降至2015年的67.36分,降幅将近24分。这说明基本养老保险制度所提供的保障程度显著减弱,目前已降至接近国际劳工组织规定的最低水平。[①] 这一替代率水平只能保障退休职工最基本的生活需求,这样的生活品质与其退休前相比则会有明显下降。

二、有效性指标实证评价(二):财务可持续性

为了全面、客观地评价基本养老保险制度的财务可持续性,本书对"财务可持续性"一级指标下设三个二级指标,分别为"累计结余可支付时间""隐性债务/GDP"与"保值增值水平",表7-3-2展示了财务可持续性各项指标值与指标得分的变化情况,有助于我们从不同角度考量基本养老保险制度运行的财务可持续性的绩效水平。

表7-3-2 财务可持续性指标得分情况

年份	指标值			指标得分			
	累计结余可支付时间(月)	隐性债务/GDP(%)	保值增值水平	累计结余可支付时间(月)(34%)	隐性债务/GDP(%)(33%)	保值增值水平(33%)	财务可持续性(分)
1989	6.87	—	—	61.15	—	—	—
1990	7.86	—	—	62.49	—	—	—
1991	9.99	—	—	65.32	—	—	—
1992	8.22	—	—	62.96	—	—	—
1993	6.59	—	—	60.79	—	—	—

---

① 根据国际劳工组织第128号公约规定,缴费满30年并且有达到退休年龄配偶需要赡养的退休劳动者,其基本养老金替代率水平最低为45%;缴费不满30年者则按最低替代率90%的比例发放,即其替代率水平最低为40.5%。

续表

年份	指标值			指标得分			
	累计结余可支付时间(月)	隐性债务/GDP(%)	保值增值水平	累计结余可支付时间(月)(34%)	隐性债务/GDP(%)(33%)	保值增值水平(33%)	财务可持续性(分)
1994	5.53	—	—	59.38	—	—	—
1995	6.09	—	—	60.11	—	—	—
1996	6.73	—	—	60.97	—	—	—
1997	6.55	—	—	60.73	—	—	—
1998	4.67	1.60	—	58.22	86.69	—	—
1999	4.57	1.49	—	58.10	87.60	—	—
2000	5.37	1.35	—	59.16	88.76	—	—
2001	5.45	1.24	*	59.27	89.70	45.12	64.64
2002	6.79	1.15	*	61.05	90.39	49.63	66.96
2003	8.48	1.07	*	63.31	91.10	49.07	67.78
2004	10.19	0.96	*	65.59	92.01	41.48	66.35
2005	12.00	0.88	*	68.00	92.64	47.05	69.22
2006	13.45	0.81	*	69.94	93.27	90.87	84.55
2007	14.87	0.70	*	71.83	94.13	100.00	88.48
2008	16.13	0.64	*	73.50	94.65	19.04	62.51
2009	16.90	0.64	*	74.53	94.69	78.81	82.60
2010	17.47	0.58	*	75.29	95.19	45.14	71.91
2011	18.33	0.52	*	76.44	95.63	36.19	69.49
2012	18.46	0.50	*	76.62	95.84	57.40	76.62
2013	18.37	0.48	*	76.49	95.99	57.17	76.55
2014	17.54	0.47	*	75.39	96.06	70.22	80.50
2015	16.43	0.47	*	73.91	96.06	78.41	82.70

资料来源：指标值数据来源详见表5-2-1、表5-2-2、表5-2-3；指标得分笔者计算而得。

注：由于"保值增值水平"指标下设三项计分指标，因此本表不显示其指标值（用"*"表示）。

(一) 财务可持续性指标实证评价(1): 累计结余可支付时间

"累计结余可支付时间"指标作为基本养老保险基金备付能力的体现，反映的是基本养老保险制度当前持续支付能力的强弱。累计结余可支付时间越长，制度持续支付能力就越强，指标得分也越高。

图 7-3-2 展示了 1989—2013 年我国基本养老保险基金的累计结余可支付时间，从 1989 年的 6.87 个月到 2015 年的 16.43 个月[①]，我国基本养老保险基金累计结余可支付时间已延长了将近 1 年，总体呈现稳步上升的趋势。其间，在 20 世纪 90 年代经历过两次小幅波动，第一次波动时最低缩短至 1994 年的 5.53 个月，第二次波动时最低缩短至 1999 年的 4.57 个月。此后，2000 年起该指标值逐年上升至 2012 年的 18.46 个月，2013—2015 年略有下降，但也维持在 16 个月以上。

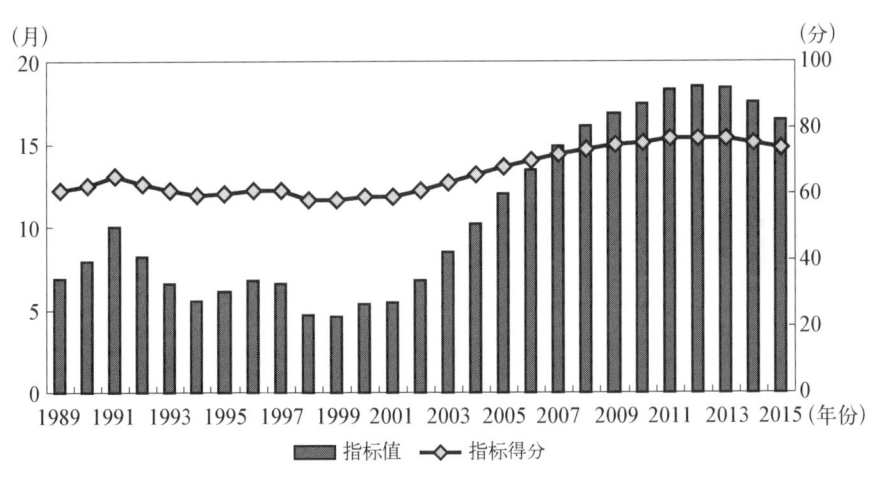

图 7-3-2 我国累计结余可支付时间指标得分情况(1989—2015)
资料来源：作者编制。

就"累计结余可支付时间"指标得分而言，自 1989 年以来总体呈现出显著提高的特征。从 1989 年的 61.15 分至 2015 年的 73.91 分，分值变动可分

---

① 表 7-3-2 与表 5-2-1 的数据来源与计算方法均一致，区别在于表 5-2-1 数据取小数点后一位，而表 7-3-2 出于指标绩效实证评价的精确性考虑对指标数据取小数点后两位。特此说明。

为三个阶段,第一阶段为1989—2001年,这一阶段的指标得分几乎一直徘徊于及格线上下,这也可视为制度起步阶段运行特征的一种体现;第二阶段为2002—2006年,指标得分已达及格水平,在60—70分内连续上升,处于稳定向上的发展态势;第三阶段为2007—2015年,指标得分继续提高,已达70分以上,其间2010—2014年均达75分以上,显示出近年来良好的指标绩效状态。因此,总的来说,我国基本养老保险基金的备付能力在不断提高,从近期来看,社会统筹账户的养老金给付处于安全状态,理论上说,足以支撑一年四个月的无收入给付[①]。但同时我们也应注意到,随着我国人口老龄化进程的不断加速,基本养老金支付压力始终存在,不可忽视。

(二)财务可持续性指标实证评价(2):隐性债务/GDP

图7-3-3展示了1998—2015年我国基本养老保险制度的"隐性债务/GDP"指标值与指标得分的变化情况。

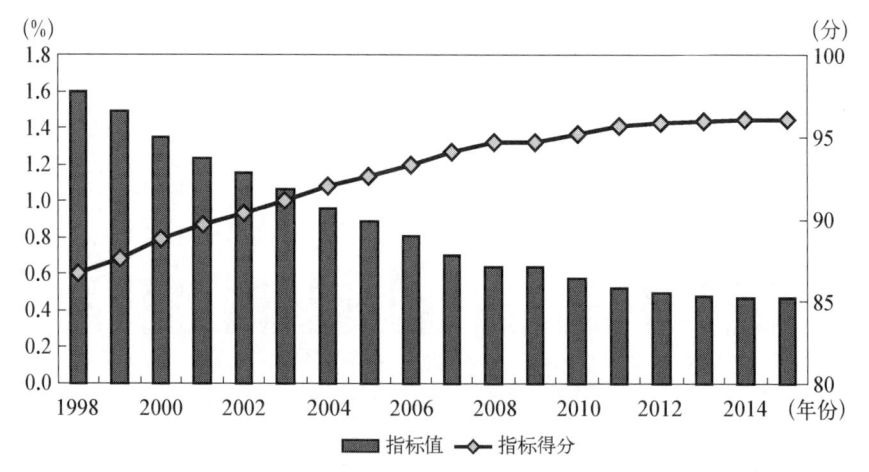

图7-3-3 我国隐性债务/GDP指标得分情况(1998—2015)

资料来源:作者编制。

---

① 现实中这种情形不可能发生,因为基本养老保险制度的收与支是同时进行的,在对退休人员进行基本养老金给付的同时也在向在职人员收缴基本养老保险费,进而在现有基础上将形成新的结余部分。

"隐性债务/GDP"这一指标反映的是基本养老保险制度建立与完善过程中形成的转制成本的负担程度,也体现出隐性债务自制度转型以来偿付压力的大小。总体而言,自基本养老保险制度模式改革后的1998年以来,随着"中人"逐步退休进入养老金领取者行列,我国基本养老保险制度每年的隐性债务偿还负担是在不断增大的,这种趋势将一直持续到2024年,之后经过了峰值水平的隐性债务负担将逐步减轻直至最后负担为零(见图5-2-1)。

由于我国经济水平的持续稳定增长,因此,以相对值来衡量的"隐性债务/GDP"指标总体呈下降趋势,隐性债务偿还负担逐步减轻,从1998年的1.60%降至2015年的0.47%。与指标值相对应,指标得分则有大幅提高,从1998年的86.69分提高至2015年的96.06分,不仅指标整体水平高,而且指标得分的提升也相当快。由此可见,相对于快速增长的GDP而言,我国基本养老保险制度的隐性债务负担并不是很重,政府财政有能力现实地承担起对隐性债务的清偿责任,通过广开收入渠道、调整支出结构、加大支出力度,逐年偿还由于制度转型而产生的隐性债务,进而增强我国基本养老保险制度的财务可持续性。

(三) 财务可持续性指标实证评价(3):保值增值水平

根据前文分析,"保值增值水平"指标主要是从战略储备与基金优化的角度,衡量全国社会保障基金的保值增值、抵御社会经济风险的能力。该指标所对应的直接概念是基金投资收益率,为了进行全面科学的绩效评价,本书专设了三个计分指标用来服务于计分过程。这三个指标分别为"通货膨胀率评价"、"社会平均工资增长率评价"以及"经济增长率评价",具体计算公式参见表7-3-3。

图7-3-4和图7-3-5分别展示了我国2001—2015年"保值增值水平"指标值与指标得分的变化情况。

表 7-3-3　保值增值水平指标得分情况(2001—2015)

年份	指标值 通货膨胀率评价(%)	社会平均工资增长率评价(%)	经济增长率评价(%)	指标得分 通货膨胀率评价(33%)	社会平均工资增长率评价(34%)	经济增长率评价(33%)	保值增值水平(分)
2001	1.03	−14.35	−8.79	62.06	31.29	42.42	45.12
2002	3.39	−11.62	−7.14	66.78	36.77	45.72	49.63
2003	2.36	−9.34	−9.30	64.72	41.32	41.40	49.07
2004	−1.29	−11.36	−15.07	57.42	37.29	29.85	41.48
2005	2.36	−10.16	−11.51	64.72	39.68	36.98	47.05
2006	27.51	14.42	11.92	100.00	88.83	83.85	90.87
2007	38.39	24.66	20.05	100.00	100.00	100.00	100.00
2008	−12.69	−23.69	−24.97	34.62	12.63	10.06	19.04
2009	16.82	4.54	7.00	93.64	69.08	74.01	78.81
2010	0.93	−9.09	−14.08	61.86	41.82	31.85	45.14
2011	−4.56	−13.56	−17.56	50.88	32.89	24.89	36.19
2012	4.41	−4.88	−3.32	68.82	50.24	53.36	57.40
2013	3.60	−3.88	−3.89	67.20	52.24	52.22	57.17
2014	9.69	2.22	3.51	79.38	64.43	67.01	70.22
2015	13.79	5.13	8.81	87.58	70.26	77.63	78.41

注：(1) 通货膨胀率评价＝基金收益率－通货膨胀率。"通货膨胀率评价"即基金实际投资收益率；
　　(2) 社会平均工资增长率评价＝基金收益率－社会平均工资增长率；(3) 经济增长率评价＝基金收益率－经济增长率。

资料来源：指标值数据来源为历年《中国统计年鉴》、全国社会保障基金理事会网站、《2015年国民经济和社会发展统计公报》；指标得分为作者计算而得。

图 7-3-4 显示，2001—2015 年"通货膨胀率评价"指标平均值的算术平均数为 7.05%，这意味着基金投资收益率平均高出通货膨胀率 7.05 个百分点[1]，实际购买力有所提高。具体到各年份来看，该指标也是正值居多，仅

---

[1] 为便于三项保值增值计分指标的比较，本处统一使用算术平均数进行度量。这与表 5-2-3 所示的实际投资收益率的几何平均数略有差异，但并不矛盾。特此说明。

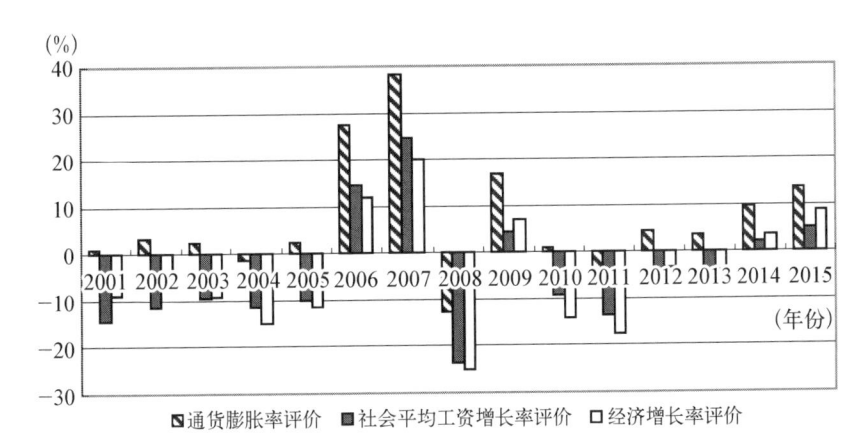

图 7-3-4 我国"保值增值水平"计分指标变化情况(2001—2015)

资料来源：作者编制。

有 2004 年、2008 年与 2011 年为负值。这意味着多数年份基金的实际购买力都较上年有所提高，未来支付给退休人员时所能够消费的商品与服务数量将会增多，而这将有助于提高退休人员生活水平。而"社会平均工资增长率评价"与"经济增长率评价"这两项指标的情况却并不乐观，前者仅有 2006 年、2007 年、2009 年、2014 年、2015 年为正值，后者仅有 2006 年、2007 年、2009 年、2010 年为正值，其他年份均为负值。同时，这两项计分指标 2001—2015 年的算术平均数均为负值，"社会平均工资增长率评价"指标为 -4.06%，"经济增长率评价"指标为 -4.29%。这意味着总体而言，基金投资收益率是低于社会平均工资增长率与经济增长率的，也就是说，退休人员收入增长的速度低于在职人员，同时基金的投资运行没有充分地分享到社会经济发展成果，在公平与效率两个方面都有待提高。

对照于上述指标值变化情况，图 7-3-5 展示了"保值增值水平"指标得分的变化。"保值增值水平"指标 2001—2015 年的平均得分为 55.71 分，低于及格水平且分值变化波动剧烈，最高达到过 2007 年的满分水平[①]，最低

---

① 根据本书第六章第三节对保值增值水平三项计分指标设计的评价标准可知，满分及格值为 20%，当指标值高于 20% 时均作为满分(100 分)进行评价。

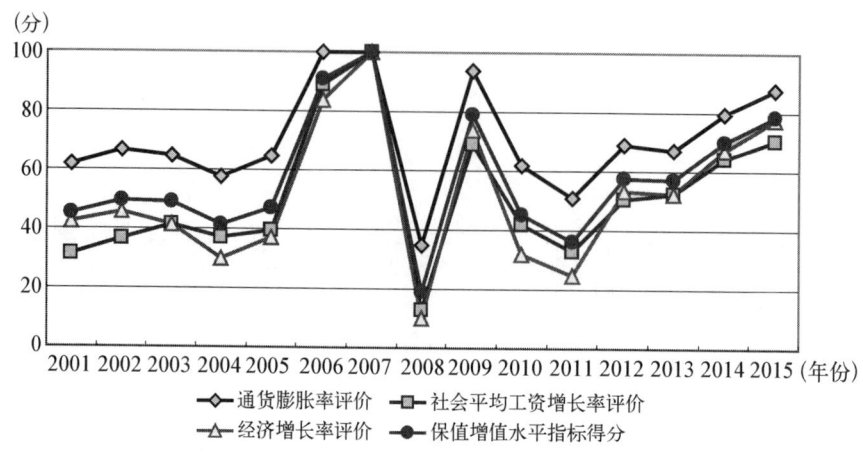

图 7-3-5 我国"保值增值水平"指标得分情况(含计分指标)(2001—2015)
资料来源:作者编制。

则仅为 2008 年的 19.04 分。具体分析 3 项计分指标对"保值增值水平"指标综合得分的贡献情况,可以看出,"通货膨胀率评价"指标的平均得分为 70.65 分,高于及格水平,其贡献是正面的拉高分值;而"社会平均工资增长率评价"与"经济增长率评价"两项指标则拉低了综合分值,前者平均得分为 51.25 分,后者平均得分为 51.42 分,两者均低于及格水平。当然,由于基金投资的市场环境与宏观经济运行情况的波动,"保值增值水平"指标的得分不稳定也在所难免,但总体来说,指标得分平均水平的确也还有相当大的提升空间。

(四)财务可持续性指标综合评价

基于以上分析,可对"财务可持续性"指标绩效进行综合评价,图 7-3-6 展示了 2001—2015 年"财务可持续性"指标的绩效得分及其构成。

"财务可持续性"一级指标 2001—2015 年平均得分为 74.06 分,从 2001 年的 64.64 分至 2015 年的 82.70 分,总体来说有所提高。但在 2006—2010 年出现剧烈波动,这与当时的宏观经济、国际环境、市场行情等有直接关系,其间最高达到 2007 年的 88.48 分,最低降至 2008 年的 62.51 分,相邻年份

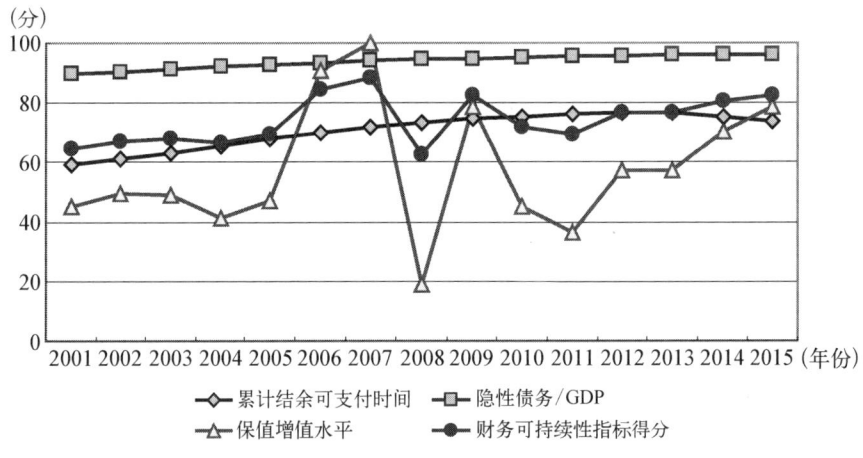

图 7-3-6 我国财务可持续性指标得分情况(2001—2015)

资料来源：作者编制。

最大分值差异接近 26 分。就具体二级指标对"财务可持续性"指标得分的贡献情况来看，"累计结余可支付时间"与"隐性债务/GDP"指标均处于稳定上升状态，前者基本在 60—80 分间稳定上升(2001—2015 年平均分值为 70.74 分)，后者则基本处于 90—95 分的高水平区间(2001—2015 年平均分值为 93.82 分)，因此，这两项指标对"财务可持续性"指标的综合得分产生的是积极作用，主要体现为分值水平提高、趋向稳定；而"保值增值水平"这一指标不仅波动剧烈，而且 2001—2015 年平均分值仅为 57.71 分，总体低于及格水平，因此"保值增值水平"指标的得分状态显著加大了"财务可持续性"指标的分值波动，并使综合得分的上行走势减缓。

三、有效性指标实证评价(三)：基本养老金贡献率

图 7-3-7 展示了我国 1998—2015 年"基本养老金贡献率"指标值与指标得分的变动情况。

我国基本养老金贡献率水平从 1998 年的 89.95% 增至 2015 年的 97.14%，1998—2005 年波动式下降至历年最低的 75.88%，此后逐年上升至

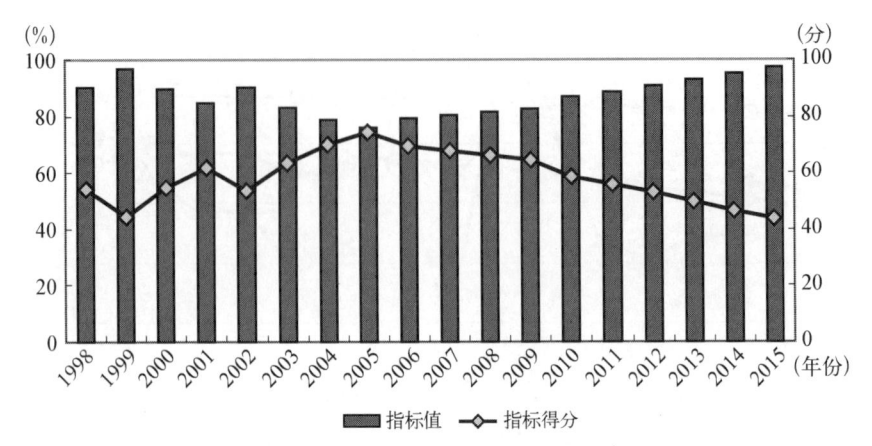

图 7-3-7　我国基本养老金贡献率指标得分情况(1998—2015)
资料来源：作者编制。

97.14%。这意味着退休人员的收入来源中，基本养老金的比例逐渐升高，其他收入来源所占比例越来越小。

对应于指标值的波动式变化，基本养老金贡献率指标得分也随之产生相应变动。1998—2015年的平均分值为58.38分，其间最高为2005年的74.13分，此后逐渐下降，2010年起低于及格水平，为58.44分，至2015年则降至43.60分。

一方面，这一现象是由于基本养老金水平提高较快而形成的，我国自2005至2015年连续11年上调企业退休人员基本养老金水平，使得基本养老金绝对金额有了大幅提升，2015年达到2004年的3倍以上；另一方面，这一局面也说明我国退休人员的其他收入来源发展极其缓慢，企业（职业）补充养老保险、个人储蓄性商业保险等其他养老支柱都没有在真正意义上广泛建立。由此可见，我国多支柱养老体系远未形成，退休人员的生活来源主要依靠基本养老金，而且对基本养老金的依赖性日益加大，而基本养老金由于其制度特征所决定，只能保障退休人员的基本生活，而不可能为其提供足够优质的生活条件。随着我国老龄化进程的不断加速，为使越来越多的老年人口享有高质量的晚年生活，尽快建立与完善多支柱养老体系将成为必由之路。

第八章
我国基本养老保险基金支出绩效：
综合评价与对策研究

本书第三章至第五章对基本养老保险基金支出绩效评价指标体系进行了理论构建，第六章进行了指标评价标准的设计研究，第七章对我国基本养老保险基金支出绩效评价指标体系的各项具体的评价性指标进行了实证评分研究。在此基础上，本章将对我国基本养老保险基金支出绩效的经济效、效率性、有效性三大类指标得分及其构成进行汇总研究，并由此对我国基本养老保险基金支出绩效形成综合评价结论，并进行相应的对策研究。

第一节　我国基本养老保险基金支出绩效
　　　　综合评价研究：2003—2015

根据本书的研究，我国基本养老保险基金支出绩效评价指标体系由经济性、效率性与有效性三大类指标构成，每一类指标下设若干一级指标和二级指标，同时，服务于计分过程的需要，针对部分指标又设置了相应的计分指标，以便科学、客观、全面地评价我国基本养老保险基金支出的绩效水平。

在第七章深入研究各项具体评价性指标绩效得分的基础上，表8-1-1展示了我国基本养老保险基金支出绩效评价的"3E"指标的得分汇总情况。

由于资料可得性原因,这三大类指标的评价年份不尽相同。其中,经济性指标的评价年份为2003—2015年;效率性指标的评价年份为1997—2015年;有效性指标的评价年份为2001—2015年。在此基础上,最终形成的我国基本养老保险基金支出绩效的综合评价则取上述三大类指标的交集,即:评价年份为2003—2015年(见表8-1-2)。

表8-1-1 基本养老保险基金支出绩效评价:"3E"指标得分汇总

年 份	经济性指标	基本养老保险基金支出/GDP(40%)	人均基本养老保险基金支出(40%)	养老保险财政补助支出/财政支出(20%)
2003	65.98	66.69	63.45	67.82
2004	66.05	65.96	64.34	67.84
2005	68.74	65.92	73.33	66.98
2006	73.39	66.44	85.01	68.73
2007	70.96	66.27	78.16	68.45
2008	71.50	67.00	79.15	68.35
2009	72.78	68.63	81.86	67.84
2010	69.47	68.69	71.81	67.91
2011	69.60	69.06	72.16	67.56
2012	72.08	70.94	77.66	67.64
2013	71.52	72.48	74.24	67.83
2014	71.95	74.37	72.97	68.50
2015	75.52	77.05	79.77	69.75

年 份	效率性指标	覆盖面(25%)	缴费率(25%)	退休年龄(25%)	统筹层次(25%)
1997	63.84	70.86	71.43	53.05	60.00
1998	63.77	69.61	71.43	54.05	60.00

续 表

年 份	效率性指标	覆盖面(25%)	缴费率(25%)	退休年龄(25%)	统筹层次(25%)
1999	64.17	71.20	71.43	54.05	60.00
2000	64.51	72.56	71.43	54.05	60.00
2001	64.51	72.56	71.43	54.05	60.00
2002	64.73	72.46	71.43	55.05	60.00
2003	64.55	72.71	71.43	54.05	60.00
2004	64.90	73.13	71.43	55.05	60.00
2005	67.00	74.00	71.43	55.05	67.50
2006	66.98	74.96	71.43	54.05	67.50
2007	67.21	75.87	71.43	54.05	67.50
2008	67.98	75.83	71.43	54.05	70.63
2009	69.43	76.62	71.43	54.05	75.63
2010	70.02	77.97	71.43	55.05	75.63
2011	70.84	80.02	71.43	55.05	76.88
2012	71.61	80.97	71.43	54.05	80.00
2013	71.77	81.61	71.43	54.05	80.00
2014	71.99	82.47	71.43	54.05	80.00
2015	71.98	82.44	71.43	54.05	80.00

年 份	有效性指标	替代率(33%)	财务可持续性(34%)	基本养老金贡献率(33%)
2001	72.45	91.17	64.64	61.78
2002	70.62	91.58	66.96	53.42
2003	71.68	83.87	67.78	63.50
2004	71.52	78.16	66.35	70.19
2005	72.56	74.44	69.22	74.13
2006	76.17	74.20	84.55	69.50

续　表

年　份	有效性指标	替代率(33%)	财务可持续性(34%)	基本养老金贡献率(33%)
2007	76.10	71.61	88.48	67.83
2008	66.49	70.95	62.51	66.13
2009	72.44	70.01	82.60	64.40
2010	66.09	67.75	71.91	58.44
2011	63.88	66.32	69.49	55.66
2012	65.34	66.25	76.62	52.82
2013	64.33	66.16	76.55	49.92
2014	64.73	66.56	80.50	46.64
2015	64.74	67.36	82.70	43.60

注：指标得分为百分制。
资料来源：作者编制。

一、经济性指标综合得分与评价：2003—2015

根据表8-1-1所列数据，结合第七章第一节各项经济性指标的单项绩效得分情况分析，图8-1-1展示了我国基本养老保险基金支出绩效评价2003—2015年的经济性指标的综合得分情况。

2003—2015年我国基本养老保险基金支出绩效评价的经济性指标综合得分的平均分值为70.73分，最低为2003年的65.98分，最高为2015年的75.52分，其次为2006年的73.39分。经济性指标综合得分变化的趋势特征不明显，各年份之间时有起伏波动，但自2006年以来几乎均达70分以上。总体而言，基本养老保险基金支出绩效的经济性指标的综合得分情况良好，基本养老保险制度的投入及其行为过程合规、合理，较好地满足了公共支出行为的经济性要求。

就具体的各项一级指标对经济性指标综合得分的贡献而言，"基本养老保险基金支出/GDP"指标得分对综合得分起到了推动其动态提升的积极作

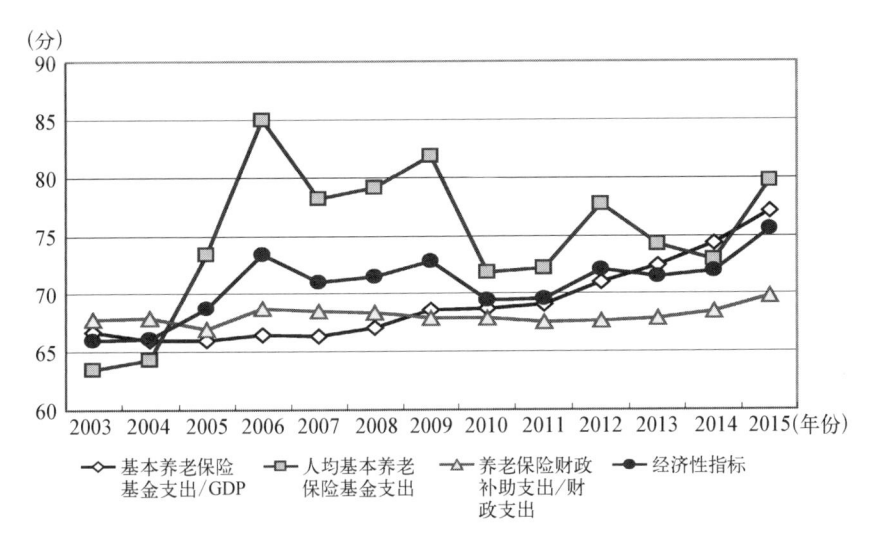

图 8-1-1　我国基本养老保险基金支出绩效评价经济性指标得分(2003—2015)
资料来源：作者编制。

用；"人均基本养老保险基金支出"指标得分加剧了综合得分在各年份之间的波动程度[①]；"养老保险财政补助支出/财政支出"则处于低水平稳定状态，由此拉低了经济性指标的综合得分。

综上所述，就我国基本养老保险基金支出绩效评价经济性指标综合得分的未来改进方向而言，应注意以下几个方面。首先，继续提升基本养老保险基金支出占GDP的比重，使其更为充分、广泛地承担起保障退休人员基本生活的制度职能；其次，逐步形成企业退休人员基本养老金正常调整机制，同时进一步降低物价因素的影响，以实际购买力作为基本养老金标准上调幅度的计算依据，推动退休人员生活水平稳中有升，广泛分享经济社会发展成果；再次，调整财政支出结构，加大养老保险财政补助支出所占比重，使之从过去的低水平稳定向更高水平的区间稳定发展，以更充分地发挥政府在基本养老保险制度改革与完善过程中的公共职能。

---

① 指标得分的波动程度是相对的，就"人均基本养老保险基金支出"指标1990年以来的长期得分变化而言，2003年以来其得分已趋于平稳；而相对于经济性指标下的另两个一级指标得分而言，同时期的该项一级指标得分的波动程度仍然较高。

二、效率性指标综合得分与评价：1997—2015

在第七章第二节各项效率性指标的单项绩效得分情况的分析基础上，图8-1-2展示了我国基本养老保险基金支出绩效评价1997—2015年效率性指标的综合得分情况(详细数据见表8-1-1)。

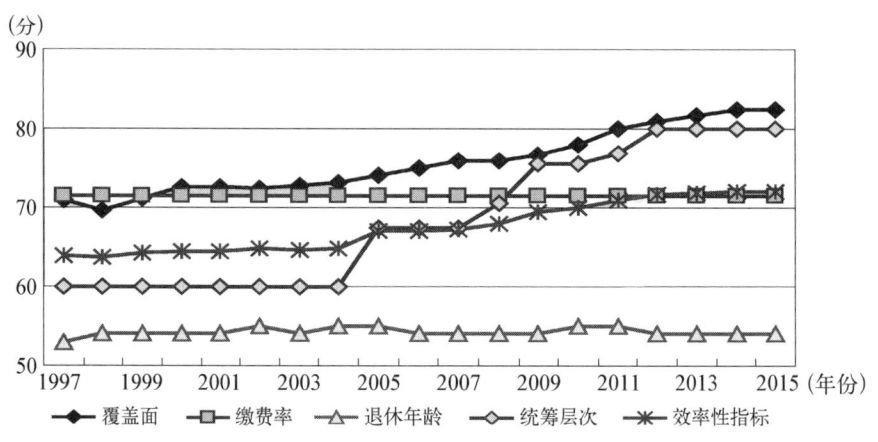

图8-1-2 我国基本养老保险基金支出绩效评价效率性指标得分(1997—2015)
资料来源：作者编制。

1997—2015年我国基本养老保险基金支出绩效评价的效率性指标综合得分的平均分值为67.46分，最低为1998年的63.77分，最高为2014年的71.99分。效率性指标综合得分总体呈现小幅稳定上升的变化特征，除1998年、2001年[①]、2003年、2006年、2015年得分略低于上年以外，其他各年份效率性指标综合得分均较上年有所提高，自2010年以来得分均达70分以上。总体而言，基本养老保险基金支出绩效的效率性指标的综合得分情况处于达标水平以上，并向良好状态靠拢，基本养老保险制度的运行初步满足公共支出行为的效率性要求。

---

① 表8-1-1中2000年与2001年效率性指标得分以小数点后两位显示均为64.51分，以小数点后三位数精确对比则为2000年的64.511分与2001年的64.510分。特此说明。

就具体的各项一级指标对效率性指标综合得分的贡献而言,"覆盖面"指标得分对综合得分起到了主导并推动其动态提升的积极作用;"缴费率"指标得分多年不变,与其他各项一级指标动态变化的得分情况相比,对效率性指标的综合得分起到了拉低调高的分值抵消作用,减小了综合得分在各年份之间的波动程度;"退休年龄"指标则长期处于低水平稳定状态,由此大大拉低了效率性指标的综合得分;"统筹层次"指标由于其指标值与评价标准的层级特性,指标得分呈现出非连续、台阶式的变化状态,2005年起随着部分省份落实省级统筹,指标得分显著提升并因此拉高了其后各年的效率性指标的综合得分。

综上所述,就我国基本养老保险基金支出绩效评价效率性指标综合得分的未来改进方向而言,应注意以下几个方面。首先,继续提升基本养老保险制度覆盖面水平,尽早覆盖到符合制度设计条件的全体就业人员,以更好地发挥其充分保障社会成员基本生活的制度功能;其次,在满足养老金合理给付水平的条件下适当降低基本养老保险社会统筹缴费率,以便减轻企业负担,这对于加快企业自身发展、增强国民经济竞争力以及提高未来长期的社会保障水平都将起到积极作用;再次,就退休年龄而言,应重点关注性别差异,在不引起社会剧烈震荡的前提下,渐近地、逐步地、分人群、有弹性地延迟女性法定退休年龄至男女同龄退休,此后则可继续提高法定退休年龄,与相当情形的国际水平接轨;最后,继续推进养老保险统筹层次提升工作,在全国32个省级单位全部建立省级统筹的基础上向全国统筹推进,最终实现基本养老保险全国统筹。

三、有效性指标综合得分与评价:2001—2015

第七章第三节对各项有效性指标的单项绩效得分情况进行了深入分析,在此基础上,图8-1-3展示了我国基本养老保险基金支出绩效评价2001—2015年的有效性指标的综合得分情况(详细数据参见表8-1-1)。

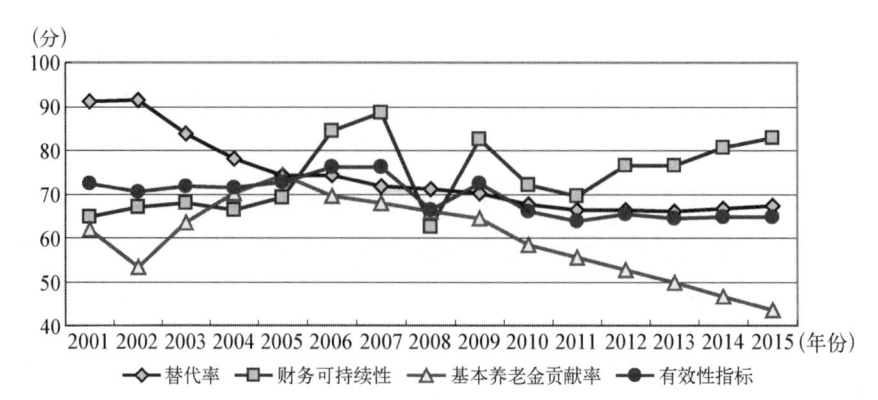

图 8-1-3　我国基本养老保险基金支出绩效评价有效性指标得分(2001—2015)
资料来源：作者编制。

2001—2015 年我国基本养老保险基金支出绩效评价的有效性指标综合得分的平均分值为 69.28 分,最低为 2011 年的 63.88 分,最高为 2006 年的 76.17 分。有效性指标综合得分总体呈现波动式下降的变化特征,从 2001 年的 72.45 分降至 2015 年的 64.74 分,在此期间分值变化过程又可分为两个阶段,2001—2007 年得分均在 70 分以上,2008—2015 年得分则大多降至 70 分以下,整体处于 60—70 分。其中 2008 年是波动幅度最大的年份,分值较上年骤降近 10 分之多。总体而言,基本养老保险基金支出绩效的有效性指标的综合得分情况自 2001 年以来下降较为显著,已从良好水平降至及格水平,基本养老保险制度的投入总体来说没有产生相应的效果,公共支出行为的有效性亟待提高。

就具体的各项一级指标对有效性指标综合得分的贡献而言,"替代率"指标得分 2001 年以来大幅下降,至 2015 年降幅高达近 24 分,对综合得分产生了显著拉低的作用;"财务可持续性"指标得分波动剧烈,加剧了有效性指标综合得分在各年份之间的波动程度;"基本养老金贡献率"指标得分的波动式下降则进一步拉低了综合得分,特别是 2013 年以来降至 50 分以下的极低水平,导致有效性指标综合得分已降至及格线边缘。

综上所述,就我国基本养老保险基金支出绩效评价有效性指标综合得分的未来改进方向而言,应注意以下几个方面。首先,适当提高基本养老金的替代率水平,在调整基本养老金水平时着重参照平均工资的增长幅度,使退休人员与在职人员的收入变动尽量保持同步,从而使退休人员的基本生活水平在制度可能的范围内有所提高;其次,为改善基本养老保险制度的财务可持续性,应着重做好社保基金的投资运营与管理工作,提升基金投资收益率,并使其高于同期通货膨胀率、平均工资增长率与经济增长率,增强基金抗风险能力,以更好地满足未来人口老龄化高峰时期的支付需要,与此同时,注意巩固基本养老保险基金的备付能力,并将隐性债务的有计划偿还纳入政府财政的开支安排,以保障基本养老保险制度可持续运行;再次,加强我国多支柱养老体系建设,在不降低基本养老金实际保障水平的前提下,丰富退休人员的收入来源,改善退休人员的生活品质。

四、我国基本养老保险基金支出绩效综合得分与评价:2003—2015

本书根据公共支出绩效评价的基本原理,结合老龄化社会的现实需求,构建起一套可度量的基本养老保险基金支出绩效评价指标体系。通过对各项具体指标进行评价标准设计,以及采集各项指标历年的现实数据,该指标体系下的各项具体指标便可进行百分制的绩效计分。在各项具体指标绩效计分的基础上,通过加权平均的方法分别可以计算得我国基本养老保险基金支出绩效的经济性指标、效率性指标和有效性指标的得分(见表8-1-1),并在此基础上再次运用加权平均法计算出2003—2015年我国基本养老保险基金支出绩效评价的综合得分,如表8-1-2所示。

表8-1-2 我国基本养老保险基金支出绩效评价综合得分(2003—2015)

年 份	经济性指标 (30%)	效率性指标 (30%)	有效性指标 (40%)	综合得分
2003	65.98	64.55	71.68	67.83
2004	66.05	64.90	71.52	67.89

续 表

年 份	经济性指标 (30%)	效率性指标 (30%)	有效性指标 (40%)	综合得分
2005	68.74	67.00	72.56	69.75
2006	73.39	66.98	76.17	72.58
2007	70.96	67.21	76.10	71.89
2008	71.50	67.98	66.49	68.44
2009	72.78	69.43	72.44	71.64
2010	69.47	70.02	66.09	68.28
2011	69.60	70.84	63.88	67.68
2012	72.08	71.61	65.34	69.25
2013	71.52	71.77	64.33	68.72
2014	71.95	71.99	64.73	69.07
2015	75.52	71.98	64.74	70.15

注：指标得分为百分制。
资料来源：作者编制。

图 8-1-4 更直观地展示出我国基本养老保险基金支出绩效评价的综合得分及其"3E"构成的变动情况。

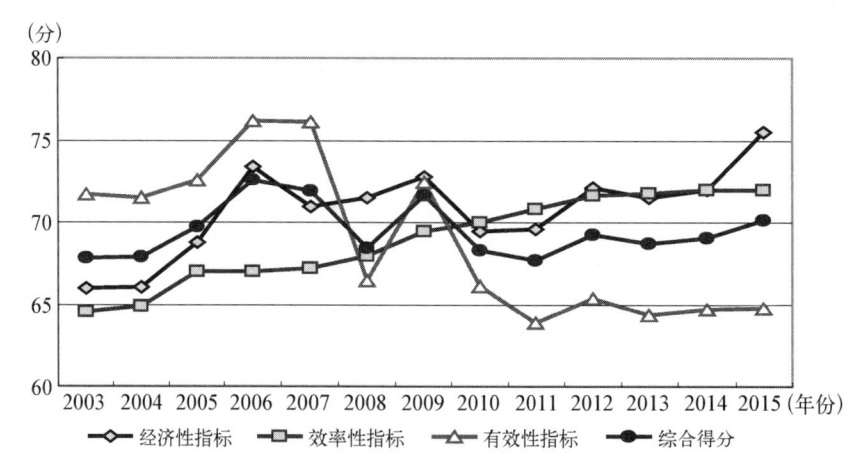

图 8-1-4 我国基本养老保险基金支出绩效评价综合得分(2003—2015)
资料来源：作者编制。

2003—2015 年我国基本养老保险基金支出绩效评价的综合得分平均分值为 69.47 分,最高为 2006 年的 72.58 分,最低为 2011 年的 67.68 分。

从 2003 年的 67.83 分到 2015 年的 70.15 分,总体而言,综合得分变化的趋势特征并不明显,各年份之间时有起伏波动,但均在 67—73 分的分值区间变化,且 2008—2014 年综合得分均降至 70 分以下,2015 年略有回升至 70 分以上。由此可见,2003 年以来我国基本养老保险基金支出的绩效水平均已达标(高于及格水平),但尚未达到良好状态,因此还有很大提升空间。

尽管综合得分变化幅度不大,但就其构成而言,"3E"指标得分近年来的结构性变化却相当显著。

经济性指标得分上升速度快,增减幅度大,从 2003 年的 65.98 分到 2015 年的 75.52 分,其间多次出现上下波动,但自 2006 年以来分值几乎均高于 70 分。因此,经济性指标 2003—2015 年的平均得分为 70.73 分,是"3E"指标中得分最高的一类[1]。

效率性指标得分上升最为稳健,从 2003 年的 64.55 分到 2015 年的 71.98 分,总体呈现稳步提高的特征,2003—2015 年的平均得分为 68.94 分,略高于有效性指标。

有效性指标得分则出现显著波动与大幅下降,从 2003 年的 71.68 分降至 2015 年的 64.74 分,自 2010 年以来得分均低于 70 分。其间最高得分为 2006 年的 76.17 分,最低得分为 2011 年的 63.88 分,最高与最低分值之间的差距将近 13 分之多。有效性指标 2003—2015 年的平均得分为 68.93 分,是"3E"中得分最低的一类。

---

[1] 由于资料可得性原因,基本养老保险基金支出绩效的综合评价是取三大类指标评价的交集年份,即以 2003—2015 年作为评价年份的。因此,在综合得分框架下的分析均以 2003—2015 年作为评价时段,因此,本处的效率性指标与有效性指标的平均分值都是指 2003—2015 年的平均数,而不是前文所述的单项效率性指标(1997—2015 年)与有效性指标(2001—2015 年)的平均分值。特此说明。

总体而言，经济性指标与效率性指标2003年以来得分有所提高，但增幅不是很大，而有效性指标得分则出现大幅下降，因此，这三大类指标的得分变动相互抵消之后，便呈现出我国基本养老保险基金支出绩效综合得分自2003年以来"平均接近70分，综合得分略有上升，'3E'指标变化明显"的基本特征。

值得注意的是，尽管基本养老保险基金支出绩效评价的综合得分变化不大，但这并不意味着我国基本养老保险制度的建设与改革没有实质性的推进与发展。通过第七章对"3E"指标下的各项一级、二级指标以及计分指标深入而细化的实证评价，我们可以看到我国基本养老保险制度改革与完善过程中多方面的大力投入与可喜进展。因此，借助于指标体系这一支出绩效评价工具可以帮助我们发现拉低综合得分的具体问题所在，找出亟待解决的不足根源，并在此基础上有的放矢地寻求应对之策。而这也是本书研究中着力构建基本养老保险基金支出绩效评价指标体系的目的与意义所在。

综上所述，为了进一步提高我国基本养老保险基金支出的绩效水平，结合上述综合得分评价及其"3E"构成分析，我们应将绩效提高的突破口重点置于有效性指标及其下属各项具体指标；同时兼顾经济性与效率性指标，通过加快改善其中个别具体指标而显著提升整体绩效水平。

第二节　提高我国基本养老保险基金 支出绩效水平的对策研究

上文对我国基本养老保险基金支出绩效的现实水平及其构成进行了全面综合的实证评价，形成了具有客观依据的研究结论。上述实证评价不仅归纳了我国基本养老保险基金支出绩效在经济性、效率性、有效性三大方面的总体表现，而且对照历年绩效得分的变动情况，对这三方面下属的各项具体评价性指标均提出了提高绩效水平的未来改进方向。

在对我国基本养老保险基金支出绩效水平形成总体认识的基础上,下文将借助于本书研究构建的基本养老保险基金支出绩效评价指标体系,进行有针对性的对策模拟与分析,以期较准确地把握住我国基本养老保险制度健康运行中最需要解决的问题。

一、对策模拟

根据前文深入、全面的实证分析,我们已对基本养老保险基金支出绩效评价指标体系中的一级指标、二级指标包括各项计分指标都形成了清晰的认识,对这些指标各自的绩效水平与指标得分形成了百分制的量化概念。因此,可以通过指标得分的高低直观地评判出各项指标的绩效高低。在此基础上,下文将采用对策模拟的方法,选取基本养老保险基金支出绩效评价指标体系中水平亟待提高的几项指标,分析与寻求其具体的改进目标(见表8-2-1和表8-2-2)。

根据我国基本养老保险基金支出绩效评价的现实水平分析,在对策模拟的对象指标方面,本书确定的原则是重点关注绩效得分低于70分的指标。对这些指标在符合现实条件的可能范围内进行指标值微调,由此计算得出相应的模拟绩效得分,据此可分析某个单项指标水平的改善对于基本养老保险基金支出绩效的综合水平将会产生怎样的影响。

回顾前文深入研究、论证构建的完整的基本养老保险基金支出绩效评价指标体系,我们可以发现,经过经济性、效率性、有效性三方面综合评价而得出的基本养老保险基金支出绩效水平,反映的已不仅仅是基金支出本身的情况,从本质上说反映的是基本养老保险制度的整体运行情况。因此,在上述指标值微调、模拟评分的基础上,我们可以更清楚地看到我国基本养老保险制度运行与发展所面临的最为紧迫的问题所在,从而有的放矢地寻求对策并着力解决。

表 8-2-1 基本养老保险基金支出绩效评价研究：对策模拟（一）

指标类别	一级指标	二级指标	对策模拟（1） 指标值	对策模拟（1） 指标得分	现实评价（2013年） 指标值	现实评价（2013年） 指标得分	对策模拟（2） 指标值	对策模拟（2） 指标得分	现实评价（2015年） 指标值	现实评价（2015年） 指标得分
经济性（30%）	基本养老保险基金支出（%）(34%)	基本养老保险基金支出/GDP	3.14	72.48	3.14	72.48	3.81	77.05	3.81	77.05
	人均基本养老保险基金支出（元）(33%)（计分指标为平均实际养老金指数）		107.12	74.24	107.12	74.24	109.89	79.77	109.89	79.77
	养老保险财政补助支出（%）/财政支出（%）(33%)		3	70.91	2.15	67.83	3	70.91	2.68	69.75
效率性（30%）	覆盖面（%）(25%)		63.23	81.61	63.23	81.61	64.88	82.44	64.88	82.44
	缴费率（%）(25%)		20.00	71.43	20.00	71.43	20.00	71.43	20.00	71.43
	法定退休年龄（岁）(50%)			60.00		34.10		60.00		34.10
	退休年龄（岁）(25%)	男	60	68.21	60	68.21	60	68.21	60	68.21
		女	57	51.79	50	0.00	57	51.79	50	0.00
	养老金受领时长（年）(50%)			88.00		74.00		88.00		74.00
		男	14	76.00	14	76.00	15	80.00	15	80.00
		女	20	100.00	27	72.00	20	100.00	28	68.00
	统筹层次（25%）		32-32(省)	80.00	32-32(省)	80.00	32-32(省)	80.00	32-32(省)	80.00

续　表

指标类别	一级指标	二级指标	对策模拟(1) 指标值	对策模拟(1) 指标得分	现实评价(2013年) 指标值	现实评价(2013年) 指标得分	对策模拟(2) 指标值	对策模拟(2) 指标得分	现实评价(2015年) 指标值	现实评价(2015年) 指标得分
有效性(40%)	替代率(%)(33%)		**50**	73.33	44.62	66.16	**50**	73.33	45.52	67.36
	财务可持续性(33%)	累计结余可支付时间(月)(34%)	18.37	76.49	18.37	76.49	16.43	73.91	16.43	73.91
		隐性债务/GDP(%)(33%)	0.48	95.99	0.48	95.99	0.47	96.06	0.47	96.06
		保值增值水平(%)(33%)		63.07		57.17		78.41		78.41
		通货膨胀率评价	3.60	67.20	3.60	67.20	13.79	87.58	13.79	87.58
		社会平均工资增长率评价	**0**	60.00	−3.88	52.24	5.13	70.26	5.13	70.26
		经济增长率评价	**1**	62.00	−3.89	52.22	8.81	77.63	8.81	77.63
评价性指标	基本养老金贡献率(%)(33%)		**85**	61.03	92.74	49.92	**85**	61.03	97.14	43.60

注：(1) 底色加深条目对策模拟的对象指标情况，其中经过微调的模拟指标值用粗体表示；(2) 本表为百分制计量，满分为100分。

资料来源：作者编制。

表8-2-1展示的是对策模拟的第一部分,即对选出的各项可度量的评价性指标与计分指标设定可实现的目标指标值,并进行相应的绩效得分模拟计算。表中同时列出2013年、2015年的现实评价指标值与指标得分作为两组比较基准[①]。

通过对现实基准水平的考量,本书选取以下指标作为对策模拟的对象,这些指标分别是:

(1) 经济性指标下的"养老保险财政补助支出/财政支出";

(2) 效率性指标下的"女性法定退休年龄"[②];

(3) 有效性指标下的"替代率";

(4) 有效性指标下的"保值增值水平"指标下设的"社会平均工资增长率评价"与"经济增长率评价";

(5) 有效性指标下的"基本养老金贡献率"。

以上各项指标的选取主要出于现实绩效亟待提高的目标考量,综合而言,上述指标既有分值提升的较大空间,又有绩效改进的迫切需求。

就指标(1)(2)(3)(5)而言,以最近的2015年数据来看,这几项指标的现实得分均低于70分;就指标(4)选取的两项计分指标而言,尽管其2015年绩效得分高于70分,但是两者2001—2015年的平均值仅为51.25分和51.42分,远低于70分,而且这两项指标的绩效得分在各年间波动剧烈,其中2013年的分值最接近平均值,并且该现实分值水平从长期来看也具有代表性,因此,本书增选这两项计分指标作为对策模拟的对象,同时增设2013

[①] 由于2015年是全部指标数据可得的最新年份,因此从最接近现实水平的角度将其设为比较基准年份。有关2013年作为比较基准年份的选取理由,下文将具体说明。

[②] 基于上述重点关注绩效得分低于70分的指标进行对策模拟的原则,该项指标是从"退休年龄"一级指标现实得分低于70分(2013—2015年均仅为54.05分)的准则出发而选取的对策模拟的对象指标,而不止取决于"法定退休年龄"与"养老金受领时长"两个二级指标的单项得分。从本书第七章第二节对"退休年龄"指标绩效的实证分析可以看出,导致我国"退休年龄"指标得分长期低于及格水平的直接根源在于"女性法定退休年龄"设定过低,因此有必要对该项计分指标进行对策模拟,以获取可量化的调整目标。

年作为对策模拟的另一个比较基准年份。

表 8-2-1 中底色加深的条目为对策模拟的对象指标情况,其中经过微调的模拟指标值用粗体表示。我们可以发现,上述指标值经过适当调整以后,其对应的指标分值也发生相应的正向变化。这些具体评价性指标以及计分指标的分值变动将直接影响到基本养老保险基金支出绩效的"3E"指标得分以及综合得分(见表 8-2-2)。

表 8-2-2 的对策模拟总体结果显示,通过对上述选取的模拟对象指标值进行微调后,我国基本养老保险基金支出绩效评价的综合水平产生了显著的提高,以 2013 年为比较基准年份进行模拟,综合绩效得分从 68.72 分提升至 73.20 分;以 2015 年为比较基准年份进行模拟,综合绩效得分则从 70.15 分提升至 74.85 分。整体而言,通过模拟对象指标值的微调,我国基本养老保险基金支出的综合绩效可从及格水平向良好水平大幅迈进。因此,下文将紧密结合对策模拟的具体内容进行对策目标的研究设计与探讨分析。

二、对策目标

借助于本书研究设计的基本养老保险基金支出绩效评价指标体系,可以清晰地发现我国基本养老保险制度运行中绩效水平较低的指标有哪几项,也即亟待解决的问题所在。通过指标值微调的对策模拟研究,我们可以明确上述指标的合理调整方向,并制定出一组可量化的对策目标。由此可在基本养老保险基金支出绩效评价体系的研究框架下,对经济性、效率性、有效性"3E"绩效水平的全面提高形成全方位、多角度、可量化的综合对策目标系统。

表 8-2-3 展示了提高我国基本养老保险基金支出绩效水平的综合对策目标系统,为我国基本养老保险制度完善过程中亟待解决的问题提出了可量化的调整建议。

表 8-2-2 基本养老保险基金支出绩效评价研究：对策模拟（二）

指标类别	一级指标	对策模拟 现实评价（2013年) 一级指标得分	对策模拟 现实评价（2013年) 指标类别得分	对策模拟（1) 一级指标得分	对策模拟（1) 指标类别得分	对策模拟 现实评价（2015年) 一级指标得分	对策模拟 现实评价（2015年) 指标类别得分	对策模拟（2) 一级指标得分	对策模拟（2) 指标类别得分
经济性指标（30%）	基本养老保险基金支出/GDP(%)(34%)	72.48	72.54	72.48	75.91	77.05	75.52	77.05	75.91
经济性指标（30%）	人均基本养老保险基金支出（元)(33%)	74.24	72.54	74.24	75.91	79.77	75.52	79.77	75.91
经济性指标（30%）	养老保险财政补助支出/财政支出(%)(33%)	67.83	72.54	70.91	75.91	69.75	75.52	70.91	75.91
效率性指标（30%）	覆盖面(%)(25%)	81.61	76.76	81.61	76.97	82.44	71.98	82.44	76.97
效率性指标（30%）	缴费率(%)(25%)	71.43	76.76	71.43	76.97	71.43	71.98	71.43	76.97
效率性指标（30%）	退休年龄(岁)(25%)	54.05	76.76	74.00	76.97	54.05	71.98	74.00	76.97
效率性指标（30%）	统筹层次(25%)	80.00	76.76	80.00	76.97	80.00	71.98	80.00	76.97
有效性指标（40%）	替代率(%)(33%)	66.16	71.03	73.33	72.46	67.36	64.74	73.33	72.46
有效性指标（40%）	财务可持续性(34%)	76.55	71.03	78.52	72.46	82.70	64.74	82.70	72.46
有效性指标（40%）	基本养老保险基金贡献率(%)(33%)	49.92	71.03	61.03	72.46	43.60	64.74	61.03	72.46
基本养老保险基金支出绩效综合得分			68.72		73.20		70.15		74.85

注：（1）底色加深条目为对策模拟中得分有所变化的一级指标；（2）本表为百分制计量，满分为100分。

资料来源：作者编制。

表 8-2-3 我国基本养老保险基金支出绩效评价研究：对策目标系统

指标类别	指标名称	指标值目标得分	指标得分目标绩效	指标功能
经济性	养老保险财政补助支出/财政支出(%)	3	70.91	制度可持续运行
效率性	女性法定退休年龄(岁)	57	51.79	制度可持续运行
有效性	替代率(%)	50	73.33	退休人员生活保障
	保值增值水平： 社会平均工资增长率评价(%) 经济增长率评价(%)	0 1	60 62	制度可持续运行
	基本养老金贡献率(%)	85	61.03	退休人员生活保障

注：本表为百分制计量，满分为100分。
资料来源：作者编制。

由表8-2-3可知，对策目标系统共涉及5项指标(一级或二级指标)，在基本养老保险基金支出绩效评价指标体系的三大类指标内均有分布。其中，经济性指标有1项，为"养老保险财政补助支出/财政支出"；效率性指标有1项，为"女性法定退休年龄"；有效性指标有3项，分别为"替代率""保值增值水平"以及"基本养老金贡献率"。同时，就"保值增值水平"指标而言，需要调整的具体计分指标有2项，分别为"社会平均工资增长率评价"和"经济增长率评价"。

就指标功能而言，当前亟待解决的问题主要集中在基本养老保险制度的可持续运行与退休人员的生活保障两大方面。表8-2-3中，5项指标中有3项指标的作用是维护基本养老保险制度可持续运行，分别是"养老保险财政补助支出/财政支出""女性法定退休年龄"和"保值增值水平"；有2项指标的作用是保障退休人员生活水平，分别是"替代率"和"基本养老金贡献率"。

由此可见，上述对策目标系统的核心对策主要包括以下五项内容：

(1) 加大财政补助力度："养老保险财政补助支出/财政支出"提升至3%。

(2) 调整女性法定退休年龄：渐进式延迟至57岁。

(3) 提升替代率水平：逐步回升至50%。

(4) 设置保值增值水平底线：投资收益率与工资增长率保持同步，高于经济增长率1%。

(5) 建立多支柱养老体系：降低基本养老金贡献率至85%。

依据上述综合对策目标系统进行相应调整，我国基本养老保险基金支出绩效评价的综合水平将会产生显著提高，整体而言将从及格水平向良好水平大幅迈进。下文将从对策广角与对策聚焦两个层次进行对策目标系统的分析研究。

(一) 对策广角：解析可量化对策目标系统，全面提高"3E"绩效水平

就对策广角分析而言，结合前文的对策模拟研究，以下将对表8-2-3所展示的综合对策目标系统展开深入解析，为系统中各项指标的量化调整目标提供坚实的理论基础与合理的现实依据。正如前文对策模拟所显示的结果，以下各项指标值调整目标的实现将全面提高我国基本养老保险基金支出绩效的"3E"水平。以2013年为比较基准年份进行模拟时，我国基本养老保险基金支出的综合绩效将从当年实际的68.72分大幅提升至73.20分的优化分值；以2015年为比较基准年份进行模拟时，我国基本养老保险基金支出的综合绩效将从当年实际的70.15分大幅提升至74.85分的优化分值，由此从及格水平向良好水平迈出坚实的步伐。

1. 加大财政补助力度："养老保险财政补助支出/财政支出"提升至3%

我国养老保险财政补助支出/财政支出的比重长期处于2%左右的低水平稳定状态，2003年以来未有显著提高。我国自世纪之交步入老龄化社会以来，老年人口增长速度之快位居世界前列，加之"未富先老"与"未备先老"的现实条件限制，基本养老保险制度改革过程中的养老金支付压力在一定程度上需要由政府财政来支撑化解。纵观国际社会的实践经验，国家公共财政用于社会养老保障是一个国际惯例[1]，公共财政投入于基本养老保险

---

[1] 杨黎源.老龄化成本的国际比较与中国应对策略——基于养老支出视角的分析[J].浙江社会科学,2013,(3).

的比例也普遍处于较高水平,发达国家的养老保险财政补助支出往往占到财政总支出的10%以上,有的国家甚至高达20%左右。[1]

结合我国现实国情考虑,财政投入的比例过大在当前条件下会加重政府财政负担,因此,指标上调的目标设定不宜过高。就政府公共支出的使用目标而言,经济性支出、社会性支出和维持性支出构成了公共支出的三大主要内容。当前随着我国经济发展水平达到一定高度、趋于成熟,公共支出的重点正由基础设施建设转向教育、保健和福利等社会服务方面,社会性支出的功能显得日益重要。尤其是在社会服务具有保障权利性质时,这种支出受人口结构变动的影响也越来越大,并且会大大超过其他项目的公共支出。由此可见,伴随我国人口老龄化进程的加速,通过公共支出结构的合理调整,政府服务职能的充分作用,设定切合实际的对策目标,将养老保险财政补助支出占财政总支出的比重提升到3%的水平还是有实现可能的。尽管这一水平与本书研究而得的满分标准值(11%)[2]还有很大差距,但从现实可行性角度出发,这是当前政府财力有能力承担的一个可预期目标,并且不会造成政府财政的过重负担。

根据对策模拟的结果显示,当政府财政对基本养老保险补贴的投入力度进一步加大,占到财政总支出的3%时,则"养老保险财政补助支出/财政支出"指标的绩效得分将从2015年(2.68%时)的69.75分提升至70.91分,也就从及格水平向良好水平迈进了一步。由此,单项指标的绩效提升也将促进经济性指标综合得分的提高,经济性指标得分也将从2015年的75.52分提升至75.91分。由此可见,养老保险财政补助支出占财政总支出的比重只需微调0.32%,其指标绩效得分即可提高1.16分,同时推动基本养老保险基金支出绩效评价的经济性指标得分整体提高0.39分,对策目标制定合理,指标微调效用可观。

---

[1] 参见本书第三章第三节的分析。
[2] 参见本书第六章第二节的分析。

2. 调整女性法定退休年龄：从 50 岁渐进式延迟至 57 岁

我国女性法定退休年龄自 20 世纪 50 年代初期以来一直是 50 岁[1]，随着社会经济的快速发展与人口期望寿命的不断提高，这一沿用了 60 年左右的规定已与我国现实国情不相适应。对应于国际水平来看，经济发达的 OECD 国家平均水平为 61.7 岁，以发展中国家为主的亚太与非洲地区各国平均水平为 57.8 岁，这也是本书研究设定的"女性法定退休年龄"指标的满分标准值与及格标准值[2]。由此可见，我国目前女性法定退休年龄显著低于及格水平，根据前文实证评价的结论，该指标绩效得分为 0。因此，无论是从现实国情还是从国际水平考虑，对女性法定退休年龄进行合理适度的调整都势在必行。

本书对女性法定退休年龄 57 岁这一对策目标的设定主要基于以下两方面的考虑。一方面，就二级指标"法定退休年龄"而言，因为"女性法定退休年龄"指标的及格标准值为 57.8 岁，因此，指标调整的目标值应向及格水平靠拢，设定在 58 岁左右为宜。另一方面，就二级指标"养老金受领时长"而言，由于我国女性期望寿命已达 77 岁，养老金受领时间长达 27 年（77 岁－50 岁＝27 年），因此该指标是由于现实水平过高而造成绩效得分降低的。所以，指标的调整应以适当缩短养老金受领时长为目标，而该指标满分标准值为 20 年，对应于当前女性期望寿命，则 57 岁的法定退休年龄可使该指标绩效达到满分水平的理想状态。而这一目标值与上述"法定退休年龄"58 岁左右的目标值也相吻合。考虑到法定退休年龄的延迟有一个循序渐进的过程，因此，最终确定目标值时本书采取"就低不就高"的原则，以 57 岁作为"女性法定退休年龄"的对策目标。

同时需要说明的是，退休年龄目标值的调整并不仅仅是以女性单项指

---

[1] 根据 1951 年《劳动保险条例》及 1955 年《关于国家机关工作人员退休暂行办法》的具体内容，对不同类型劳动者的退休年龄也有所细分，本书的研究着眼于占比大多数的普通劳动者，因此统一简化为 50 岁的概念。详见本书第四章第三节的分析。

[2] 参见本书第六章第三节的分析。

标来衡量,而是要全面考量"退休年龄"一级指标得分,即包括"法定退休年龄"与"养老金受领时长"两项二级指标的分性别绩效得分的综合绩效水平。由表8-2-2的对策模拟结论可以看到,经过女性法定退休年龄目标对策的调整后,退休年龄指标的综合绩效有了显著提高,由2015年的54.05分提升至74分,不仅已明显高于及格水平,而且基本处于良好状态,这对于维持我国基本养老保险基金收支的长周期平衡与制度可持续运行都是非常有利的。由此,基本养老保险基金支出绩效的效率性指标得分也将大幅提升,从2015年的71.98分上升至76.97分,整体效率提高将近5分。由此可见,女性法定退休年龄指标的及时调整对于发挥我国基本养老保险基金支出绩效的效率性水平至关重要。

此外,由于我国女性法定退休年龄现实水平过低,其现实绩效得分仅为0分,因此,绩效水平的提高也要充分考虑现实可能性,不宜将目标设计过高。仅就本书提出的对策目标而言,其最终实现也需要经过一段相当长的时间,"小步慢走"、逐渐调整,以最大限度避免引起社会不稳定因素。

当然,在逐步延迟法定退休年龄的若干年时间内,期望寿命也不是一成不变的,也会发生相应的动态变化,正常来说人口期望寿命将会继续延长。但是,对照表7-2-3的数据来看,期望寿命的延长也是相当缓慢的,因此,上述女性法定退休年龄对策目标的设定是具有现实可操作性并可以实现绩效目标的。

3. 提升替代率水平:逐步回升至50%

替代率指标反映的实质是养老保障水平的高低,本书以基本养老金口径计算的基本养老保障替代率水平则直接体现出基本养老保险制度对退休人员提供的基本生活保障程度。我国自1997年以来替代率水平显著下降,从1997年的76.66%至2015年的45.52%,降幅高达31%以上。尽管这一指标值略高于目前国际劳工组织规定的最低标准,尚处于及格水平,但是,结合前文分析到的我国养老多支柱体系的欠缺,绝大多数退休人员仅仅依靠基本养老金这一项收入来源维持退休生活,则其养老保障水平堪忧,生活品质难以提高。

此外,就上述最低标准而言,值得说明的是,在本书研究设定替代率指标的评价标准过程中,替代率水平也曾一度成为网络热议的话题,"国际劳工组织最新规定的替代率最低标准为55%"这一说法也多次出现在网络评论中。为此,笔者对这一数据进行了深入核查,由于并未在国际劳工组织实时更新的官方网站中查阅到有关社会保障标准近期新的规定,因此,本书的研究仍以国际劳工组织网站明确提供的第102号公约①与第128号公约②为参考依据。在这样的基础上,设定基本养老保障"替代率"指标40%的及格标准值水平。

由此可见,在替代率指标值调整的对策目标上,当前的重点是遏制住替代率水平一味下降的趋势,综合考虑物价上涨因素,通过加大基本养老金标准调整幅度,使退休人员基本养老金的增长速度与在职人员工资增速保持同步,同时减小通货膨胀因素对基本养老金实际购买力的影响,使退休人员基本生活水平有所提高。

为此,本书结合现实国情、理论分析与国际水平,将替代率指标调整的对策目标设定为50%,基本相当于2006年的替代率水平。由于指标值的调整会受到各种因素制约,因此目标的实现允许有一个时间过程。根据表8-2-2的对策模拟结论显示,当替代率水平上升至50%时,相应的指标得分也将从2015年(45.52%时)的67.36分提升至73.33分,指标得分将从及格水平逐渐恢复进入良好状态,退休职工的基本生活也将得到更有力的保障。

---

① 国际劳工组织.社会保障公约(第102号公约)[EB/OL].[1952-06-28].http://www.ilo.org/dyn/normlex/en/f?p=NORMLEXPUB:12100:0::NO::P12100_ILO_CODE:C102。
② 国际劳工组织.残疾、老年和遗属津贴公约(第128号公约)[EB/OL].[1967-06-29].http://www.ilo.org/dyn/normlex/en/f?p=NORMLEXPUB:12100:0::NO::P12100_ILO_CODE:C128。

4. 设置保值增值水平底线：投资收益率与工资增长率保持同步，高于经济增长率1%

保值增值水平关系到我国社会保障战略储备金的抗风险能力，也关系到我国基本养老保险基金制度的可持续运行。基金投资收益率是衡量全国社会保障基金投资运行有效性的直观指标。考虑到全国社会保障基金的主要用途，对其抗风险能力的考量应体现为基金投资收益率与通货膨胀率、社会平均工资增长率以及经济增长率之间的关系比较，由此可以衡量出保值增值水平的高低。

为此本书专设三项计分指标用以评价"保值增值水平"。这三项指标分别为"通货膨胀率评价""社会平均工资增长率评价"以及"经济增长率评价"，其计算公式如下：

通货膨胀率评价[①]＝基金收益率－通货膨胀率

社会平均工资增长率评价＝基金收益率－社会平均工资增长率

经济增长率评价＝基金收益率－经济增长率

在这三项指标中，结合我国现实情况分析，通货膨胀率评价指标各年份为正值的居多，意味着多数年份基金的实际购买力都较上年有所提高，而这将有助于未来支付时提高退休人员的生活水平。社会平均工资增长率评价与经济增长率评价两项计分指标多数年份均为负值，按照这一趋势推理，当该项基金未来用于支付养老金时，退休人员收入增长的速度将低于在职人员，同时基金的投资运行也未能充分地分享到社会经济发展成果，在公平与效率两个方面都有待提高。

基于以上分析，对于"保值增值水平"的对策目标，具体的指标调整便落实在"社会平均工资增长率评价"和"经济增长率评价"这两项计分指标上。

---

① "通货膨胀率评价"即基金实际投资收益率。

以及格标准值为基本参考依据①,本书对"社会平均工资增长率评价"指标设定的底线目标值为0,对"经济增长率评价"指标设定的底线目标值为1%。以2013年数据模拟为例,"社会平均工资增长率评价"指标值从-3.88%提高至0,"经济增长率评价"指标值从-3.89%提高至1%。当现实指标数据高于上述底线目标值时,则视为基本目标已达成,例如:2015年上述两项计分指标值分别为5.13%和8.81%,则不必在对策模拟时对这两项指标进行微调。

就其经济含义而言,"社会平均工资增长率评价"指标设定的目标值为0,意味着基金投资收益率与工资增长率保持同步;"经济增长率评价"指标设定的目标值为1%,意味着基金投资收益率略高于经济增长率1%。

由于上述两项计分指标的变化趋势十分接近,因此本书这样设定两者调整的对策目标具有逻辑统一性与现实可行性。当基金投资收益率提高时,两项计分指标的指标值都会提高,这样的动态变化特征与上述研究设定的对策目标是保持一致的。同时,这一对策目标的定位也较客观,综合考虑宏观环境、经济波动等多方面因素的影响,将调整幅度控制在切实可行的范围之内,以提高目标实现的可能性。

当"社会平均工资增长率评价"指标值从2013年的-3.88%提高至0,亦即基金投资收益率与社会平均工资增长率保持同步时,则该计分指标得分也将从52.24分提高到60分;当"经济增长率"指标值从2013年的-3.89%提高至1%,也即基金投资收益率略高于经济增长率1%时,则该计分指标得分也将从52.22分提升至62分。由于此时两项计分指标得分均达到及格水平,因此,"保值增值水平"指标的绩效得分也将有所提高,假设"通货膨胀率评价"指标值保持不变,则"保值增值水平"指标的绩效得分将从2013年的57.17分提升至63.07分,从及格线以下上升至及格标准以

---

① 参见本书第六章第四节的分析。

上,绩效水平实现质的提升。

需要说明的是,实际中,从这三项计分指标的变动来看,当"社会平均工资增长率评价"与"经济增长率评价"指标值都上升时,"通货膨胀率评价"指标值通常也会上升,这时"保值增值水平"指标的实际得分将会更高于上述模拟分值。因为这是一种绩效水平的正向变化,对于对策模拟的研究工作没有负面影响,因此本书对此不再进行专门分析。同时,由于学术研究中的模拟都是基于一定的条件约束,与现实环境中的社会经济发展变化情况不完全相同也属正常,但本书的对策模拟建立在深入的理论研究与实证分析基础上,因此,其基本方向是明确、科学、准确的,这将为决策部门、实务部门提供政策制定的参考与依据。

5. 建立多支柱养老体系:降低基本养老金贡献率至85%

由于我国当前多支柱养老体系尚未真正建立,退休人员的收入来源绝大多数只有基本养老金,因此,基本养老金贡献率指标不降反升,2015年97.14%的水平说明基本养老金几乎成为城镇退休职工唯一的收入来源。

一项健康运行的养老保险制度,其政策目标应当包括以下几个方面[①]:一是养老保障所提供的待遇应足以防止所有老年人在生活上陷入绝对贫困的境地;二是制度成本不超出个人和社会的经济支付能力,不使财政支出因成本过高而难以负担;三是制度财务状况良好,在各种假设条件下都能持续运行下去;四是制度能承受冲击、分散风险,包括承受来自经济、人口和政治等各方面因素的挑战。而这些目标的实现需要建立起多支柱的养老体系。[②]

本书对于建立多支柱养老体系的对策目标设定为"基本养老金贡献率"指标值降至85%,这主要取决于两方面的考虑。一方面,该指标的及格标准值为85.7%[③],指标值调整的对策目标应当以及格水平作为参考;另一方

---

① 杨胜利,李正龙.统账结合模式下养老金的替代率及多支柱模式研究[J].劳动保障世界,2009,9(8).
② 参见本书第五章第三节的分析。
③ 参见本书第六章第四节的分析。

面，由于我国基本养老金贡献率水平自 2005 年以来持续上升，因此，85% 可视为一个可以实现的指标水平，基本相当于 2010 年的历史水平。[①] 综合以上分析，对"基本养老金贡献率"指标的对策目标模拟值取整设定为 85%。当指标值降至这一水平，指标得分将从 2015 年 97.14% 时的 43.60 分提升至 61.03 分，由此达到及格水平。这对于提升基本养老保险基金支出绩效的有效性水平将产生巨大的推动作用。

值得注意的是，对于"基本养老金贡献率"这一指标，在考量其未来绩效调整方向的同时，也不能忽视当前问题的应对解决。因为基本养老金事关广大退休人员当下实实在在的生活需求，因此，对于基本养老金贡献率指标及其所体现的多支柱养老问题，应当区分当前退休人员和未来退休人员两个不同群体，并采取不同的应对策略。

对于未来退休人员，可以从现在做起，加强经济性的三支柱养老体系建设，在巩固基本养老保险制度运行的同时，加强补充性的企业（职业）年金制度建设，同时丰富个人储蓄性养老保险的多元化选择。那么，经过相当时间的积累以后，至这一群体退休时，其养老收入来源可实现多元化，退休人员可以在多项养老收入的共同作用下享受到较高品质的晚年生活。

对于当前退休人员，由于已处于退休状态，现有的单一收入来源也不可能立即改变。因此，我们应当拓展思路，参考前文所述的"五支柱"理念，从经济性养老保障体系以外的方面重点着手，提高老人的退休生活满意度。例如：加强养老服务体系建设、推进老年友好型城市建设、丰富老年人精神文化生活、营造社会敬老爱老氛围等，而这些也是发展我国老龄事业的重要举措。当老人的精神生活丰富充实，服务需求得到满足，生活环境便利友好，那么，在经济收入水平不变的条件下，其生活满意度也将有所提高。

综上可知，当以上各项指标的量化调整目标都实现时，我国基本养老保

[①] 参见本书第五章第三节的分析。

险基金支出的"3E"绩效都将有所提高。以2013年为比较基准年份进行模拟时,经济性指标将从当年实际的71.52分提升至72.54分,效率性指标将从71.77分提升至76.76分,有效性指标将从64.33分大幅提升至71.03分,至此,我国基本养老保险基金支出绩效的综合得分也将显著上升,从2013年现实水平的68.72分提升至73.20分的优化分值,绩效水平将大幅提高。同理,以2015年为比较基准年份进行模拟时,经济性指标将从当年实际的75.52分提升至75.91分,效率性指标将从71.98分提升至76.97分,有效性指标将从64.74分提升至72.46分,因此,我国基本养老保险基金支出的综合绩效将从当年实际的70.15分大幅提升至74.85分的优化分值。当然,上述综合对策目标系统所提出的量化目标的实现时间各有不同,但以此为调整方向的进程均可有计划、按步骤地逐步推进。

(二) 对策聚焦:着力维护制度可持续运行,沉着应对人口老龄化挑战

基本养老保险制度稳健地可持续运行是保障退休人员基本生活并不断提升其保障水平的根本性前提,因此,通过前文的对策模拟比较与对策广角解析,下文将对策分析的着眼点聚焦于在维护基本养老保险制度可持续运行方面最为迫切需要改善的问题。

基于表8-2-3的对策目标梳理,就指标功能而言,直接作用于制度可持续运行的指标有3项,分别为"养老保险财政补助支出/财政支出""女性法定退休年龄"和"保值增值水平"。在此范围内,考虑到绩效分值水平的高低差别所体现出的问题解决的紧迫性差异,下文将聚焦于其中现实绩效得分平均值低于及格水平的两项指标,即:"女性法定退休年龄"和"保值增值水平",对其进行更为深入的对策研究。

1. 调整女性法定退休年龄,尊重人群差异与诉求,促进基本养老保险基金收支平衡

退休年龄的适度调整对于实现基本养老保险基金收支总量平衡,减轻人口老龄化带给基本养老保险基金的支付压力有积极作用。结合前文的理

论与实证分析,借助于对策模拟的手段,以下提出基于性别差异的退休年龄调整对策。

(1)核心对策:女性退休年龄逐步提高,男性退休年龄暂时不变。鉴于女性期望寿命高于男性,而退休年龄却低于男性10岁,因此,女性充分展现自身实际价值的机会明显少于男性。我国男性退休年龄与国际社会平均水平较为接近,女性退休年龄则远低于国际水平,因此与男性相比调整空间还很大。而且,根据前文分析,无论从现实需求还是国际比较来看,女性退休年龄都亟待提高。所以,在法定退休年龄调整问题上,应稳步有序地从女性退休年龄推迟入手,男性退休年龄暂时保持不变,这样可以尽可能减小退休年龄调整对现有劳动力市场的冲击,不仅符合新时代女性的价值取向,而且对缓解基本养老保险制度的支付压力具有很大现实意义。

(2)目标年龄:初始目标年龄为"男60、女57",优化目标年龄为"男60、女60"。结合前文对策模拟的研究结论,本书将完整的退休年龄调整设定为两个目标年龄,即初始目标年龄和优化目标年龄。

初始目标年龄是指对策模拟中设定的"男60、女57"岁,前文已对其设定依据进行了详尽分析,本处不再赘述。

优化目标年龄则是达到上述初始目标年龄后,在"退休年龄"一级指标绩效已有显著提高时,当时机成熟后可以考虑更为优化的法定退休年龄调整值。基于前文对退休年龄性别差异的分析可知,男女同龄退休是国际社会退休制度的主流,因此,本书拟设定优化目标年龄为"男60、女60"岁。同样运用本书研究设计的基本养老保险基金支出绩效评价指标体系这一理论工具,对上述优化目标年龄进行对策模拟后发现,当女性法定退休年龄从57岁进一步延迟至60岁时,"法定退休年龄"二级指标的综合绩效得分由60分提升至75.1分,"养老金受领时长"二级指标的综合绩效得分由88分降至82分,由此计算出"退休年龄"一级指标的综合绩效得分将由74分提升至78.55分。因此,这一优化目标年龄将会体现出更高的绩效水平。当然,优化目标年龄的调整将是一个长期的过程,需要随时间的推移而逐步实现。

(3)调整方式:区分群体,微调渐进。为了尽可能避免引起社会震荡与增加社会不稳定因素,下文借鉴国际社会经验,讨论以怎样的具体方式延迟法定退休年龄。表8-2-4是部分发达国家逐步推迟退休年龄的实施方案,值得我们参考。

表8-2-4 部分发达国家逐步推迟退休年龄的实施方案

国　　家	原定退休年龄	目标退休年龄	实　施　方　案
澳大利亚	男 65 周岁 女 62 周岁	男 65 周岁 女 65 周岁	女性从 2013 年 7 月 1 日起,每 2 年延长 6 个月,直到 65 周岁为止
英国	男 65 周岁 女 60 周岁	男 68 周岁 女 68 周岁	男性 2024 年提高至 66 周岁,2034 年提高至 67 周岁,2044 年提高至 68 周岁;女性依此类推
意大利	男 59 周岁 女 59 周岁	男 65 周岁 女 60 周岁	每 18 个月延长 1 年,至男 65 周岁、女 60 周岁为止

资料来源:(1) 吴鹏森.现代社会保障概论[M].上海:上海人民出版社,2004.(2) 姚蒙,陆乐,詹德斌,孙秀萍.各国退休年龄争议不少对策不同[J].人生与伴侣,2009,(6).(3) OECD. *Pensions at a Glance 2009: Retirement-Income Systems in OECD Countries* [EB/OL]. www.oecd.org/els/social/pensions/PAG。

根据表8-2-4介绍的实施方案,表中各国从现行退休年龄提高到目标退休年龄的过程都是比较长的,多采用以月为单位延迟退休年龄的方案。因此,我们也可以借鉴这样的实施方案,在确定最终的目标退休年龄后,制定一个实现该目标的较长的具体实施期间,在实施期间内每年推迟几个月,以便在稳定的社会环境下实现退休年龄制度的渐进式改革目标。

伴随着我国人口老龄化进程的加速、人口期望寿命的延长以及养老保险制度负担的加重,延迟退休年龄问题近年来一直受到社会各界的高度关注。2013年11月《中共中央关于全面深化改革若干重大问题的决定》提出研究制定渐进式延迟退休年龄政策;2016年11月人社部部长尹蔚民出席国际社会保障协会第32届全球大会世界社会保障峰会时明确提到,将适时出台渐进式延迟退休年龄政策;2017年中央经济工作会议也强调"要推动养老保险制度改革,加快出台养老保险制度改革方案"。结合上述政策精神与本书研究结论,对于法定退休年龄的调整应从以下几方面人性化地推进。一是提前若干年预告,使公众有充足的准备期[①];二是分人群进行,以人力资源替代弹性系数较低的群体以及年龄对工作状态影响较小的群体开始;三是小步慢走,循序渐进,建议每年延迟3个月,每4年延迟1岁,将社会震荡降至最低。

考虑到退休年龄的不可逆性、经济发展的承受能力和人们的心理接受程度,我们应将延迟法定退休年龄视为长期性的政策行为,即逐步延迟法定退休年龄。同时可将适当延长缴费年限作为一种政策效果相对温和的补充手段,使之与渐进式延迟退休年龄共同作用,通过增加缴费和相对减少同期养老金领取人数的方式来缓解未来老龄化高峰时期基本养老金的支付压力,以实现养老保险基金收支的周期平衡,保证制度可持续性。

退休年龄调整是一项复杂的系统工程,需要分阶段、分人群、有弹性地实现调整目标,因此,弹性退休方式也将有助于较平稳地推进制度调整,即设定法定退休年龄的最低标准,并且允许老年劳动者在达到法定退休年龄后仍继续工作,这意味着在一定的时间区间内可由劳动者自由选择缴费年限和退休年龄,与之相对应的则是"多缴多得""多干多得"的鲜明激励机制。劳动者有了充分的选择自由,就可以结合各自的职业特性、工作强度、体能情况、经济状况决定自己的实际退休年龄,对自己的劳动与退休时间作出理性安排,无后顾之忧方能安心于当前工作,这样既有助于人性化地推进退休年龄调整,减少社会震荡,又有助于减轻人口老龄化带给基本养老保险基金

---

① 主要观点来源:鲍丹.延迟退休要分步走——访人力资源和社会保障部副部长胡晓义[N].人民日报,2013-12-11(2).

的支付压力,对整个社会经济发展产生积极推动作用。诚如党的十九大报告所言,"实现发展成果更多更公平惠及全体人民",使占总人口1/7以上的老年群体充分共享社会经济发展成果,提升退休生活品质,这也有助于全社会共同积极应对老龄化挑战。

2. 完善社保基金管理,增强战略储备能力,沉着应对老龄化高峰支付压力

社保基金承担着社会稳定职能与战略储备作用,因此其投资运营的根本前提是安全性,在资金安全的前提下,同时关注收益性与流动性,在基金投资中寻求三者的平衡点,才能实现投资在某一水平上的目标兼容与合理组合,提高保值增值水平。[①]实现前述量化对策目标,使基金投资收益率在高于同期通货膨胀率的同时,与社会平均工资增长率保持同步或超前发展,并至少高于经济增长率1%。

(1) 积极扩充基金规模,壮大战略储备资金。为了充分发挥全国社保基金的战略储备作用,沉着应对未来人口老龄化高峰时期的养老金等社会保障支付问题,积极扩充基金规模意义重大。根据全国社会保障基金理事会的测算,2020年全国社保基金规模至少须达3万亿元。[②] 为此,可在原有基础上拓展以下方式扩大基金规模:① 建立长效机制,通过中央财政预算拨款持续补充全国社保基金。可以同时采取两种方式:一是"基数递增",即同步增长,根据每年中央财政收入的增长幅度按比例拨付给全国社保基金;二是"超收分成",即在"基数递增"的基础上,每年年末再从当年中央财政收入的超收部分中增加一定比例的拨款。② 借鉴国际经验,将中央企业上缴中央财政的利润按一定比例划拨全国社保基金。③ 鼓励中央企业划转部分股份至全国社保基金,在不影响其控股权的前提下,不断充实国家养

---

① 汪陈,陈夏明,覃艺.中国社会保障基金的投资管理模式分析[J].企业经济,2012(11).
② 李凤桃,白朝阳.专访全国社会保障基金理事会副理事长于革胜:全国社会保障基金扩大到3万亿元非常必要[J].中国经济周刊,2013(11).

老战略储备金。

（2）广泛拓宽基金投资范围。广泛拓宽投资领域有利于改善基金的投资结构，主要可以从以下两个方面着手。① 加大对国家基础设施建设的投资，同时拓展对高新技术产业的投资。关系到国计民生的基础设施建设项目的主要特点是资金量大、投资期长、回报率高且风险相对较小，这与社保基金的战略投资需求十分吻合；同时，随着技术进步，高新技术产业、环保产业等对国民经济发展具有长远意义的新兴产业也有较广阔的发展前景，也可作为社保基金的投资领域重点考虑。② 积极拓展海外市场，加大投资比重。目前全国社保基金海外投资的比例远低于允许范围的上限，还有相当大的拓展空间。由于海外市场利润空间很大，只要投资得当，就能获得较理想的收益水平。对此，应着重把握以下两个方面，一个方面是受托方的选择，应当严格遵循国际惯例进行评审、选聘业内信誉高、投资能力强的境外投资资产托管机构；另一个方面是投资对象的选择，为避免将基金资产暴露在非系统风险之下，应当着重关注指数基金并做好仓位控制，这样便可以分散投资风险，提高投资收益，有助于基金保值增值。

（3）规范社保基金投资监管。政府在社保基金投资管理过程中发挥的作用非常重要，世界各国对本国社保基金进入资本市场投资都有一定的监管要求，不同国家对于投资类别的限制、投资比例的设定、投资组合的设计有着不同程度与方式的监管。我国社保基金投资监管体制的建立与完善，不仅要从金额上确保基金投资的安全和有效，而且还要从外部环境上预测可能出现的金融风险与危机，[1]应当充分考虑我国金融市场的发育程度、投资管理人的治理结构、内控制度的完善以及相关法律法规的制定等因素来进行。[2] 对于受托方的监管，应当以法律法规的形式明确社会保障基金的投资对象，确立合规资产的概念和原则，要求受托方对所管理的基金资产谨慎

---

[1] 刘斌.后危机时代我国社会保障基金投资管理机制创新[J].云南行政学院学报,2014(1).
[2] 芦照美.浅议我国社会保障基金的投资管理[J].财会研究,2012(12).

选择风险最小化的投资组合;对委托方则应当强化多元化监督与管理,对投资工具选择及投资组合比例予以明确的限制和约定,通过合理确定投资范围及资产配置策略,对基金运作实行全面监督,以实现基金投资安全性、收益性与流动性的最优组合,壮大社会保障的战略储备需求,沉着应对人口老龄化高峰时期的社会保障支付需要。

通过以上对策的实施,当"退休年龄"与"保值增值水平"指标值都达到前述对策模拟的优化水平时(即:女性法定退休年龄逐步延迟至57岁;社保基金投资收益率不仅高于通货膨胀率,而且不低于社会平均工资增长率,并能高于经济增长率至少1%),那么,指标的绩效得分将取得显著提高,这意味着我国基本养老保险制度运行的可持续性将得到较有力的维护,从长期来看,应对未来人口老龄化高峰期的养老金支付压力以及相关社会经济挑战的能力将大大增强。

同时,由于可持续性是制度长期稳健运行之本,因此,伴随上述指标水平的提高,退休人员生活保障的水平也将得到改善,"替代率"等相关指标的绩效得分都将有所提高,并将拉动综合绩效水平的提升。正如对策模拟部分所述,当这些亟待解决的问题均能改善至对策目标系统所设定的优化值时(即:养老保险财政补助支出占财政总支出的比重提升至3%;替代率提高至50%;基本养老金占退休总收入比重降至85%),我国基本养老保险基金支出的综合绩效将得到显著提升,基本养老保险制度将进入良好的运行状态,这对于快速步入老龄化的中国经济与社会发展无疑将产生积极的影响。

第九章
研究结论与研究展望

本书研究进入尾声之际,谨以本章作为笔者在基本养老保险基金支出绩效评价研究探索进程中的一个路标,既对过去数年来的理论与实证研究结论进行总结与回顾,也对今后进一步的深化研究进行思考与展望。

第一节 本书的研究结论

本书依据其研究逻辑与研究框架,深入推进研究进程,形成了背景研究、理论研究、实证研究与对策研究四个方面的主要研究结论。

一、背景研究:"后人口红利时代"的挑战与机遇并存

中国人口老龄化由于其社会经济发展的特定轨迹而呈现出鲜明特征,同时计划生育政策又对老龄化进程的加速产生了助推作用。人口再生产过程有其自身的规律和惯性,超低生育率在中国部分地区的出现将对社会发展产生潜在的负面影响。人口老龄化前景及其对社会经济的长期影响必须引起高度重视,从"人口红利期"向"后人口红利时代"的转变是人口转型过程中不可回避的阶段,这也是中国未来发展的一项重大战略课题。

伴随着老龄化进程的不断加速,面向"后人口红利时代"的中国经济正

面临着前所未有的挑战与机遇。

第一,老龄化将对中国社会保障体系带来严峻挑战,一方面,隐性债务和个人账户空账仍是养老保障体制可持续发展面临的难题;另一方面,巨额的医疗费用和照护成本将对医保基金和公共财政造成巨大压力。

第二,老龄化对劳动力市场的冲击主要体现在两个方面:一方面是直接改变劳动力供给的总量和结构,进而影响劳动生产率;另一方面是通过消费结构的调整间接影响劳动力需求,同时养老保障负担的加重也推动了劳动力成本的提高。

第三,就产业国际竞争力而言,老龄化将导致若干年后中国"人口红利"窗口关闭,也意味着原先具有巨大比较优势的出口导向型部门和其他相关部门劳动力需求的减少,而这需要通过经济增长模式转变和产业结构调整升级来弥补和抵消,从某种程度上说正是促进经济转型的一次机遇。

第四,老龄化进程也蕴含着潜力无穷的消费市场,这将为中国老龄产业的蓬勃兴起创造契机,通过建立和发展满足老年人需要的产业和社会服务设施,给经济发展带来强大动力,并形成新的经济增长点。

通过背景研究的深入分析可以看出,应对老龄化经济挑战的主要策略之一就是深化社会保障体制改革,不断完善我国社会养老保险制度,因此,基本养老保险基金支出绩效评价的意义尤显重要,这也为本书理论篇与实证篇的研究提供了紧迫而又务实的现实背景。

二、理论研究:基本养老保险基金支出绩效评价指标体系的完整构建

本书依据公共支出绩效评价的基本原理,结合我国老龄化社会的现实需求,进行了基本养老保险基金支出绩效评价指标体系的理论构建(见表9-1-1)①。

---

① 出于研究阐述的必要性与读者阅读的便利性,本书在理论篇与实证篇已两次列示此表。本章中,作为研究结论不可或缺的重要组成部分,该指标体系表再次列出。特此说明。

表 9-1-1 基本养老保险基金支出绩效评价指标体系

基础性指标			评价性指标		
指标类别	一级指标	二级指标	指标类别	一级指标	二级指标
投入类	基本养老保险基金支出		经济性(30%)	基本养老保险基金支出/GDP(%)(34%)	
	养老保险财政补助支出			人均基本养老保险基金支出(元)(33%)	
过程类	养老金按时足额发放率			养老保险财政补助支出/财政支出(%)(33%)	
产出类	参保人数		效率性(30%)	覆盖面(%)(25%)	
	企业缴费负担			缴费率(%)(25%)	
	赡养率	制度赡养率		退休年龄(25%)	法定退休年龄(岁)(50%)
		自我赡养率			养老金受领时长(年)(50%)
	流动性			统筹层次(25%)	
效果类	保障水平		有效性①(40%)	替代率(%)(33%)	
	财务可持续性	基金结余		财务可持续性(34%)	累计结余可支付时间(月)(34%)
		隐性债务			隐性债务/GDP(%)(33%)
		抗风险能力			保值增值水平(%)(33%)
	多支柱程度			基本养老金贡献率(%)(33%)	

注：(1) 各类、各级指标后标明的百分比为该类、该级指标在上一类或上一级指标中所占的权重；
(2) "养老金受领时长"指标的计算公式为：养老金受领时长＝期望寿命－法定退休年龄。
资料来源：作者编制。

完整的基本养老保险基金支出绩效评价指标体系由基础性指标和评价

---

① 根据前文分析，就公共支出行为而言，由于有效性是衡量资金使用价值的最重要方面，因此，在基本养老保险基金支出绩效评价指标体系中，对有效性指标赋予 40%的权重，对经济性指标与效率性指标则分别赋予 30%的权重。

性指标共同构成,前者是后者形成的基本要素,后者则是对前者的充分反映。具体而言,基础性指标包括投入类、过程类、产出类、效果类四大类指标;评价性指标包括经济性、效率性、有效性三大类指标,整个指标体系由20个一级指标和10个二级指标组成。当其中所有评价性指标数值均可获得时,通过对各项指标值的计分,即可对某一时期内一个国家(或地区)的基本养老保险基金的支出绩效进行量化评分,通过对本期支出绩效的评价,可对下一期支出的改进与调整提供方向和依据,这对处于老龄化加速进程中的基本养老保险制度的改革与完善将起到积极作用。

三、实证研究:2003—2015年平均接近70分,综合得分略有上升,"3E"指标变化明显

在理论研究的基础上,本书对我国基本养老保险基金支出的绩效水平进行了2003—2015年的实证评价,图9-1-1[①]直观地展示了该项实证研究的评价结论。

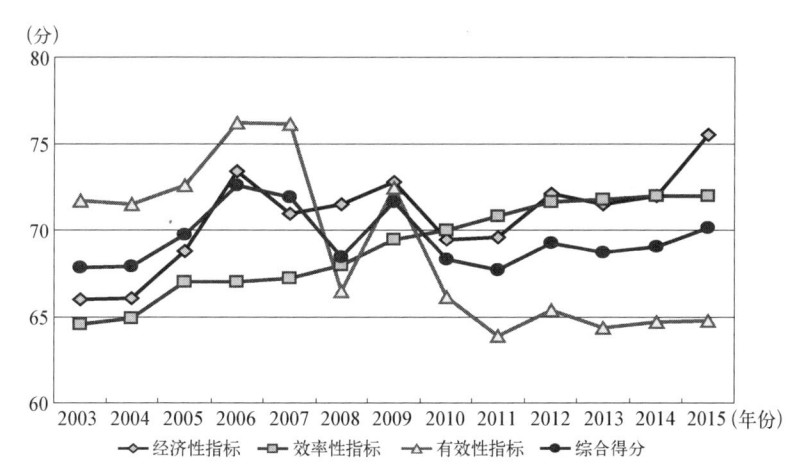

图9-1-1 我国基本养老保险基金支出绩效评价综合得分(2003—2015)
资料来源:作者编制。

---

① 本图同图8-1-4,作为研究结论的重要内容,在本章再次展示。特此说明。

本书基于前述理论研究的结论,采用通用标准、国际标准与理论标准相结合的方法对各项指标的评价标准进行了百分制的设计研究。在此基础上,对我国基本养老保险基金支出绩效评价指标体系的各项具体的评价性指标进行了实证评分研究。并由此对经济效、效率性、有效性三大类指标得分及其构成进行汇总研究,最后,对我国 2003—2015 年[①]基本养老保险基金支出绩效水平形成了综合评价结论:2003—2015 年平均接近 70 分,综合得分略有上升,"3E"指标变化明显(见图 9-1-1)。

(一)经济性指标综合得分情况:2003—2015

2003—2015 年我国基本养老保险基金支出绩效评价的经济性指标综合得分的平均分值为 70.73 分,最低为 2003 年的 65.98 分,最高为 2015 年的 75.52 分。经济性指标综合得分变化的趋势特征不明显,各年份之间时有起伏波动,但自 2006 年以来几乎均达 70 分以上(见表 8-1-1)。总体而言,基本养老保险基金支出绩效的经济性指标的综合得分情况良好,基本养老保险制度的投入及其行为过程合规、合理,较好地满足了公共支出行为的经济性要求。

就具体的各项一级指标对经济性指标综合得分的贡献而言,"基本养老保险基金支出/GDP"指标得分对综合得分起到了推动其动态提升的积极作用;"人均基本养老保险基金支出"指标得分加剧了综合得分在各年份之间的波动程度[②];"养老保险财政补助支出/财政支出"则处于低水平稳定状态,由此拉低了经济性指标的综合得分。

(二)效率性指标综合得分情况:1997—2015

1997—2015 年我国基本养老保险基金支出绩效评价的效率性指标综

[①] 由于资料可得性原因,三大类指标的评价年份不尽相同。其中,经济性指标的评价年为 2003—2015 年;效率性指标的评价年份为 1997—2015 年;有效性指标的评价年份为 2001—2015 年。在此基础上,最终形成的我国基本养老保险基金支出绩效的综合评价则取上述三大类指标的交集,即:评价年份为 2003—2015 年。

[②] 指标得分的波动程度是相对的,就人均基本养老保险基金支出指标 1990 年以来的长期得分变化而言,2003 年以来其得分已趋于平稳;而相对于经济性指标下的另两个一级指标得分而言,同时期的该项指标得分的波动程度仍然较高。

合得分的平均分值为 67.46 分,最低为 1998 年的 63.77 分,最高为 2014 年的 71.99 分。效率性指标综合得分总体呈现小幅稳定上升的变化特征,自 2010 年以来得分均达 70 分以上(见表 8-1-1)。总体而言,基本养老保险基金支出绩效的效率性指标的综合得分情况处于达标水平以上,并向良好状态靠拢,基本养老保险制度的运行初步满足公共支出行为的效率性要求。

就具体的各项一级指标对效率性指标综合得分的贡献而言,"覆盖面"指标得分对综合得分起到了主导并推动其动态提升的积极作用;"缴费率"指标得分多年不变,与其他各项一级指标动态变化的得分情况相比,对效率性指标的综合得分起到了拉低调高的分值抵消作用,减小了综合得分在各年份之间的波动程度;"退休年龄"指标则长期处于低水平稳定状态,由此大大拉低了效率性指标的综合得分;"统筹层次"指标由于其指标值与评价标准的层级特性,指标得分呈现出非连续、台阶式的变化状态,2005 年起随着部分省份落实省级统筹,指标得分显著提升并因此拉高了其后各年的效率性指标的综合得分。

(三)有效性指标综合得分情况:2001—2015

2001—2015 年我国基本养老保险基金支出绩效评价的有效性指标综合得分的平均分值为 69.28 分,最低为 2011 年的 63.88 分,最高为 2006 年的 76.17 分。有效性指标综合得分总体呈现波动式下降的变化特征,从 2001 年的 72.45 分降至 2015 年的 64.74 分(见表 8-1-1)。总体而言,基本养老保险基金支出绩效的有效性指标的综合得分情况自 2001 年以来下降较为显著,已从良好水平降至及格水平,基本养老保险制度的投入总体来说没有产生相应的效果,公共支出行为的有效性亟待提高。

就具体的各项一级指标对有效性指标综合得分的贡献而言,"替代率"指标得分 2001 年以来大幅下降,至 2015 年降幅高达近 24 分,对综合得分产生了显著拉低的作用;"财务可持续性"指标得分波动剧烈,加剧了有效性指标综合得分在各年份之间的波动程度；"基本养老金贡献率"指标得分的波动式下降则进一步拉低了综合得分，特别是2013—2015年降至50分以下的极低水平，导致有效性指标综合得分已降至及格线边缘。

（四）我国基本养老保险基金支出绩效评价综合得分情况：2003—2015

2003—2015年我国基本养老保险基金支出绩效评价的综合得分平均分值为69.47分，最高为2006年的72.58分，最低为2011年的67.68分。从2003年的67.83分到2015年的70.15分，总体而言，综合得分变化的趋势特征并不明显，各年份之间时有起伏波动，但均在67—73分的分值之内变化，且2010—2014年综合得分均降至70分以下，2015年略有回升至70分以上（见表8-1-2）。由此可见，2003年以来我国基本养老保险基金支出的绩效水平均已达标（高于及格水平），但尚未达到良好状态，因此还有很大提升空间。

尽管综合得分变化幅度不大，但就其构成而言，"3E"指标近年来的变化却相当显著。（1）经济性指标得分上升速度快，增减幅度大，自2006年以来分值几乎均高于70分，2003—2015年的平均得分为70.73分，是"3E"指标中得分最高的一类[①]。（2）效率性指标得分上升最为稳健，总体呈现稳步提高的特征，2003—2015年的平均得分为68.94分，略高于有效性指标。（3）有效性指标得分则出现显著波动与大幅下降，自2010年以来得分均低于70分，最高与最低分值之间的差距将近13分之多，2003—2015年的平均得分为68.93分，是"3E"中得分最低的一类。

总体而言，经济性指标与效率性指标2003年以来得分有所提高，但增幅不是很大，而有效性指标得分则出现大幅下降，因此，这三大类指标的得

[①] 由于资料可得性原因，基本养老保险基金支出绩效的综合评价是取三大类指标评价的交集年份，即以2003—2015年作为评价年份的。因此，在综合得分框架下的分析均以2003—2015年作为评价时段，因此，本处的效率性指标与有效性指标的平均分值都是指2003—2015年的平均数，而不是前文所述的单项效率性指标（1997—2015年）与有效性指标（2001—2015年）的平均分值。特此说明。

分变动相互抵消之后,便呈现出我国基本养老保险基金支出绩效综合得分自 2003 年以来"平均接近 70 分,综合得分略有上升,'3E'指标变化明显"的基本特征。

值得注意的是,尽管基本养老保险基金支出绩效评价的综合得分变化不大,但这并不意味着我国基本养老保险制度的建设与改革没有实质性的推进与发展。通过前文对各项具体的评价性指标的实证分析,我们可以看到我国基本养老保险制度改革与完善过程中多方面的大力投入与快速进展。因此,借助于指标体系这一支出绩效评价工具可以帮助我们发现拉低综合得分的具体问题所在,找出亟待解决的不足根源,并在此基础上有的放矢地寻求应对之策。而这也是本书研究中着力构建基本养老保险基金支出绩效评价指标体系的目的与意义所在。

四、对策研究:借助指标体系进行对策模拟,形成可量化对策目标系统

结合实证研究的结论,为了进一步提高我国基本养老保险基金支出的绩效水平,根据上述综合得分评价及其"3E"构成分析,我们应将绩效提高的突破口重点置于有效性指标及其下属各项具体指标;同时兼顾经济性与效率性指标,通过加快改善其中个别具体指标而显著提升整体绩效水平,以完善我国基本养老保险制度的运行与管理。

为此,本书采用对策模拟的研究方法,借助于前述理论研究的成果,即基本养老保险基金支出绩效评价指标体系,从中选取绩效水平亟待提高的几项指标[1],通过指标值微调的对策模拟研究,明确把握其合理调整方向,并制定出可量化的对策目标(见表 9 - 1 - 2[2])。

---

[1] 本书确定的原则是重点关注绩效得分低于 70 分的指标,这也是我国基本养老保险制度运行与发展所面临的亟待解决的问题所在。
[2] 本表同表 8 - 2 - 3,作为研究结论部分的重要内容再次列示。特此说明。

表 9-1-2　我国基本养老保险基金支出绩效评价研究：对策目标系统

指标类别	指标名称	指标值目标得分	指标得分目标绩效	指标功能
经济性	养老保险财政补助支出/财政支出(%)	3	70.91	制度可持续运行
效率性	女性法定退休年龄(岁)	57	51.79	制度可持续运行
有效性	替代率(%)	50	73.33	退休人员生活保障
	保值增值水平： 社会平均工资增长率评价(%) 经济增长率评价(%)	0 1	60 62	制度可持续运行
	基本养老金贡献率(%)	85	61.03	退休人员生活保障

注：本表为百分制计量，满分为100分。
资料来源：作者编制。

至此，本书结合前文理论研究与实证研究的结论，在基本养老保险基金支出绩效评价体系的研究框架下，对经济性、效率性、有效性"3E"绩效水平的全面提高形成了一组全方位、多角度、可量化的综合对策目标系统，其核心包括以下五项内容：

（1）加大财政补助力度："养老保险财政补助支出/财政支出"提升至3%。

（2）调整女性法定退休年龄：渐进式延迟至57岁。

（3）提升替代率水平：逐步回升至50%。

（4）设置保值增值水平底线：投资收益率与工资增长率保持同步，高于经济增长率1%。

（5）建立多支柱养老体系：降低基本养老金贡献率至85%。

依据上述综合对策目标系统进行相应调整，我国基本养老保险基金支出绩效评价的综合水平将会产生显著提高。以2013年为比较基准年份进行模拟，综合绩效得分从68.72分提升至73.20分；以2015年为比较基准年份进行模拟,综合绩效得分则从70.15分提升至74.85分。也就是说,将从及格水平向良好水平大幅迈进。

本书在上述对策目标系统的框架下,进行了全面提高"3E"绩效的对策广角解析与维护制度可持续性的对策聚焦分析,为提高我国基本养老保险基金支出绩效水平、完善社会保障基金运行与管理提出了可调、可控、可量化的对策目标。

第二节 本书的研究展望

本书依据公共支出绩效评价的基本原理,结合人口老龄化社会的现实需求,从理论研究的角度构建起一套可度量的基本养老保险基金支出绩效评价指标体系,并采用通用标准、国际标准、理论标准相结合的方式对指标评价标准进行了设计研究。在此基础上展开百分制计量的实证研究,首先,对我国基本养老保险基金支出绩效评价指标体系的各项具体的评价性指标进行实证评分研究;其次,对我国基本养老保险基金支出绩效的经济性、效率性、有效性三大类指标得分及其构成进行汇总研究;再次,对我国2003—2015年基本养老保险基金支出绩效形成综合评价结论。由此展开相应的对策研究,采用对策模拟的方法,在基本养老保险基金支出绩效评价体系的研究框架下,对经济性、效率性、有效性"3E"绩效水平的全面提高形成了全方位、多角度、可量化的综合对策目标系统。

本书研究的理论核心是建立上述指标体系,研究的实证核心是进行全国绩效评价,在投入大量时间、精力从事上述研究工作后,目前这两部分研究目标均已达成,本书的研究至此暂告段落。在当前研究成果的基础上,今后进一步的研究将向以下方面拓展和延伸,以进行深入系统的推广研究,其中包括研究长度的延伸(全国数据长期追踪)、研究深度的挖掘(地区推广实证评价)以及研究广度的拓展(构建养老系统工程)。

一、延伸研究长度：全国数据长期追踪

中国在世纪之交步入老龄化社会,未来数十年,日益严峻的老龄化形势将对社会经济的诸多方面产生长期影响。为应对人口老龄化高峰时期基本养老金支付的巨大压力,必须在养老保险制度层面提早做好准备。

而对全国层面基本养老保险基金支出绩效评价进行连续性追踪研究的价值正是在于帮助我们发现和掌握老龄化进程中的社会、经济发展规律,并有针对性地寻求相应的解决与改善途径,通过长期持续的计分观察与实证评价,进行有针对性的政策研究,为完善我国基本养老保险制度和社会保障制度提供有益思考。

二、挖掘研究深度：地区推广实证评价

人口老龄化进程加速作为全国人口年龄结构变动的总体趋势,其带来的挑战和问题在全国各地区具有普遍性。同时,由于各地区之间存在着人口结构、经济水平、社会环境、文化背景等影响因素的差异,因此,其人口老龄化和养老保障问题的改善和解决方式又将具有各自的特殊性。上述普遍性和特殊性的存在使得本选题今后将研究深度推进到全国范围各地区均具有现实的应用价值。

借助于本书研究构建的基本养老保险基金支出绩效评价指标体系这一理论工具,更深入的工作可在今后用于各地区的实证评价与政策研究。通过充分运用本书研究建立的指标体系理论工具,进行地区之间的横向比较以及各地区自身发展的纵向比较,可提出适合各地区特征的可执行的政策建议,这是本研究今后深入与延续的方向。当然,这需要大量数据的支持以及来自政府机构、实务部门的大力配合。同时,由于地区差异的原因,具体应用时部分指标及其评价标准将视各地区具体情况而进行修正或微调。当

各地区的实证评价都能得以实际展开,并发挥出有效作用,促进当地基本养老保险基金支出绩效水平的提高时,那么,全国层面的基本养老保险基金支出绩效评价的整体水平必将提升到一个新的台阶,基本养老保险制度的改革与完善也将推进到一个新阶段。

三、拓展研究广度:构建养老系统工程

在全球"银色浪潮"冲击下,养老问题作为一项系统工程,已不仅仅停留在养老金制度的经济层面,而是由"老有所养"的经济保障、"老有所乐"的社会服务和"老有所为"的精神支持等多层次相互作用而构建起来的,以上三个层次的关系是逐层递进的,具备了第一层次安度晚年的经济基础才会享受第二层次的生活丰富和身心健康,在此基础上才会对第三层次的积极老龄化有所追求。在对基本养老保险基金支出绩效进行理论与实证研究的基础上,将研究视野提升到构建社会养老系统工程的高度,这为本选题今后研究广度的拓展提供了更为广阔的视角。

上述拓展研究的预期研究目标是通过对基本养老保险基金支出绩效评价问题在三维立体视野下的推广研究、延展思考与政策建议,力求在实现基本养老保险制度的周期平衡与可持续运行的同时,构建起层次丰富、功能完善的社会养老系统工程,正面迎接人口老龄化的冲击与挑战。

参考文献

[1] Behn, Robert. Why Measure Performance? Different Purposes Require Different Measures [J]. *Public Administration Review*, 2003(5).

[2] Billari, Francesco C. Lowest-Low Fertility in Europe: Exploring the Causes and Finding Some Surprises[J]. *The Japanese Journal of Population*, 2008, 6(1).

[3] Board of Trustees (BOT). *Federal Old-Age and Survivors Insurance and Disability Insurance Trust Funds, the 2011 Annual Report*[R]. Washington: D.C., Board of Trustees, 2011.

[4] CIA. *The World Factbook* [EB/OL]. [2011-07-03].

[5] David Blakeand Mayhew, Leslie D. On the Sustainability of the UK State Pension System in the Light of Population Ageing and Declining Fertility[J]. *Economic Journal*, 2006, 116(512).

[6] Hartman, Micah, Catlin, Aaron, Lassman, David, Cylus, Jonathan and Heffler, Stephen. U.S. health spending by age, selected years through 2004[J]. *Health Affairs*, 2008, 27 (1): w1-w12.

[7] https://www.cia.gov/library/publications/the-world-factbook/rankorder/2127rank.html.

[8] Inmaculada Domínguez-Fabián. Financial Solvency of the Pension Systems in the European Union[C]. June, Eco-Mod, 2011 Conference.

[9] Jack Diamond. *Performance measurement and evaluation*[R]. OECD, 1994.

[10] Jianmin Tang, Carolyn MacLeod. Labour force ageing and productivity performance in Canada[J]. *Canadian Journal of Economic*, 2006, 39(2).

[11] María del Carmen Boado-Penas, Salvador Valdés-Prieto and Carlos Vidal-Meliá. An Actuarial Balance Sheet for Pay-As-You-Go Finance: Solvency Indicators for Spain

and Sweden [J]. *Fiscal Studies*, 2008, 29(1).

[12] McDonald, Peter. Very Low Fertility: Consequences, Causes and Policy Approaches[J]. *The Japanese Journal of Population*, 2008, 6(1).

[13] OECD. *Pensions at a Glance 2009: Retirement-Income Systems in OECD Countries*[EB/OL]. www.oecd.org/els/social/pensions/PAG.

[14] Roseveare D., W. Leibfritz, D. Fore and E. Wurzel. *Ageing Populations, Pensions Systems and Government Budgets: Simulations for 20 OECD Countries* [R]. OECD Economics Department, 1996.

[15] State of Virginia. *Guide to Virginia's Performance Budgeting Process* [R]. Office of the Governor, 1997.

[16] United Nations. *World Population Ageing 1950–2050* [EB/OL]. http://www.un.org.

[17] United Nations. *World Population Prospects, 1950–2025* [EB/OL]. version 1990. http://www.un.org.

[18] United Nations. *World Population Prospects: The 2006 Revision*[R]. Washington: United Nations Population Division, 2007.

[19] United Nations. *World Population Prospects: The 2012 Revision*[R]. Washington: United Nations Population Division, 2013.

[20] US Social Security Administration. *Social Security Programs Throughout the World: Asia and Pacific*, 2008.

[21] US Social Security Administration. *Social Security Programs Throughout the World: Europe*, 2008.

[22] US Social Security Administration. *Social Security Programs Throughout the World: Africa*, 2009.

[23] US Social Security Administration. *Social Security Programs Throughout the World: The Americas*, 2009.

[24] World Bank (Robert Holzmann, Richard Hinz). *Old-age Income Support in the 21th Century: An International Perspective on Pension Systems and Reform* [R]. Washington DC: The World Bank, 2005.

[25] World Bank. *Averting the Old Age Crisis: Policies to Protect the Old and Promote Growth*[R]. Washington: World Bank Press, 1994.

[26]《人口研究》编辑部.中国离极低生育率还有多远？[J].人口研究,2008(5).

[27] 白维军,童星.稳定省级统筹,促进全国调剂:我国养老保险统筹层次及模式的现实选择[J].社会科学,2011(5).

[28] 鲍丹.延迟退休要分步走——访人力资源和社会保障部副部长胡晓义[N].人民日报,2013-12-11(2).

[29] 边恕,穆怀中.基于福利最大化的辽宁养老保险个人账户最优缴费率分析[J].人口与发展,2009(4).

[30] 财政部.关于2013年中央和地方预算执行情况与2014年中央和地方预算草案的报告(摘要)[EB/OL].[2014-03-05].http://czzz.mof.gov.cn/zhongguocaizhengzazhishe_daohanglanmu/zhongguocaizhengzazhishe_caikuaishijie/201403/t20140307_1053233.html.

[31] 财政部国库司.2013年财政收支情况[EB/OL].[2014-01-23].http://gks.mof.gov.cn/zhengfuxinxi/tongjishuju/201401/t20140123_1038541.html.

[32] 财政部科学研究所《绩效预算》课题组.美国政府绩效评价体系[M].北京:经济管理出版社,2004.

[33] 财政部社会保障司.2014年全国社会保险基金预算情况[EB/OL].[2014-04-15].http://sbs.mof.gov.cn/zhuantilanmu/shebaojijinyusuan/201404/t20140415_1067434.html.

[34] 曹信邦.政府社会保障绩效评估指标体系研究[J].中国行政管理,2006(7).

[35] 曾毅等著.老年人口家庭、健康与照料需求成本研究[M].北京:科学出版社,2010.

[36] 常红.中国将面临重度老龄化 速度是发达国家的2倍[EB/OL].[2012-10-23].http://society.people.com.cn/n/2012/1023/c1008-19353347-2.html.

[37] 陈俊勇.中国老年消费市场研究[J].经济界,2005(4).

[38] 陈宋生,杨杰.老有所养——政府养老金计划的绩效审计[J].审计与理财,2013(2).

[39] 陈卫.中国的极低生育率[J].人口研究,2008(5).

[40] 陈讯,韩林和,杨守鸿.基本养老保险基金平衡测算及平衡状态分析[J].中国人口科学,2005(S1).

[41] 陈莹莹.社科院专家:我国养老金隐性债务规模或超20万亿[N].中国证券报,2014-01-02.

[42] 陈友华.关于超低生育率的几个问题[J].市场与人口分析,2005(4).

[43] 陈玉华,蔡青龙.东南亚国家超低生育率的成因、困境与策略回应[J].人口学刊,2011(6).

[44] 陈元刚,李雪.我国基本养老保险统筹层次的现状和抉择分析[J].重庆理工大学学

报(社会科学),2011(6).

[45] 丛春霞.延长退休年龄对养老保险基金缺口的影响分析[J].中国发展观察,2009(11,12).

[46] 丛春霞;靳文惠.基本养老保险缴费机制对基金长期收支平衡的影响研究[J].社会保障研究,2017(7).

[47] 丛树海,李永友.中国公共卫生支出综合评价及政策研究——基于1997—2002年数据的实证分析[J].上海财经大学学报,2008(4).

[48] 丛树海,周炜,于宁.公共支出绩效评价指标体系的构建[J].财贸经济,2005(3).

[49] 丛树海,周炜.中国公共教育支出绩效评价研究[J].财贸经济,2007(3).

[50] 崔元锋,严立冬.基于DEA的财政农业资金支出绩效评价[J].农业经济问题,2006(9).

[51] 丁红娟,史健勇.关于养老保险"统账结合"模式的思考——从替代率和多支柱角度[J].北方经济,2009(6).

[52] 董溯战.英国社会保障制度中的国家、市场与社会作用之比较分析[J].宁夏社会科学,2003(6).

[53] 杜鹏,翟振武,陈卫.中国人口老龄化百年发展趋势[J].人口研究,2005(6).

[54] 范立颖.关于社会保障基金的保值增值探讨[J].经营管理者,2012(18).

[55] 范围.退休年龄比较研究[J].人口与经济,2011(5).

[56] 奉莹.我国人口老龄化趋势对劳动力供给的影响[J].西北人口,2005(4).

[57] 甘卓霞.社会养老保险基金绩效审计评价指标的框架设计[J].会计师,2012(10).

[58] 顾海燕.城镇基本养老保险金缺口问题的理论研究探讨[J].集体经济,2010(5).

[59] 郭建华.人口老龄化对劳动力市场的影响分析[J].理论月刊,2011(4).

[60] 郭晋晖.企业职工养老金"十连涨"[N].第一财经日报,2014-1-09.

[61] 郭亚军,何延芳.我国1994—2001年财政支出状况的综合评价[J].财经研究,2003(9).

[62] 郭永斌.中国养老保险隐性债务的可持续性研究[J].南方金融,2012(11).

[63] 国际劳工组织.残疾、老年和遗属津贴公约(第128号公约)[EB/OL].[1967-06-29]. http://www.ilo.org/dyn/normlex/en/f?p=NORMLEXPUB:12100:0::NO::P12100_ILO_CODE:C128.

[64] 国际劳工组织.社会保障公约(第102号公约)[EB/OL].[1952-06-28]. http://www.ilo.org/dyn/normlex/en/f?p=NORMLEXPUB:12100:0::NO::P12100_ILO_CODE:C102.

[65] 国家统计局.(历年)国民经济和社会发展统计公报[EB/OL].http://www.stats.gov.cn/tjsj/tjgb/ndtjgb/。

[66] 国务院.关于建立统一的城乡居民基本养老保险制度的意见(全文)[EB/OL].[2014-02-27].http://legal.china.com.cn/2014-02/27/content_31617372.htm。

[67] 国务院.国务院关于加快发展养老服务业的若干意见[EB/OL].[2013-09-13].http://www.gov.cn/zwgk/2013-09/13/content_2487704.htm。

[68] 国务院：2010年1月1日起提高企业退休人员基本养老金10%[EB/OL].[2009-12-22].http://finance.ifeng.com/news/20091222/1614835.shtml。

[69] 国务院办公厅.李克强主持召开国务院常务会议听取关于2013年全国人大代表建议和全国政协委员提案办理工作汇报决定建立全国统一的城乡居民基本养老保险制度[EB/OL].[2014-02-07].http://www.gov.cn/ldhd/2014-02/07/content_2581226.htm。

[70] 国务院全国老龄工作办公室.中国人口老龄化发展趋势预测研究报告[J].中国妇运,2007,(2).

[71] 国务院人口普查办公室,国家统计局人口和就业统计司.中国2010年人口普查资料[M].北京：中国统计出版社,2012.

[72] 韩庆兰,刘沙.养老保险基金绩效审计评价体系的构建[J].新会计,2011(8).

[73] 韩伟.中国统筹养老金缴费率优化研究[J].经济问题,2010(5).

[74] 何文炯.基本养老保险制度应当"边统边改"[J].中国人力资源社会保障,2018(3).

[75] 何雨欣,侯雪静.去年全国社保基金投资收益685.87亿元 投资收益率6.2%[EB/OL].[2014-06-27].http://news.xinhuanet.com/2014-06/27/c_1111355160.htm。

[76] 贺强,杨长汉.建立养老基金投资绩效评价体系[J].价格理论与实践,2011(2).

[77] 胡鞍钢.关于调整人口生育政策的看法[C]//曾毅等著.老年人口家庭、健康与照料需求成本研究.北京：科学出版社,2010.

[78] 胡锦涛.坚定不移沿着中国特色社会主义道路前进 为全面建成小康社会而奋斗——在中国共产党第十八次全国代表大会上的报告[M].北京：人民出版社,2012.

[79] 胡亚兰.浅析中国人口老龄化与经济发展的关系[J].商场现代化,2008(2).

[80] 黄萍,黄万华.公共行政支出绩效管理[J].红旗文摘,2003(22).

[81] 黄莹根.人口老龄化对劳动力市场的影响[J].企业家天地(理论版),2010(7).

[82] 解丽.2013年社保基金结余484亿[N].北京青年报,2014-05-15(A6).

[83] 金刚.中国退休年龄的现状、问题及实施延迟退休的必要性分析[J].社会保障研究,

2010(2).

[84] 金明珠.加快提高基本养老保险统筹层次的路径探索[J].现代商业,2009(26).

[85] 经济合作与发展组织(OECD)官方网站,http://www.oecdchina.org/

[86] 卡梅罗·梅萨-拉戈.拉美国家社会保障(养老及健康保险)劳动力市场及覆盖面研究[J].社会保障研究,2008(2).

[87] 孔铮.国家养老储备金制度分析——从国际比较的视角[J].人口与发展,2009(4).

[88] 李斌宁.社会保障指标体系的实证分析[J].工业技术经济,2007(8).

[89] 李兵,肖才伟.老龄经济学分析:退休、消费、储蓄和宏观经济反应[J].上海经济研究,2003(8).

[90] 李春根,李建华.建立适应和谐社会的社会保障支出绩效评估体系[J].当代经济管理,2009(2).

[91] 李凤桃,白朝阳.专访全国社会保障基金理事会副理事长于革胜:全国社会保障基金扩大到3万亿元非常必要[J].中国经济周刊,2013(11).

[92] 李金磊.人多、钱紧、资源少:"中国式养老"多重困局待解[EB/OL].[2013-10-13].http://www.chinanews.com/gn/2013/10-13/5372751.shtml.

[93] 李克强.2014年政府工作报告[EB/OL].[2014-03-05].http://theory.people.com.cn/n/2014/0305/c49150-24536558-3.html.

[94] 李晓晖.老龄化对医疗保障制度建设的影响及对策[J].商业时代,2010(20).

[95] 李晓霞,郝国喜.上海人口老龄化与养老保险基金缺口偿还[J].集体经济,2010(2).

[96] 李尧远,王礼力,刘虹.社会保险基金统筹的可能层次与可行路径[J].宁夏大学学报(人文社会科学版),2012(1).

[97] 李友平,吴湘玲.区域基本养老保险协调发展程度的评估体系研究[J].统计与决策,2009(17).

[98] 李珍主编.社会保障理论[M].北京:中国劳动社会保障出版社,2001.

[99] 林熙.西方国家弹性退休制度概览[J].天津社会保险,2010(2).

[100] 林毓铭.社会保障政府绩效与评估指标体系[J].中南民族大学学报(人文社会科学版),2007(1).

[101] 林治芬,孟达思.企业养老保险负担地区差异及其制度完善[J].中国社会保障,2012(8).

[102] 刘斌.后危机时代我国社会保障基金投资管理机制创新[J].云南行政学院学报,2014(1).

[103] 刘华,屠梅曾,王建.人口老龄化对上海市劳动力市场的影响[J].上海经济,

2002(7).

[104] 刘俊霞.养老社会保险的收入分配效应与制度改革[D].湖北:武汉大学,2003.

[105] 刘灵芝.我国人口老龄化与生育政策的关系探讨[J].中国商界,2009(4).

[106] 刘民权等著,联合国开发计划署编.2009 年人类发展报告[M].北京:中国财政经济出版社,2009.

[107] 刘彦军.公共支出绩效评价的理论研究现状——基于国内、国外比较视角的综述[J].北方经济,2013(2).

[108] 刘羊旸.全国有 12 个省份基本实现养老保险省级统筹[EB/OL].[2006-01-13].http://news.xinhuanet.com/employment/2006-01/13/content_4048736.htm.

[109] 柳华文.发展与人权:关于老龄化问题的思考[J].人权,2009(2).

[110] 柳清瑞,刘波,张晓蒙.城镇基本养老保险扩大覆盖面问题研究——以辽宁为例[J].辽宁大学学报(哲学社会科学版),2009(4).

[111] 卢汉龙主编.上海社会发展报告 投资社会(2010)[M].北京:社会科学文献出版社,2010.

[112] 芦照美.浅议我国社会保障基金的投资管理[J].财会研究,2012(12).

[113] 陆杰华,薛伟玲.老年人口健康照料需求市场政策导向分析[C]//曾毅等著.老年人口家庭、健康与照料需求成本研究[M].北京:科学出版社,2010.

[114] 陆满平.降低社保缴费率只是权宜之计[J].新财经,2009(3).

[115] 陆庆平.公共财政支出的绩效管理[J].财政研究,2003(4).

[116] 路锦非.从国际养老金制度评价体系看中国养老金制度的问题及对策[J].华东经济管理,2012(3).

[117] 马永华.养老保险统筹层次提高要兼顾公平效率[J].河南师范大学学报(哲学社会科学版),2010(2).

[118] 美国战略与国际研究中心(CSIS)官方网站,http://csis.org/.

[119] 孟令国.后人口红利与经济增长后发优势研究[J].经济学动态,2011(5).

[120] 闵晓莹,张庆君.企业职工养老保险可持续发展评价——以辽宁为例[J].地方财政研究,2012(6).

[121] 穆怀中,邹丽丽.养老金统筹层次提高中的计发基数研究——以辽宁省为例[J].社会保障研究,2010(1).

[122] 彭松建.当代西方人口老龄化经济学[J].经济科学,1987(2).

[123] 彭兆祺,王璇.基于人均寿命提高的养老金个人账户缴费率研究[J].特区经济,

2010(10).

[124] 普雷姆詹德.公共支出管理[M].北京：经济科学出版社,2002.

[125] 齐艺莹,陶萌.当前我国社会养老保险隐性债务规模精算分析[J].人口学刊,2011(4).

[126] 钤青莲.基金平衡与统筹层次提升问题研究[J].学术论丛,2009(35).

[127] 全国老龄办.(历年)中国老龄事业发展统计公报[EB/OL].http://www.cncaprc.gov.cn/.

[128] 全国老龄工作办公室.老龄工作干部读本[M].北京：华龄出版社,2003.

[129] 全国社会保障基金理事会编制.基金历年收益情况表[EB/OL].http://www.ssf.gov.cn/cwsj/tzsy/.

[130] 人力资源和社会保障部、财政部.人力资源和社会保障部 财政部关于2009年调整企业退休人员基本养老金的通知[EB/OL].[2008-11-19].https://wenku.baidu.com/view/5547ba0cbb68a98271fefac7.html.

[131] 人社部.(历年)《人力资源和社会保障事业发展统计公报》(2007年及以前为《劳动和社会保障事业发展统计公报》)[EB/OL].http://www.mohrss.gov.cn/SYrlzyhshbzb/zwgk/szrs/ndtjsj/.

[132] 任强,沃尔夫冈·卢茨,郑晓瑛.中国人口老龄化趋势：城市化和教育发展的影响[J].市场与人口分析,2006(增刊Ⅱ).

[133] 任苑菁.弥补我国养老保险金缺口的创新途径分析[J].时代经贸,2007(12).

[134] 上海财经大学课题组.公共支出评价[M].北京：经济科学出版社,2006.

[135] 上海统计局编.(历年)上海统计年鉴[M].上海：上海统计出版社.

[136] 申玲.我国公共教育支出绩效评价模型的构建[J].中国管理信息化,2009(20).

[137] 世界卫生组织数据库,WHO网站,http://apps.who.int/gho/data/node.main.688.

[138] 世界银行.世界发展指标[R].华盛顿：世界银行,2013.

[139] 世界银行数据库,http://data.worldbank.org.cn/indicator/GC.XPN.TOTL.GD.ZS?page=1.

[140] 舒晓惠.社会保障综合评价指标体系及评价方法[J].统计与决策,2006(6).

[141] 孙雅娜,边恕,穆怀中.行业收入差异的养老保险最优企业缴费率的分析[J].人口与经济,2009(5).

[142] 台湾政治大学劳工研究所.劳动人权评估报告[R].台湾地区：台湾政治大学劳工研究所,2005.

[143] 田香兰.日本人口结构变化对社会保障制度的影响[J].社科纵横,2010(6).

[144] 佟爱琴.养老保险国际比较及其借鉴[J].财贸研究,2003(1).

[145] 童驭.浅析基本养老保险中个人账户基金的保值增值[J].湖北农村金融研究,2009(3).

[146] 万美君.我国人口老龄化对社会经济的影响[J].辽宁社会主义学院学报,2010(4).

[147] 汪朝霞.我国养老金隐性债务显性化部分的测算与分析[J].财贸研究,2009(1).

[148] 汪陈,陈夏明,覃艺.中国社会保障基金的投资管理模式分析[J].企业经济,2012(11).

[149] 汪仲启.科学把握人口变动的长期影响——中国养老制度三人谈[N].社会科学报,2012-07-26(1转4).(主要观点来自左学金.人口结构变化对经济的影响要研究透[N];彭希哲.人口问题主要是结构问题[N])

[150] 王法俊,张欣.我国养老保险基金保值增值的路径规划[J].金融理论与实践,2009(9).

[151] 王建民.构建城镇基本养老保险金缺口模型——以江苏省为例[J].中国集体经济,2008(2).

[152] 王鉴岗.社会养老保险平衡测算[M].北京:经济管理出版社,1999.

[153] 王利军.中国养老金缺口财政支付能力研究[M].北京:经济科学出版社,2008年版.

[154] 王利明,韩改仙.对现行人民银行系统养老统筹缴费费率执行标准的探讨与思考[J].内蒙古金融研究,2009(7).

[155] 王晓军.社会保险精算管理:理论、模型与应用[M].北京:科学出版社,2011.

[156] 王增文.城镇居民基本养老保险基金的财政支出与退休年龄的敏感性分析[J].保险研究,2010(1).

[157] 王增文.养老保险资源的投入产出的效率评估:来自中国31省市的数据[J].南京财经大学学报,2013(4).

[158] 温海红,亢平,肖子越.基于顾客满意度的城镇企业基本养老保险制度的评价指标及其运用——以西安市为例[J].兰州学刊,2011(5).

[159] 邬沧萍,王琳,苗瑞凤.中国特色的人口老龄化过程、前景和对策[J].人口研究,2004(1).

[160] 邬沧萍等.国家人口发展战略研究报告[M].北京:中国人口出版社,2007.

[161] 吴春蓉,聂珊.人口结构对产业结构的影响研究综述[J].知识经济,2010(6).

[162] 吴鹏森.现代社会保障概论[M].上海:上海人民出版社,2004.

[163] 吴玉韶主编.中国老龄事业发展报告(2013)[M].北京:社会科学文献出版社,

2013.

[164] 武萍.财政社会保障支出适度水平研究[D].辽宁：辽宁大学,2004.

[165] 习近平.决胜全面建成小康社会 夺取新时代中国特色社会主义伟大胜利——在中国共产党第十九次全国代表大会上的报告[M].北京：人民出版社,2017.

[166] 夏杨,谢孝国,刘蓉.延龄退休会影响年轻人就业？市民、专家实话实说[N].羊城晚报,2004-09-09.

[167] 谢洁,黄娟,王玉帅.提高欠发达地区社会保险统筹层次的理性思考[J].财会月刊,2010(20).

[168] 辛立秋,谢禹,朱晓.基于主成分分析和TOPSIS法的社会保障绩效评价[J].财政研究,2012(7).

[169] 熊必俊.人口老龄化和可持续发展[M].北京：中国大百科全书出版社,2002.

[170] 熊惠平."后人口红利时代"的高职教育历史选择：瞄准新生代农民工[J].职教通讯,2010(6).

[171] 徐刚,王莎莎.我国人口老龄化对经济发展的影响[J].经营管理者,2009(10).

[172] 徐攀亚编辑.新闻综合：世界各国退休年龄一览[EB/OL].[2009-05-09].http://news.hunantv.com/x/g/20090509/220004_2.html.

[173] 徐巍.法定退休年龄之平等性思考[J].长沙大学学报,2010(3).

[174] 徐颖.城镇基本养老保险替代率合意水平研究[J].学术探索,2010(3).

[175] 许春淑.我国养老保险制度绩效评价——基于因子分析法的实证研究[J].经济问题,2012(6).

[176] 许飞琼,俞贺楠,李志明.各国养老金制度调查[EB/OL].[2013-11-18].http://www.cssn.cn/shx/shx_shflybz/201311/t20131118_836105.shtml.

[177] 薛惠元;郭文尧.城镇职工基本养老保险基金收支状况、面临风险及应对策略[J].经济纵横,2017(12).

[178] 亚洲开发银行.公共支出管理[M].北京：经济科学出版社,2001.

[179] 阎青春.认真学习贯彻十八大精神 全力推动老龄服务事业和产业发展[EB/OL].[2012-12-10].http://www.cncaprc.gov.cn/llbjg/20497.jhtml.

[180] 燕雨林,李永杰.论我国养老基金保值增值的制度设计与路径选择[J].湖北社会科学,2003(8).

[181] 杨婧.我国养老保险统筹层次中政府影响因素分析[J].呼伦贝尔学院学报,2013(1).

[182] 杨黎源.老龄化成本的国际比较与中国应对策略——基于养老支出视角的分析[J].浙江社会科学,2013(3).

[183] 杨胜利,李正龙.统账结合模式下养老金的替代率及多支柱模式研究[J].劳动保障世界,2009(8).

[184] 杨宜勇.人口老龄化背景下我国就业政策与人口政策的完善[J].中国金融,2008(7).

[185] 杨勇刚,姜泽许.中国城镇基本养老保险支出水平测量模型分析——以城镇基本养老保险的可持续发展为视角[J].河北大学学报(哲学社会科学版),2010(4).

[186] 养老保险课题组.我国养老保险覆盖面扩大及可持续性分析[J].统计研究,2008(12).

[187] 姚静,李爽.中国人口老龄化的特点、成因及对策分析[J].人文地理,2000(5).

[188] 姚蒙,陆乐,詹德斌,孙秀萍.各国退休年龄争议不少对策不同[J].人生与伴侣,2009(6).

[189] 殷俊,黄蓉.人口老龄化、退休年龄与基础养老金长期偿付能力研究[J].理论与改革,2012(4).

[190] 殷志刚,周海旺主编.上海市老年人口状况与意愿发展报告 1998—2013[M].上海:上海社会科学院出版社,2014.

[191] 于洪,钟和卿.中国基本养老保险制度可持续运行能力分析:来自三种模拟条件的测算[J].财经研究,2009(9).

[192] 于宁."后人口红利时代"中国的挑战与机遇——基于老龄化经济影响的视角[J].社会科学,2013(12).

[193] 于宁.基本养老保险基金支出绩效评价指标体系研究[J].社会科学,2012(6).

[194] 于宁.基本养老保障替代率水平研究——基于上海的实证分析[M].上海:上海人民出版社,2007.

[195] 余卫明,贾楠.论社会保障基金投资信托受托人的谨慎义务[J].时代法学,2013(12).

[196] 原新.我国人口老龄化面临的形势与问题[J].理论视野,2007(9).

[197] 詹姆斯·H.舒尔茨著,裴晓梅等译.老龄化经济学(第七版)[M].社会科学文献出版社,2010.

[198] 张恺悌,郭平主编.中国人口老龄化与老年人状况蓝皮书[M].北京:中国社会出版社,2010.

[199] 张雷宝.行政支出效率探究:以浙江为例[J].中国行政管理,2008(5).

[200] 张立光,邱长溶.社会保障综合评价指标体系和评价方法研究[J].管理评论,2003(2).

[201] 张利军.中国养老保险统筹层次的改革路径与发展方向探讨[J].中国劳动关系学院学报,2009(4).

[202] 张民省.瑞典的多支柱养老保险金制度及启示[J].中国行政管理,2008(10).

[203] 张楠,李婷.试论我国人口老龄化对劳动力资源的影响[J].北方经济,2008(8).

[204] 张平,刘辉.中国社会保障支出绩效财务指标的实证研究[J].理论与现代化,2010(6).

[205] 张平.当前我国社会保障支出绩效的定量分析研究[J].山东经济,2009(9)

[206] 张平.我国社会保障支出绩效评价的难点与指标体系构建[J].现代财经,2009(6).

[207] 张秋秋,金刚,宋丽敏.城镇企业职工基本养老保险统筹基金收支平衡研究[J].社会保障研究,2017(8).

[208] 张思锋,王立剑,张文学.人口年龄结构变动对基本养老保险基金缺口的影响研究——以陕西省为例[J].预测,2010(2).

[209] 张晓青.新世纪以来中国人口老龄化研究的新动向[J].人口与发展,2009(3).

[210] 赵春玲,倪志良,刘辉.美国 OASI 支付额、覆盖面的 Granger 检验与我国养老保险的财政倾斜建议[J].宁夏大学学报(人文社会科学版),2007(4).

[211] 赵建国,赵亮.多元化投资:实现养老保险基金保值增值的有效途径[J].财经问题研究,2000(4).

[212] 赵青,李珍.基本养老保险与居民消费——基于 CHARLS 数据的多层次线性回归分析[J].财政研究,2018(3).

[213] 赵青.基本养老保险制度改革应战人口老龄化[J].中国人力资源社会保障,2018(2).

[214] 郑秉文主编.中国养老金发展报告 2012[M].北京:经济管理出版社,2012.

[215] 郑雄飞.破解社会保险缴费率的"身世之谜"[J].学术研究,2013(6).

[216] 中华人民共和国国家统计局.2010 年第六次全国人口普查主要数据公报(第 1 号)[EB/OL].[2011 - 04 - 28].http://www.stats.gov.cn/tjgb/rkpcgb/qgrkpcgb/t20110428_402722232.htm.

[217] 中华人民共和国人力资源和社会保障部.2012 年度人力资源和社会保障事业发展统计公报[EB/OL].[2013 - 06 - 03].http://www.mohrss.gov.cn/SYrlzyhshbzb/zwgk/szrs/tjgb/201306/t20130603_104411.html.

[218] 中华人民共和国统计局编.(历年)中国统计年鉴[M].北京:中国统计出版社.

[219] 中华人民共和国统计局编.中国 2010 年人口普查资料[M].北京:中国统计出版社,2012.

[220] 钟仁耀.养老保险改革国际比较研究[M].上海：上海财经大学出版社,2004.

[221] 钟伟,郑英,张明.国家破产：主权债重组机制研究[M].上海：上海财经大学出版社,2013.

[222] 周建军,王军.上海"人口红利"效应初探[J].经济研究导刊,2010(16).

[223] 周题.延长退休年龄宜早不宜迟[J].人才资源开发,2010(4).

[224] 周长城,吴青鹏.社会保障绩效评估指标体系思考[J].社会保障研究,2012(6).

[225] 朱金楠.关于基本养老保险统筹层次的研究述评[J].劳动保障世界(理论版),2011(11).

[226] 朱勇.积极应对人口老龄化的行动纲领[EB/OL].[2012-12-26].http://www.cncaprc.gov.cn/llbjg/20890.jhtml.

[227] 朱云飞,赵宁,赵志伟.河北省社会养老保险的政策评估与对策建议[J].地方财政研究,2013(3).

[228] 朱志刚.公共支出绩效评价研究[M].北京：中国财政经济出版社,2003.

[229] 邹雅婷.专家：城居保和城职保衔接面临更大困难[N].人民日报海外版,2014-03-05(3).

[230] 左学金,杨晓萍.人口老龄化对中国经济的长期影响[J].中国社会科学,2009(1).

[231] 左学金.面临人口老龄化的中国养老保障：挑战与政策选择[J].中国人口科学,2001(3).

[232] 2004年度劳动和社会保障事业发展统计公报[EB/OL].[2005-12-14].http://www.molss.gov.cn/gb/zwxx/2005-12/14/content_99533.htm.

[233] 2012中国卫生统计年鉴[EB/OL].http://www.nhfpc.gov.cn/htmlfiles/zwgkzt/ptjnj/year2012/index2012.html.

[234] 2015年起企业退休人员基本养老金再提高10%[EB/OL].[2015-01-15].http://www.chinanews.com/sh/2015/01-15/6973559.shtml.

[235] 2016年全国企业退休人员养老金调整方案一览表[EB/OL].[2016-03-23].http://www.sohu.com/a/65192446_136268.

[236] 2018年政府工作报告[EB/OL].[2018-03-05].http://www.gov.cn/zhuanti/2018lh/2018zfgzbg/zfgzbg.htm.

[237] 关于进一步加强老年文化建设的意见[EB/OL].[2012-10-24].http://www.cncaprc.gov.cn/zhengce/19615.jhtml.

[238] 国际统计数据 2006[EB/OL].http://www.stats.gov.cn/tjsj/qtsj/gjsj/2006/t20071022_402439040.htm.

[239] 国务院：2010年1月1日起提高企业退休人员基本养老金10%[EB/OL].[2009-12-22].http://finance.ifeng.com/news/20091222/1614835.shtml,2009年12月22日。

[240] 国务院决定继续提高企业退休人员基本养老金[EB/OL].[2010-12-22].http://finance.qq.com/a/20101222/005614.htm? qq=0&ADUIN=370889436&ADSESSION=1292981925&ADTAG=CLIENT.QQ.2785_.0 经济合作与发展组织[EB/OL]. http://baike.baidu.com/link? url=ZvLVna_4M3-C5ZhhZIlz6mZ8ZutjkTzB01ZOjc76ahtbsGdoHuIYi2l1hriYrhHP.

[241] 胡晓义：全国已有25个省份实行养老保险省级统筹[EB/OL].[2009-08-04].http://finance.people.com.cn/GB/9784163.html.

[242] 可供借鉴的外国养老保险模式[EB/OL].[2005-09-09].http://www.cnpension.net/index_lm/2005-09-09/13639.htm.

[243] 累计结余近200亿元 北京医保基金并非"入不敷出"[EB/OL].[2011-10-28].http://finance.people.com.cn/fund/h/2011/1028/c227926-1706241817.html.

[244] 联合国：世界人口预计将在2050年达到96亿[EB/OL].[2013-06-14].http://www.ditan360.com/News/Info-130948.html.

[245] 民政部有关负责人就《国务院关于加快发展养老服务业的若干意见》答记者问[EB/OL].[2013-09-20].http://www.mca.gov.cn/article/zwgk/mzyw/201309/20130900520872.shtml.

[246] 内地企业退休人员基本养老金提高10%[EB/OL].[2013-01-09].http://news.ifeng.com/mainland/detail_2013_01/09/21009919_0.shtml.

[247] 企业退休人员基本养老金再提高10%[EB/OL].[2014-01-09].http://news.163.com/14/0109/03/9I49989T00014Q4P.html.

[248] 企业退休人员养老金涨至963元/月 将再连涨三年[EB/OL].[2007-08-11].http://finance.sina.com.cn/roll/20070811/09121598313.shtml.

[249] 全国25省实行养老保险省级统筹 养老金月增110[EB/OL].[2009-08-04].http://news.ifeng.com/mainland/200908/0804_17_1283879.shtml.

[250] 全国各地全部出台实施养老保险省级统筹文件[EB/OL].[2010-01-22].http://www.tianshannet.com.cn/news/content/2010-01/22/content_4732795.htm.

[251] 全国社会保障基金[EB/OL].[2011-11-17].http://www.ssf.gov.cn/jj/qgsbjj/201205/t20120507_3993.html.

[252] 人社部：目前全国月人均养老金达到1531元[EB/OL].[2012-01-20].http://news.xinhuanet.com/society/2012-01/20/c_111454040.htm.

[253] 人社部：全国各地养老保险已经基本实现了省级统筹，人社部等正加快研究推进养老保险[EB/OL].[2017-11-01].http://finance.sina.com.cn/7x24/2017-11-01/doc-ifynmnae0964000.shtml.

[254] 事业单位人事管理条例[EB/OL].[2014-05-15].http://news.xinhuanet.com/2014-05/15/c_1110699209.htm.

[255] 我国将连续3年提高企业退休人员养老金标准[EB/OL].[2007-08-03].http://finance.people.com.cn/GB/1037/6065509.html.

[256] 养老保险省级统筹已基本实现[N].京江晚报，2012-03-08(A2).

[257] 养老金并轨最新消息2017公务员养老金并轨细则[EB/OL].[2017-11-23].http://www.prcfe.com/finance/2017/1123/210467.html.

[258] 中国第六次人口普查：人口平均预期寿命达74.83岁[EB/OL].[2012-08-10].http://politics.gmw.cn/2012-08/10/content_4760023.htm.

[259] 中华人民共和国人力资源和社会保障部网站，http://www.mohrss.gov.cn/SYrlzyhshbzb/zwgk/srzs/ndtjsj/.

[260] 纵览世界各国的养老保险制度[EB/OL].[2012-04-19].http://www.xiangrikui.com/shehuibaoxian/yanglaobaoxian/20120419/209933_2.html.

后 记

这是一个清新的早晨,当我完成书稿的最后一个句点,心中的感谢与感动油然而生。

这部书稿以我主持的国家社会科学基金项目最终成果为基础修订而成,也是我近十年来个人研究领域探索与成果的系统梳理与展示,研究过程中形成的几篇阶段性成果发表后曾被《新华文摘》《中国社会科学文摘》《人大复印资料·社会保障制度》数次转载,也获得了包括中央部委一等奖在内的多个学术奖项。其间,我也曾多次受邀担任中央电视台财经频道直播节目访谈嘉宾,探讨养老保障等社会热点问题,而该项目的研究发现也为此提供了有力的数据与观点支撑。这些学术与社会影响既是对全国哲社规划办给予立项资助的感谢与回馈,同时也激励着我不断深入、扎实地持续研究。

从最初构想到定稿付梓历时十年,书稿体系不断完善,数据不断更新,内容不断充实。这期间,2008—2011年在合作导师左学金研究员门下从事博士后研究工作的启示与收获也对书稿的撰写帮助良多。全书由背景篇、理论篇、实证篇三部分组成,博士后阶段进行的相关研究为本书理论篇的形成奠定了扎实的研究基础。

在此,衷心感谢恩师左学金研究员对我的悉心栽培。先生当时身为上海社会科学院常务副院长和学界权威,行政事务和学术工作已非常繁忙,然而,繁忙之余,先生总会安排时间关注我的研究进程。先生前瞻的视野、敏锐的观察、深刻的思考总能给我启迪,每次交流时,一席点拨便令我茅塞顿开,研究中的困惑与迷茫也豁然开朗。先生对我的关爱不止于研究的方方面面,还体现在生活的点点滴滴。从建立小家庭到孕育小生命,每一步成长都有先生祝福,每一份欣喜都与先生分享。就在迎接出站报告答辩的关键时刻,先生仍不忘悉心提醒我,作为准妈妈要注意劳逸结合,准备工作量力而行。既是恩师,又如慈父,先生谦和仁爱的君子之心每每让我如沐春风。先生的宽厚、包容、慈爱与智慧,不仅给予我学术的指引,而且给予我前行的力量!

博士后出站报告答辩过程中,感谢王振研究员、沈开艳研究员、权衡研究员、周冯琦研究员等诸位前辈专家对我的帮助,无论是在答辩工作中,还是在进院以来的交流与合作中,几位前辈亦师亦友,常使我获益良多。同时,感谢长期从事博士后日常管理工作的黄凤莲、竺大可两位老师曾经的辛勤付出,为我的博士后研究工作提供便利,解除后顾之忧。还要感谢中国博士后科学基金会对我的大力支持,面上资助与特别资助给予我的不仅是研究经费的支持,更是研究方向和水准的鼓励与肯定。最终,博士后出站报告的答辩成绩能够获得优秀,这不仅是对博士后阶段研究工作的认可,更是对治学之路不断延伸的鞭策。

学术成长的道路上,还要感谢上海社会科学院以及我所在的城市与人口发展研究所,为青年科研人员的发展积极创造条件,广泛搭建平台。自进院从事科研工作以来,能够陆续获得一系列研究资助,如:国家社会科学基金项目、国家留学基金公派访问学者项目、中国博士后科学基金特别资助与面上资助项目、上海市哲学社会科学规划课题、上海市人才发展资金资助项目、上海市浦江人才计划项目、上海市教育发展基金会晨光计划项目等,固然需要自身不懈的勤勉与努力,但同时也离不开院所学术声誉奠定的坚实基础。因此,这部书稿能够通过评审获得"上海社会科学院院庆六十周年·青年学者丛书"出版资助,于我,既是进院以来学术成长的一个阶段性总结,也是对我院六十华诞庆典的一份感恩的回馈与献礼。

感谢朱建江所长秉持"尽职、尽心、尽情"之道,善待下属,激发潜能,营造团结奋进的单位文化。感谢周海旺副所长的引领帮助,促使个人学术成长与集体研究工作相辅相成,共同推进。感谢屠启宇副所长全心致力于国际化推进工作,为科研人员进行国际学术交流创造条件。感谢全所同仁的友好相待,因为彼此的关怀、相互的扶助、丰富的交流,所以一路同行、无限精彩。

本书的理论基础公共支出绩效评价原理得益于博士研究生阶段的系统训练与课题实践,饮水思源,感谢恩师丛树海教授的悉心指导、严格要求与全面关怀,感谢郑春荣、严剑峰、李永友、周炜、章辉等同门兄长在学术道路上的信任、陪伴与扶持,感谢高鸣霞、罗小兰、黄威等学术同好与成长伙伴在项目申报过程中的帮助与支持。回望在母校上海财经大学十年的求学生涯,深厚的师生情、同窗情将是陪伴一生的宝贵财富。

2015年,我前往美国加州大学尔湾分校进行为期一年的访问研究,书稿撰写工作也随之带到了大洋彼岸。感谢合作导师王丰教授与夫人杨海鸥女士在此期间给予我生活的关怀与学术的启迪,异国的访学时光也因此而充满融融暖意与深深感悟。越走越宽广的学术之路上,还要感谢桂世勋教授、梁中堂教授、孙常敏研究员、胡苏云研究员等院内外学界前辈在过往的合作研究中给予的关爱与指引,也要感谢丁金宏教授、吴瑞君教授、高向东教授、朱宝树教授、彭希哲教授、王桂新教授、任远教授等同行专家在相关学术交流中给予的帮助与启发,能与你们相识相交,我是何等幸运。

同时,感谢上海社会科学院出版社领导与责任编辑熊艳女士的辛勤工作,使这部书稿能在迎接院庆之际顺利面世,也使我在基本养老保险基金支出绩效评价领域多年来的探索研究成果得以尽早与学界同道分享。

最深的感念留给我挚爱的家人。感谢我的知心伴侣——徐巍,从骏马秋风的塞北,到杏花春雨的江南,爱的路上我们携手前行,学术的海洋我们比肩畅游。你的坚毅果敢让我相信未来,你的体贴风趣让我自在心安。清居琴韵中,有我对音乐的理解;雅境书香里,有你对书法的钟爱。"执子之手,与子偕老"的幸福就这样在彼此默契的相视一笑中悄然升华。亲爱的巍,谢谢你懂我,谢谢你,让我成为更好的自己!

感谢我们的小宝贝心远。回想起几年前,在撰写博士后研究报告那段凝神专注的日子里,我虽还未见到你,你却与我时刻相伴,成为我所有思想的第一分享者,也以自己独有的方式传送给我那么多快乐和力量。从呱呱坠地到牙牙学语,几年的时光如白驹过隙,如今的你已成长得挺拔俊朗。你用亮亮的眼睛陪我发现生活的乐趣,你用甜甜的笑容为我缓解工作的疲劳,你用大大的拥抱传递给我无条件的爱。与你相伴的每一寸光阴都不曾虚度,细细品味,处处幸福。陪你欢笑,伴你成长,是我们内心的期许;优质生活,悠然乐享,是我们共同的愿望。谢谢你带我们重温童年,让我们陪伴你探索世界!

感谢我们双方的父母,于东荣先生、潘欣女士、徐超先生、房焕英女士,你们无私的爱和支持,是我们最坚强的后盾,也是我们最温柔的港湾。养儿更知父母恩,感恩方为有心人。当年的你们精心培育了我们,如今的你们又悉心呵护着可爱的第三代,为我们小家庭的健康发展保驾护航。生活中的关爱与照顾,工作中的关注与支持,都给予着我们不断前进的动力。亲爱的爸爸妈妈,谢谢你们用爱与亲情滋养着我们的心灵!亲情之暖,暖入心扉,谁言寸草心,报得三春晖!

谨以此书献给多年来给我关爱与力量的家人、师长和朋友!

于 宁

2018 年 6 月

图书在版编目(CIP)数据

基本养老保险基金支出绩效评价:理论与实证研究:基于中国城职保的探索实践/于宁著.—上海:上海社会科学院出版社,2018
(上海社会科学院院庆60周年·青年学者丛书)
ISBN 978-7-5520-2431-9

Ⅰ.①基… Ⅱ.①于… Ⅲ.①基本养老保险基金-经济绩效-经济评价-研究-中国 Ⅳ.①F812.44

中国版本图书馆CIP数据核字(2018)第186039号

基本养老保险基金支出绩效评价:理论与实证研究
——基于中国城职保的探索实践

著　　者:于　宁
责任编辑:熊　艳
封面设计:广　岛
出版发行:上海社会科学院出版社
　　　　　上海顺昌路622号　邮编200025
　　　　　电话总机 021-63315900　销售热线 021-53063735
　　　　　http://www.sassp.org.cn　E-mail:sassp@sass.org.cn
排　　版:南京展望文化发展有限公司
印　　刷:上海景条印刷有限公司
开　　本:710×1010毫米　1/16开
印　　张:18
字　　数:238千字
版　　次:2018年9月第1版　2018年9月第1次印刷

ISBN 978-7-5520-2431-9/F·537　　　　　定价:88.00元

版权所有　翻印必究